FRANÇAIS ANGLAIS
FRENCH ENGLISH

Abbreviations

abbr	abbreviation
adj	adjective
adv	adverb
art	article
aux	auxiliary
conj	conjunction
def	definite
dem	demonstrative
etc	et cetera
f	feminine
fam	familiar
fig	figurative
fpl	feminine plural
gr	grammar
indef	indefinite
inv	invariable
m	masculine
mpl	masculine plural
n	noun
npl	noun, plural
num	number
pej	pejorative
pl	plural
poss	possessive
prep	preposition
pron	pronoun
sl	slang
vi	intransitive verb
vr	reflexive verb
vt	transitive verb
vulg	vulgar

A

à (à + le = au; à + les = aux) prep (situation) at, in; (direction, attribution) to; (provenance) from; (moyen) with, by.

abaisser vt to bring down; * s'~ vi to go down (à to).

abandon m abandoning, deserting.

abandonner vt to abandon, leave.

abattoir m abattoir, slaughterhouse.

abattre vt to cut down, shoot down; to demoralise.

abbaye f abbey.

abcès m abscess.

abdomen m abdomen.

abeille f bee.

aberrant(e) adj absurd.

abîmer vt spoil, damage.

abolir vt to abolish.

abolition f abolition.

abondance f abundance.

abondant(e) adj abundant, plentiful.

abonder vi to be abundant or plentiful.

abonné(e) adj, m(f) subscriber.

abonnement m subscription.

abonner vr s'~ to subscribe (à to), take out a subscription.

abord m d'~ first (of all).

aborder vt to approach.

aboutir vi to succeed, end (à at).

aboutissement m outcome; success.

abréger vt to shorten; abridge.

abréviation f abbreviation.

abri m shelter.

abricot m apricot.

abriter vt to shelter; * s'~ vr to shelter.

abrupt(e) adj abrupt; * ~ement adv abruptly.

absence f absence.

absent(e) adj absent.

absenter vr s'~ to leave, go out.

absolu(e) adj absolute; * m absolute; * ~ment adv absolutely.

absorbant(e) adj absorbent.

absorber vt to absorb.

abstrait(e) adj abstract.

absurde adj absurd.

absurdité f absurdity.

abus m abuse, misuse (de of).

abuser vt ~ de to exploit, abuse.

académie f academy.

accélérateur m accelerator.

accélération f acceleration.

accélérer vi to speed up, accelerate.

accent m accent.

accentuer vt to accentuate.

acceptable adj acceptable.

accepter vt to accept.

accès m access (à to).

accessible adj accessible.

accident m accident.

accidentel(le) adj accidental; * ~lement adv accidentally.

accompagner vt to accompany.

accomplir vt to accomplish.

accord m agreement; d'~! okay!, all right! — être d'~ to agree (avec quelqu'un with someone, avec quelque chose with something).

accorder vt to grant; to tune (music); * s'~ vr to agree.

accouchement m delivery.

accoucher vi to give birth (de to).

accrocher vt to hang up (à on); * s'~ vr to persevere; s'~ à to cling on to.

accroissement m increase.

accroître vt to increase.

accueil m welcome, reception.

accueillir vt to welcome.

accumuler vt to accumulate.

accusation *f* accusation.

accusé(e) *m*(*f*) accused, defendant.

accuser *vt* to accuse, blame (de for).

achat *m* purchase.

acheter *vt* to buy (à quelqu'un from someone, pour quelqu'un for someone).

achèvement *m* completion.

achever *vt* to finish; complete: ~ de faire quelque chose to finish doing something.

acide *adj* acidic; * *m* acid.

acier *m* steel.

acné *f* acne.

acompte *m* deposit.

acoustique *adj* acoustic; * *f* acoustics.

acquérir *vt* to buy, purchase, gain.

acrobate *m* or *f* acrobat.

acte *m* act; deed.

acteur(trice) *m*(*f*) actor.

actif(ive) *adj* active.

action *f* action; share.

actionnaire *m* or *f* shareholder.

activement *adv* actively.

activer *vt* to speed up; * s'~ *vr* to bustle about; (*fam*) to get a move on.

activité *f* activity: — en ~ active.

actualité *f* l'~ current events.

actuel(le) *adj* topical, present; * ~lement *adv* at present.

adaptable *adj* adaptable.

adaptation *f* adaptation.

adapter *vt* to adapt (à to); * s'~ *vr* to adapt (à to).

addition *f* addition; bill.

adepte *m* or *f* follower.

adéquat(e) *adj* appropriate.

adhérer *vi* to adhere, stick (à to).

adhésif(ive) *adj* adhesive.

adjectif *m* adjective.

admettre *vt* to admit; accept.

administrer *vt* to run; administer.

admirable *adj* admirable; * ~ment *adv* admirably, brilliantly.

admiration *f* admiration.

admirer *vt* to admire.

adolescence *f* adolescence.

adolescent(e) *adj*, *m*(*f*) adolescent.

adopter *vt* to adopt.

adorer *vt* to adore, worship.

adrénaline *f* adrenalin.

adresse *f* address; skill.

adresser *vt* to address; send (à to).

adroit(e) *adj* deft, skilful; * ~ement *adv* deftly, skilfully.

adulte *adj*, *m* or *f* adult.

adultère *m* adultery; * *adj* adulterous.

adversité *f* adversity.

aérien(ne) *adj* air, aerial; overhead.

aérodrome *m* aerodrome, airfield.

aérogare *f* air terminal.

aéronautique *f* aeronautics.

aéroport *m* airport.

affaiblir *vt* to weaken; * s'~ *vr* to weaken.

affaire *f* matter; affair; deal; case.

affamé(e) *adj*, *m*(*f*) starving.

affammer *vt* to starve.

affectation *f* assignment; affectation.

affecter *vt* to affect.

affection *f* affection.

affectueusement *adv* affectionately.

affectueux(euse) *adj* affectionate.

affermir *vt* to strengthen, to tone up (muscles).

affiche *f* poster.

affiner *vt* to refine.

affirmatif(ive) *adj* affirmative, positive.

affirmation *f* assertion.

affirmer *vt* to assert.

affluent *m* tributary.

affoler *vt* to throw into a panic; * s'~ *vr* to get into a panic.

affréter *vt* to charter; to freight.

affreux(euse) *adj* horrible; awful, dreadful.

afin *prep*: ~ de (in order to); * *conj*: ~ que in order that.

africain(e) *adj* African.

Africain(e) *m(f)* African.

Afrique *f* Africa.

âge *m* age: — quel ~ as-tu? how old are you?

âgé(e) *adj* old; quel ~ as-tu? how old are you?

agence *f* agency; branch; offices.

agenda *m* diary.

agenouiller *vr* s'~ to kneel (down).

agent *m* agent; policeman.

agglomération *f* town, urban area.

aggraver *vt* to worsen; increase.

agile *adj* agile, nimble; * ~ment *adv* nimbly.

agilité *f* agility.

agir *vi* to act.

agitation *f* agitation, restlessness.

agiter *vt* to shake; wave; * s'~ *vr* to move about; fidget.

agneau *m*, *pl* ~x lamb.

agrandir *vt* to make bigger; to widen; to expand.

agrandissement *m* enlargement, expansion.

agréable *adj* agreeable, pleasant, nice.

agresser *vt* to attack, mug.

agressif(ive) *adj* aggressive.

agression *f* attack.

agricole *adj* farm.

agriculteur *m* farmer.

agriculture *f* agriculture, farming.

ahuri(e) *adj* stunned; stupefied.

aide *f* help; aid.

aider *vt* to help.

aïe! *interj* ouch!

aigle *m* eagle.

aigre *adj* sour, bitter; * ~ment *adv* sourly.

aigu, ë *adj* shrill; acute.

aiguille *f* needle.

ail *m* garlic.

ailleurs *adv* elsewhere:
— partout ~ everywhere else:
— nulle part ~ nowhere else:
— d'~ moreover; by the way.

aimable *adj* kind; * ~ment *adv* kindly.

aimant *m* magnet.

aimer *vt* to love: ~ bien to like, be fond of.

aîné(e) *m* eldest child; * *adj* elder; eldest.

ainsi *adv* so, thus.

air *m* air: — avoir l'~ heureux to look happy.

aire *f* area.

aisé(e) *adj* easy; well-off; * ~ment *adv* easily.

ajouter *vt* to add.

ajuster *vt* to adjust.

alarme *f* alarm.

alarmer *vt* to alarm; * s'~ *vr* to become alarmed (de at, about).

album *m* album.

alcool *m* alcohol.

alentours *mpl* surroundings, neighbourhood.

alerte *adj* nimble, brisk, agile; * *f* alarm, alert.

alerter *vt* to alert; warn.

algue *f* seaweed.

aligner *vt* to align, line up.

alignement *m* alignment.

aliment *m* food.

alimenter *vt* to feed; * s'~ *vr* to eat.

alinéa *m* paragraph.

allée *f* avenue; path.

alléger *vt* to make lighter;
alleviate.

Allemagne *f* Germany.

allemand(e) *adj* German.

Allemand(e) *m(f)* German.

aller *vi* to go: — comment
allez-vous? how are you? —
allons-y let's go: — s'en aller
to go away, leave; * *m* single
ticket.

allergie *f* allergy.

alliance *f* alliance; wedding ring.

allô *excl* hello! *(on the telephone)*.

allocation *f* allocation;
allowance.

allouer *vt* to allocate.

allumer *vt* to light; turn *or*
switch on.

allumette *f* match.

allure *f* speed; look.

alors *adv* then: ~ que while;
whereas.

alphabet *m* alphabet.

alpiniste *m or f* mountaineer.

altérer *vt* to change, alter.

alternatif(ive) *adj* alternate.

alternative *f* alternative.

altitude *f* altitude; height.

amabilité *f* kindness.

amaigrir *vt* to make thin.

amande *f* almond.

amant *m* lover.

amas *m* pile, heap.

amasser *vt* to amass, pile up.

amateur *m* amateur

ambassade *f* embassy.

ambassadeur(drice) *m(f)*
ambassador.

ambiance *f* atmosphere.

ambigu, ë *adj* ambiguous.

ambitieux(euse) *adj* ambitious.

ambition *f* ambition.

ambulance *f* ambulance.

âme *f* soul.

amélioration *f* improvement.

améliorer *vt* to improve;
* s'~ *vr* to improve.

aménagement *m* fitting out;
conversion; setting up;
adjustment; development.

aménager *vt* to fit up (en as);
to fit out; to convert (en
into); adjust; develop.

amende *f* fine.

amener *vt* to bring; to bring
about; * s'~ *(fam)* to come
along.

amer(ère) *adj* bitter.

Américain(e) *m(f)* American.

américain(e) *adj* American.

Amérique *f* America.

Amérique Centrale *f* Central
America.

Amérique du Nord *f* North
America.

Amérique du Sud *f* South
America.

ameublement *m* furniture.

ami(e) *m(f)* friend.

amical(e) *adj* friendly;
* ~ement *adv* in a friendly
manner.

amitié *f* friendship.

ammoniac *m* (gas) ammonia.

ammoniaque *f* (liquid)
ammonia.

amnistie *f* amnesty.

amoindrir *vr* s'~ to decrease,
diminish.

amorce *f* start; bait; detonator,
cap.

amorcer *vt* to bait; begin.

amortir *vt* to soften; deaden.

amour *m* love.

amoureux(euse) *adj* in love
(de with).

amovible *adj* removable,
detachable.

amphibie *adj* amphibious.

ample *adj* roomy; full
(provisions).

ampleur *f* fullness; range.

amplifier *vt* to magnify, develop, amplify.

amusant(e) *adj* amusing, funny.

amuser *vt* to amuse.

an *m* year: — avoir vingt ~s to be 20 (years old).

analogie *f* analogy.

analphabète *adj* illiterate.

analyse *f* analysis; test.

analyser *vt* to analyse.

analyste *m* or *f* analyst; psychoanalyst.

ananas *m* pineapple.

anarchie *f* anarchy.

anarchiste *m* or *f* anarchist; * *adj* anarchistic.

anatomie *f* anatomy.

ancestral(e) *adj* ancestral.

ancêtre *m* ancestor.

ancien(ne) *adj* old; former.

ancre *f* anchor.

âne *m* ass, donkey.

anecdote *f* anecdote.

anesthésie *f* anaesthesia.

ange *m* angel.

Anglais(e) *m(f)* English person.

anglais(e) *adj* English; * *m* (language) English.

angle *m* angle; corner.

Angleterre *f* England.

anglophone *adj* English-speaking; * *m* or *f* English speaker.

angoisse *f* anguish, anxiety.

animal *m* animal.

animation *f* animation.

animer *vt* to lead, liven up, animate; * s'~ *vr* to come to life.

animé(e) *adj* busy; lively: — dessin ~ cartoon.

animosité *f* animosity.

anneau *m* ring.

année *f* year: — les ~s quatre-vingt-dix the Nineties.

annexe *f* annex(e); * *adj* subsidiary.

annexer *vt* to annex; append.

anniversaire *m* birthday: — joyeux ~! happy birthday! ~ de mariage anniversary.

annonce *f* advertisement; announcement.

annoncer *vt* to announce (à to).

annuaire *m* telephone directory, phone book.

annuel(elle) *adj* annual; * ~lement *adv* annually.

annuler *vt* to cancel; nullify.

anomalie *f* anomaly.

anonyme *adj* anonymous; impersonal; * ~ment *adv* anonymously.

anorexique *adj*, *m* or *f* anorexic.

anormal(e) *adj* abnormal; * ~ement *adv* abnormally.

antagonisme *m* antagonism.

Antarctique *m* Antarctic.

antenne *f* (radio, TV) aerial; (insect) feeler.

antérieur(e) *adj* earlier, previous.

anthologie *f* anthology.

anticipation *f* anticipation.

anticorps *m* antibody.

anticyclone *m* anticyclone.

antidote *m* antidote.

antigel *m* antifreeze.

antipathie *f* antipathy.

antipathique *adj* unpleasant.

antique *adj* ancient.

antiquité *f* antiquity; antique.

antirouille *adj invar* rustproof.

antisocial(e) *adj* antisocial.

antithèse *f* antithesis.

antonyme *m* antonym.

anxiété *f* anxiety.

anxieux(euse) *adj* anxious.

août *m* August.

apaisant(e) *adj* soothing.

apaiser *vt* to calm (down); relieve.

apathie *f* apathy.

apathique *adj* apathetic.

apercevoir *vt* to see, catch a glimpse of.
apéritif *m* aperitif.
apeuré(e) *adj* frightened.
aphone *adj* voiceless, hoarse.
aphrodisiaque *adj m* aphrodisiac.
apitoyer *vt* to move; to pity; * s'~ *vr* to feel pity (sur for).
aplanir *vt* to level (out); smooth away.
aplati(e) *adj* flat.
apolitique *adj* apolitical; non-political.
apologie *f* apology.
apostrophe *f* apostrophe.
apparaître *vi* to appear.
appareil *m* device; appliance: ~ dentaire brace: ~ photo camera.
apparence *f* appearance.
apparent(e) *adj* apparent.
appartement *m* flat, apartment.
appartenir *vi* ~ à to belong to.
appauvrir *vt* to impoverish; * s'~ *vr* to grow poorer.
appel *m* call; appeal.
appeler *vt* to call; * s'~ *vr*: — je m'appelle Paul my name is Paul.
appellation *f* appellation; name.
appétissant(e) *adj* appetising.
appétit *m* appetite: — bon ~ enjoy your meal.
applaudir *vt, vi* to applaud.
application *f* application; use.
appliquer *vt* to apply; * s'~ *vr* to apply oneself (à to).
apporter *vt* to bring.
appréciation *f* estimation; assessment.
apprécier *vt* to assess; appreciate.
appréhender *vt* to apprehend; to dread.
appréhension *f* apprehension.

apprendre *vt* to learn: ~ à lire to learn to read: ~ quelque chose à quelqu'un to teach someone something.
apprenti(e) *m(f)* apprentice.
apprentissage *m* apprenticeship.
approbation *f* approval.
approche *f* approach.
approcher *vt* to move near, approach; * s'~ *vr* to approach.
approuver *vt* to approve of.
approvisionner *vt* to supply; * s'~ *vr* to stock up (de, en with).
approximatif(ive) *adj* approximate.
appui *m* support.
appuyer *vt* to support; * *vi* to press; * s'~ sur *vr* to lean on.
âpre *adj* bitter; * ~ment *adv* bitterly.
après *prep* after: — après tout after all: — d'~ elle according to her.
après-midi *m* or *f invar* afternoon.
apte *adj* capable (à of).
aptitude *f* aptitude; ability.
aquatique *adj* aquatic.
araignée *f* spider.
arbitraire *adj* arbitrary; * ~ment *adv* arbitrarily.
arbitre *m* referee, umpire, arbitrator.
arbitrer *vt* to referee, arbitrate, umpire.
arbre *m* tree.
arc *m* bow; arc; arch.
arc-en-ciel *m* rainbow, *pl* arcs-en-ciel.
arche *f* arch.
archéologie *f* archaeology.
archipel *m* archipelago.
architecte *m* or *f* architect.
architecture *f* architecture.
archiver *vt* to file, archive.

archives *fpl* archives, records.
Arctique *m* Arctic.
ardu(e) *adj* difficult.
argent *m* silver; money.
argument *m* argument.
argumenter *vi* to argue (sur about).
aride *adj* arid.
aristocrate *m or f* aristocrat.
aristocratie *f* aristocracy.
arithmétique *f* arithmetic;
   * *adj* arithmetical.
arme *f* arm; weapon.
armée *f* army.
armer *vt* to arm; * s'~ *vr* to arm oneself.
armoire *f* cupboard; wardrobe.
aromatique *adj* aromatic.
arôme *m* aroma; flavour.
arqué(e) *adj* curved, arched.
arracher *vt* to tear off.
arrangement *m* arrangement.
arranger *vt* to arrange; * s'~ *vr* to come to an arrangement.
arrêt *m* stopping; stop (button).
arrêter *vt* to stop; * s'~ *vr* to stop.
arrière *m* back:
   — en ~ back(wards):
   — à l'~ at the back;
   * *adj invar* back, rear.
arrière-plan *m* background.
arrivant(e) *m(f)* newcomer.
arrivée *f* arrival, coming.
arriver *vi* to arrive, come.
arrogant(e) *adj* arrogant.
arrondir *vt* to make round; to round off.
arrondissement *m* district.
arsenal *m* arsenal.
art *m* art.
artère *f* artery; road.
article *m* article.
articuler *vt* to articulate.
artificiel(le) *adj* artificial;
   * ~lement *adv* artificially.
artisan *m* craftsman.

artisanat *m* craft industry.
artiste *m or f* artist.
artistique *adj* artistic;
   * ~ment *adv* artistically.
ascenseur *m* lift, elevator.
ascension *f* ascent.
asiatique *adj* Asian.
Asiatique *m or f* Asian.
Asie *f* Asia.
asile *m* refuge; asylum.
aspect *m* appearance, look.
asphyxier *vt* to asphyxiate, suffocate.
aspirateur *m* vacuum cleaner.
aspirine *f* aspirin.
assaillant *m* attacker, assailant.
assaillir *vt* to attack, assail.
assainir *vt* to clean up; to purify.
assaisonner *vt* to season.
assassin *m* murderer, assassin.
assassiner *vt* to assassinate.
assaut *m* assault, attack.
assemblage *m* assembly; assembling.
assemblée *f* meeting.
assembler *vt* to assemble;
   * s'~ *vr* to assemble.
asseoir *vt* to sit; * s'~ *vr* to sit down.
assertion *f* assertion.
asservissement *m* enslavement; slavery.
assez *adv* enough; quite, rather: — avoir ~ d'argent to have enough money: ~ bien quite well.
assidu(e) *adj* assiduous; regular.
assiette *f* plate.
assigner *vt* to assign.
assimiler *vt* to assimilate.
assis(e) *adj* seated, sitting (down).
assistant(e) *m(f)* assistant.
assister *vt* to attend; to assist.
association *f* association.

associé(e) *adj*, *m(f)* associate, partner.

assombrir *vt* to darken; to fill with gloom; * s'~ *vr* to darken.

assommer *vt* to knock unconscious; to stun.

assortir *vt* to match; * s'~ *vr* to go well together.

assoupir *vt* to make drowsy; * s' ~ *vr* to doze off.

assourdir *vt* to deafen; to muffle.

assourdissant(e) *adj* deafening.

assouvir *vt* to satisfy, appease.

assumer *vt* to assume.

assurance *f* (self-)assurance; assurance; insurance (policy).

assuré(e) *adj* assured, certain; * *m(f)* insured.

assurer *vt* to assure; * s'~ *vr* to insure oneself (contre against).

asthme *m* asthma.

astre *m* star.

astreignant(e) *adj* demanding.

astreindre *vt* to force, compel (à to).

astrologie *f* astrology.

astrologue *m* astrologer.

astronaute *m* astronaut.

astronome *m* astronomer.

astronomie *f* astronomy.

astuce *f* knack; (clever) trick; pun.

astucieux(euse) *adj* astute, clever.

atelier *m* workshop; studio.

athée *m* or *f* atheist; * *adj* atheistic.

athlète *m* or *f* athlete.

athlétisme *m* athletics.

atlas *m* atlas.

atmosphère *f* atmosphere.

atome *m* atom.

atomique *adj* atomic.

atout *m* trump; advantage; asset.

atroce *adj* atrocious; dreadful.

atrocité *f* atrocity.

attaché(e) *m(f)* attaché; assistant; * *adj* être ~ à to be attached to.

attacher *vt* to tie tie (up); fasten; attach (à to).

attaque *f* attack.

attaquer *vt* to attack.

attarder *vr* s'~ to linger.

atteindre *vt* to reach; affect; contact.

atteinte *f* attack (à on): — hors d'~ beyond *or* out of reach.

attendre *vt* to wait; * s'~ *vr* à quelque chose to expect something.

attendrir *vt* to move; to tenderise; * s'~ *vr* to be moved (sur by).

attendrissant(e) *adj* touching, moving.

attendu(e) *adj* expected; long-awaited.

attentat *m* attack (contre on); murder attempt.

attente *f* wait; expectation.

attention *f* attention; care: — fais~! be careful!

attentionné(e) *adj* considerate, thoughtful (pour towards).

atténuer *vt* to alleviate; ease.

atterrir *vi* to land, touch down.

atterrissage *m* landing, touch down.

attester *vt* to testify to.

attirant(e) *adj* attractive.

attirer *vt* to attract.

attitude *f* attitude; bearing.

attraction *f* attraction; ~s attractions, rides.

attrait *m* attraction, appeal.

attraper *vt* to catch, pick up.

attribuer *vt* to attribute; award.

attribut *m* attribute.

attribution *f* attribution.
attrister *vt* to sadden.
au *see* à.
aube *f* dawn.
auberge *f* inn: ~ de jeunesse youth hostel.
aucun(e) *adj* no; not any;
* *prep* none, not any;
* ~ement *adv* in no way:
~ d'entre eux none of them.
audacieux(euse) *adj* audacious; daring.
audience *f* audience; hearing.
auditeur(trice) *m(f)* listener; auditor.
auditoire *m* audience.
augmentation *f* increase, rise (de in); increasing (de of).
augmenter *vt* to increase, raise.
aujourd'hui *adv* today.
auparavant *adv* before, previously; first.
auprès *prep*: ~ de by close to, next to.
auquel = à lequel.
aurore *f* dawn, daybreak.
aussi *adv* as; too, also; so.
aussitôt *adv* immediately:
~ que as soon as.
australien(ne) *adj* Australian.
Australien(ne) *m(f)* Australian person.
Australie *f* Australia.
autant *adv* as much; as many; so much; such; so many; such a lot of; the same: ~ que je sache as far as I know: ~ que possible as much as possible.
autel *m* altar.
auteur *m* author.
authentique *adj* authentic.
auto-école *f* driving school.
auto-stop *m* hitchhiking:
— faire de l'~ to hitchhike.
auto-stoppeur(euse) *m(f)* hitchhiker.

autobiographie *f* autobiography.
autocar *m* coach.
autodéfense *f* self-defence.
autodidacte *m* or *f* self-taught.
automatique *adj* automatic;
* ~ment *adv* automatically.
automne *m* autumn.
automobile *f* motor car.
automobiliste *m* or *f* motorist.
autonome *adj* autonomous.
autopsie *f* autopsy; post-mortem (examination).
autorisation *f* authorisation, permission; permit.
autoriser *vt* to authorise, give permission for.
autorité *f* authority.
autoroute *f* motorway.
autour *prep* ~ de (a)round;
* *adv* (a)round.
autre *adj*, *pron* other: ~ chose something else: ~ part somewhere else: — d'~ part on the other hand: — qui (quoi) d'~? who (what) else?
autrefois *adv* in the past, in times gone by.
autrement *adv* differently; otherwise: — je n'ai pas pu faire ~ I couldn't do otherwise.
Autriche *f* Austria.
autrichien(ne) *adj* Austrian.
Autrichien(ne) *m(f)* Austrian person.
aux *see* à.
auxiliaire *m adj* auxiliary;
* *m* or *f* assistant.
avalanche *f* avalanche.
avaler *vt* to swallow.
avance *f* advance; lead:
— arriver en ~ to arrive early:
— payer d'~ to pay in advance.
avancer *vt* to move forward;
* s'~ *vr* to advance, move forward; * *vi* move forward,

advance; make progress.

avant *prep* before: ~ peu
shortly: ~ tout above all;
* *adv* before: — la nuit d'~ the
night before; * *m* front; bow;
forward; * *adj invar* front
(pneu).

avant-bras *m invar* forearm.

avant-hier *adv* the day before
yesterday.

avantage *m* advantage.

avantageux(euse) *adj* profitable, worthwhile; attractive;
flattering.

avarie *f* damage.

avec *prep* with; to(wards).

avenir *m* future.

aventure *f* adventure, venture;
experience.

avenue *f* avenue.

avérer *vr* s'~ to turn out,
prove to be.

aversion *f* aversion.

avertir *vt* to warn; inform.

avertissement *m* warning.

aveugle *adj* blind; * *m* or *f*
blind person.

aveuglement *m* blindness.

aveugler *vt* to blind.

aviation *f* flying; aviation.

avide *adj* greedy; eager.

avion *m* aeroplane, aircraft.

avis *m* opinion.

avisé(e) *adj* wise; sensible.

aviser *vt* to advise; * s'~ de *vr*
to realise suddenly.

avoir *vt* to have: — il y a there
is / are: — il y a deux mois
two months ago: — qu'as-tu?
what's the matter?;
* *m* resources; credit.

avortement *m* abortion.

avoué *m* solicitor.

avril *m* April.

axe *m* axis; axle; main road.

B

babiole *f* trinket; trifle.

bac *m* ferry; *abbrev of*
baccalauréat.

baccalauréat *m* A-Level
equivalent.

badge *m* badge.

bagage *m* luggage.

bagarre *f* fight, brawl.

bague *f* ring.

baguette *f* stick; loaf of
French bread.

baie *f* (geography) bay.

baigner *vt, vi* to bathe; * se ~ *vr*
to have a bath, to swim.

baignoire *f* bathtub.

bâiller *vi* to yawn.

bain *m* bath; bathe, swim.

baiser *m* kiss; * *vt* to kiss.

baisse *f* fall, drop.

baisser *vi* to fall; drop; * *vt* to
lower.

bal *m* dance, ball.

balai *m* broom, brush.

balance *f* balance; scales;
weighing machine.

balancer *vt* to swing; * se ~ *vr*
to swing.

balançoire *f* swing; seesaw.

balayer *vt* to sweep, brush.

balbutier *vt* to stammer,
mumble.

balcon *m* balcony.

baleine *f* whale.

balle *f* bullet; small ball.

ballon *m* large ball; balloon.

balustrade *f* balustrade;
handrail.

bambou *m* bamboo.

banal(e) *adj* banal, trite,
ordinary.

banane *f* banana.

banc *m* bench.

bancaire *adj* banking.

bande *f* band; tape.

bandeau *m* headband; blindfold.
bander *vt* to bandage; to tense.
banlieue *f* suburbs.
bannière *f* banner.
bannir *vt* to banish.
banque *f* bank; banking.
banquette *f* seat, stool.
banquier *m* banker.
baptiser *vt* to baptise.
bar *m* bar.
barbare *adj* barbarian;
  barbaric.
barbe *f* beard.
barème *m* list, schedule.
baril *m* barrel.
baromètre *m* barometer.
barque *f* small boat.
barre *f* bar, rod.
barrer *vt* to bar, block.
barricader *vt* to barricade;
  — * se ~ *vr* to barricade oneself.
barrière *f* barrier; fence.
bas(se) *adj* low; — * *m* stocking; sock.
base *f* base; basis.
baser *vt* to base; * se ~ sur *vr*
  to depend on, rely on.
basse *f* (music) bass; see bas.
bassesse *f* baseness; vileness.
bassin *m* pond, pool; dock.
bataille *f* battle.
bateau *m* boat, ship.
bâtiment *m* building.
bâtir *vt* to build.
bâton *m* stick.
batte *f* bat.
batterie *f* battery: — la ~ the
  drums.
battre *vt* to beat, defeat.
baume *m* balm, balsam.
bavard(e) *m(f)* chatterbox;
  * *adj* talkative.
bavardage *m* chatting, gossiping.
bavarder *vi* to chat, gossip.
bazar *m* bazaar; general store.
béat(e) *adj* blissfully happy;
  dumb.

béatitude *f* beatitude; bliss.
beau (belle) *adj* beautiful,
  lovely.
beaucoup *adv* a lot, a great
  deal: ~ de monde a lot of
  people: ~ plus (moins) much
  more (less).
beauté *f* beauty, loveliness.
beaux-arts *mpl* fine art.
bébé *m* baby.
bec *m* beak.
bégayer *vi* to stammer, stutter.
beige *adj, m* beige.
bêler *vi* to bleat.
belge *adj* Belgian.
Belge *m* or *f* Belgian person.
Belgique *f* Belgium.
belligérant(e) *adj, m(f)*
  belligerent.
bénédiction *f* benediction,
  blessing.
bénéfice *m* profit; benefit.
bénéficier *vi* to benefit; enjoy.
bénin(igne) *adj* benign;
  harmless.
bénir *vt* to bless.
bénit(e) *adj* consecrated, holy.
béquille *f* crutch; prop.
berceau *m* cradle.
bercer *vt* to rock, cradle.
béret *m* beret.
berge *f* river bank.
berger(ère) *m(f)* shepherd(ess).
besogne *f* work, job.
besoin *m* need, want:
  — avoir ~ de to need.
bestial(e) *adj* bestial, brutish.
bestiole *f* bug; creepy-crawly.
bête *adj* stupid, silly;
  * ~ment *adv* stupidly, foolishly;
  * *f* animal.
bêtise *f* stupidity, foolishness.
béton *m* concrete.
beurre *m* butter.
biberon *m* baby's bottle.
bible *f* bible.
bibliographie *f* bibliography.

bibliothécaire *m* or *f* librarian.

bibliothèque *f* library; bookcase.

bicyclette *f* bicycle.

bidon *m* tin, can; flask.

bien *adv* well; * *adj* all right, fine, nice, attractive; * *m* good, possession.

bien-être *m* well-being.

bienfaiteur(trice) *m(f)* benefactor, benefactress.

bienheureux(euse) *adj* blessed; lucky; happy.

bientôt *adv* soon.

bienvenu(e) *adj* welcome.

bière *f* beer.

bifteck *m* steak.

bijou *m* (*pl* ~x) jewel.

bijouterie *f* jewellery.

bilan *m* balance sheet; assessment.

bilingue *adj* bilingual.

billet *m* ticket; (bank)note.

billion *m* billion.

binaire *adj* binary.

biodégradable *adj* biodegradable.

biographie *f* biography.

biologie *f* biology.

biologiste *m* or *f* biologist.

bip *m* bleeper.

bipède *m* biped.

biscuit *m* cake; biscuit.

bise *f* kiss on the cheek.

bisexuel(le) *adj* bisexual.

bitume *m* asphalt, tarmac.

bizarre *adj* bizarre, strange; * ~ment *adv* strangely, oddly.

blague *f* joke, trick.

blaguer *vi* to joke.

blagueur(euse) *m(f)* joker; * *adj* jokey, teasing.

blaireau *m* badger.

blâme *m* blame.

blâmer *vt* to blame.

blanc(he) *adj* white; * *m* white; blank; * *m(f)* white person.

blancheur *f* whiteness.

blanchir *vi* to turn white; * *vt* to whiten.

blanchisserie *f* laundry.

blasphème *m* blasphemy.

blé *m* wheat.

blêmir *vi* to turn pale.

blessé(e) *adj* injured, wounded.

blesser *vt* to injure, wound.

bleu(e) *adj* blue; * *n* blue; bruise.

bleuir *vi* to turn blue; * *vt* to make blue.

bloc *m* block; group, unit.

blond(e) *adj* blond, fair.

blondir *vi* to turn blond, turn golden; * *vt* to bleach.

bloquer *vt* to block, blockade.

blouse *f* blouse; overall.

boeuf *m* ox, bullock, beef.

bof! *interj* don't care! not a big deal!

boire *vt* to drink; * *vi* to drink; tipple.

bois *m* wood.

boisson *f* drink.

boîte *f* box: ~ de nuit nightclub.

boiter *vi* to limp.

boiteux(euse) *adj* lame.

bol *m* bowl.

bombarder *vt* to bombard, bomb.

bombe *f* bomb.

bon(ne) *adj* good; * *m* slip, coupon, bond.

bonbon *m* sweet, candy.

bond *m* leap; bounce.

bondir *vi* to jump, leap; to bounce.

bonheur *m* happiness.

bonhomme *m* (*pl* bonshommes) chap, fellow.

bonifier *vt* to improve; * se ~ *vr* to improve.

bonjour *m* hello, good morning.

bonsoir *m* good evening.

bord *m* side, edge.

border *vt* to edge; to tuck in (bed).

borner *vt* to restrict, limit.

botanique *f* botany;
* *adj* botanical.

botaniste *f* botanist.

botte *f* boot.

bouche *f* mouth; * ~-à-~ *m* kiss of life.

bouché(e) *adj* bottled; overcast; (*fam*) stupid.

bouchée *f* mouthful.

boucher *vt* to cork; fill up; block (up); * ~(ère) *m(f)* butcher.

boucherie *f* butcher's (shop); butchery.

bouchon *m* cork.

bouder *vi* to sulk.

boudin *m* pudding.

boue *f* mud.

bouée *f* buoy.

bouger *vi* to move; * *vt* to move, shift.

bougie *f* candle.

bouillir *vi* to boil.

bouilloire *f* kettle.

boulanger(ère) *m(f)* baker.

boulangerie *f* bakery.

boule *f* ball.

boulevard *m* boulevard.

bouleversement *m* confusion, disruption.

bouleverser *vt* to confuse, disrupt.

bouton *m* bolt.

bourdon *m* bumblebee.

bourdonner *vi* to buzz, hum.

bourg *m* market town.

bourgeois(e) *m(f)* bourgeois, middle-class person;
* *adj* bourgeois, middle-class.

bourse *f* purse; stock exchange.

boursier(ère) *m(f)* broker; speculator; grant holder.

bousculer *vt* to jostle, hustle.

bout *m* end; piece, scrap.

bouteille *f* bottle.

boutique *f* shop.

bouton *m* button.

boutonner *vt* to button.

boxe *f* boxing.

boxer *vi* to box.

boycotter *vt* to boycott.

bracelet *m* bracelet.

braguette *f* fly (of trousers).

brancher *vt* to connect, link.

bras *m* arm.

brasse *f* breaststroke.

brasser *vt* to brew; to mix.

brasserie *f* bar; brewery.

brave *adj* brave, courageous.

braver *vt* to brave, defy.

brèche *f* breach, gap.

bredouiller *vi* to stammer, mumble.

bref(ève) *adj* brief, concise;
* en ~ *adv* in short.

Brésil *m* Brazil.

brésilien(ne) *adj* Brazilian.

Brésilien(ne) *m(f)* Brazilian person.

brevet *m* licence, patent:
— B~ des Collèges GCSEs equivalent.

bricolage *m* DIY, odd jobs.

bricoler *vi* to do odd jobs.

bride *f* bridle.

brider *vt* to restrain, restrict.

brièveté *f* brevity.

brillant(e) *adj* brilliant, shining.

briller *vi* to shine.

brin *m* blade (grass), strand.

brique *f* brick, carton (milk).

brise *f* breeze.

briser *vt* to break, smash, shatter.

britannique *adj* British.

Britannique *m* or *f* British.

broche *f* brooch.

brochure *f* booklet, brochure, pamphlet.

bronze *m* bronze.

bronzer *vi* to get a tan.

brosse *f* brush.

brosser *vt* to brush.
brouette *f* wheelbarrow.
brouillard *m* fog, mist.
brouter *vt, vi* to graze.
bruine *f* drizzle.
bruit *m* noise, sound.
bruitage *m* sound-effects.
brûler *vt, vi* to burn.
brûlure *f* burn.
brume *f* haze, mist.
brun(e) *m(f)* dark-haired
  person; * *adj* brown.
brusque *adj* brusque, abrupt.
brut(e) *adj* crude, raw; * *f* brute.
brutal(e) *adj* brutal, rough.
brutalité *f* brutality.
bruyant(e) *adj* noisy.
bûche *f* log.
bûcheron(ne) *m(f)* woodcutter.
budget *m* budget.
buée *f* condensation; steam.
buffet *m* sideboard, buffet.
buffle *m* buffalo.
bulbe *m* bulb.
bulletin *m* bulletin.
bureau *m* office; desk.
bureaucrate *m or f* bureaucrat.
bus *m* bus.
buste *m* bust, chest.
but *m* objective, goal.
buter *vi* ~ contre to stumble
  over; * se ~ *vi* to be obstinate.
buvable *adj* drinkable.
buvette *f* refreshment-room.
buveur(euse) *m(f)* drinker.

C

ça *pron* = cela that; it: ~ va?
  how are you? ~ alors! you
  don't say!
cabaret *m* cabaret; tavern.
cabine *f* cabin; cab (truck);
  cockpit.
cabinet *m* surgery; office,
  study.

câble *m* cable: — le ~ TV cable.
cacahouète *f* peanut.
cacao *m* cocoa.
cacher *vt* to hide, conceal
  (à from).
cadavre *m* corpse.
cadeau *m (pl ~x)* present.
cadenas *m* padlock.
cadenasser *vt* to padlock.
cadet(te) *m(f)* youngest child.
cadre *m* frame; context; scope;
  manager.
caduc(uque) *adj* null and void;
  obsolete; deciduous.
café *m* coffee.
cafétéria *f* cafeteria.
cafetière *f* coffeepot, percolator.
cage *f* cage.
cahier *m* notebook, exercise
  book.
caillou *m (pl ~x)* stone; pebble.
caisse *f* box; till; fund.
caissier(ère) *m(f)* cashier.
calcul *m* sum, calculation.
calculatrice, calculette *f*
  calculator.
calculer *vt* to calculate,
  reckon.
caleçon *m* shorts, underpants,
  boxer shorts.
calendrier *m* calendar.
calibre *m* calibre, bore.
câlin(e) *adj* affectionate;
  * *m* cuddle.
calmant(e) *adj* tranquillising;
  * *m* tranquilliser, sedative.
calme *m* calm, stillness;
  * *adj* calm, still.
calmer *vt* to calm, soothe,
  pacify.
calorie *f* calorie.
camarade *m or f* companion,
  friend.
camaraderie *f* camaraderie,
  friendship.
cambrioler *vt* to burgle.
caméra *f* video camera.

camion *m* lorry.

camionneur *m* lorry driver, trucker.

camouflage *m* camouflage.

camp *m* camp.

campagnard(e) *adj* country, rustic; * *m(f)* countryman, countrywoman.

campagne *f* countryside.

camper *vi* to camp.

Canada *m* Canada.

canadien(ne) *adj* Canadian.

Canadien(ne) *m(f)* Canadian person.

canal *m* canal, channel.

canapé *m* sofa, settee.

cancer *m* cancer.

cancéreux(euse) *adj* cancerous.

candidat(e) *m(f)* candidate.

candide *adj* frank, ingenuous.

canne *f* cane, rod.

canoë *m* canoe.

canon *m* cannon, gun.

cantatrice *f* singer.

cantine *f* canteen.

caoutchouc *m* rubber.

cap *f* cape; course.

capable *adj* capable, competent.

capacité *f* capacity.

capitaine *m* captain.

capital(e) *adj* capital; cardinal; major; * *m* capital; stock.

capitale *f* capital (letter, city).

capitaliste *m* or *f* capitalist.

capituler *vt* to capitulate, surrender.

capote *f* (*fam*) condom.

capoter *vt* to capsize, overturn.

caprice *m* caprice, whim.

capricieux(euse) *adj* capricious.

capsule *f* capsule.

captif(ive) *adj*, *m(f)* captive.

captiver *vt* to captivate, enthrall.

captivité *f* captivity.

capture *f* capture.

capturer *vt* to capture.

car *conj* for; because; * *m* coach; bus.

caractère *m* character, disposition.

caractériser *vt* to characterise.

caractéristique *f* characteristic, feature; * *adj* characteristic.

carat *m* carat.

caravane *f* caravan.

carbone *m* carbon.

carburant *m* fuel.

cardiaque *adj* cardiac.

carence *f* deficiency; insolvency.

caressant(e) *adj* affectionate.

caresse *f* caress.

caresser *vt* to caress, fondle.

cargaison *f* cargo, freight.

caricature *f* caricature.

caricaturer *vt* to caricature.

caritatif(ive) *adj* charitable.

carnaval *m* carnival.

carnet *m* notebook; logbook; booklet of tickets.

carnivore *m* or *f* carnivore; * *adj* carnivorous.

carotte *f* carrot.

carreau *m* tile; pane.

carrefour *m* crossroads.

carrière *f* career.

carrosserie *f* (car) bodywork.

carte *f* card; map.

cartilage *m* cartilage.

carton *m* cardboard.

cas *m* case; circumstance.

cascade *f* waterfall.

case *f* square.

casier *m* compartment, filing cabinet.

casino *m* casino.

casque *m* helmet.

cassant(e) *adj* brittle.

casse-croûte *m invar* snack.

casser *vt* to break; * se ~ *vr* to break; (*fam*) to go away.

casserole *f* saucepan.

cassette *f* cassette; cash-box.

catalogue *m* catalogue.

cataloguer *vt* to catalogue.

catastrophe *f* catastrophe.

catastrophique *adj* catastrophic.

catégorie *f* category.

catégorique *adj* categorical.

cathédrale *f* cathedral.

catholique *adj* Catholic.

cauchemar *m* nightmare.

cause *f* cause, reason.

causer *vt* to cause; to chat;
* *vi* to talk, chat.

cavalerie *f* cavalry.

cavalier(ère) *m(f)* rider.

cave *f* cellar.

caverne *f* cave, cavern.

cavité *f* cavity.

CD *m* CD.

ce *pron* (c' before e and é) it,
that: — ce que, ce qui what;
* ce, cette *adj* (cet before
vowel and mute h, *pl* ces)
this, these: — cet homme-là
that man; * *pron*: — c'est le
facteur it's the postman:
— ce sont mes lunettes these
are my glasses.

ceci *pron* this.

céder *vi* to give in; * *vt* to give
up, transfer.

CEE *abbrev*, *f* EEC.

ceinture *f* belt.

cela *pron* that, it.

célèbre *adj* famous.

célébrer *vt* to celebrate.

célébrité *f* fame, celebrity.

célibataire *m* or *f* single person;
* *adj* single, unmarried.

celle *see* celui.

cellule *f* cell, unit.

celui *pron*, *f* celle this one
(*pl* ceux these ones).

cendre *f* ash.

censure *f* censorship.

cent *adj*, *m* a hundred:
— pour ~ per cent.

centenaire *m* centenarian;
* *adj* a hundred years old.

centigrade *m* centigrade.

centigramme *m* centigram.

centime *m* centime.

centimètre *m* centimetre.

central(e) *adj* central.

centre *m* centre.

cependant *conj* however.

cercle *m* circle, ring.

céréale *f* cereal.

cérébral(e) *adj* cerebral.

cérémonie *f* ceremony.

certain(e) *adj* certain, sure;
* ~s *pron* some, certain.

certificat *m* certificate.

certifier *vt* to certify; to
guarantee.

certitude *f* certainty, certitude.

cervelle *f* brain.

cesser *f* to cease, stop.

cessez-le-feu *m* cease-fire.

cet, cette *see* ce.

ceux *see* ce.

chacun(e) *pron* each one:
~(e) d'entre eux (elles) each
of them.

chagrin *m* sorrow, chagrin.

chaîne *f* chain.

chair *f* flesh.

chaise *f* chair.

châlet *m* chalet.

chaleur *f* heat.

chaleureux(euse) *adj* warm,
cordial.

chambre *f* (bed)room; chamber.

chameau *m* camel.

champ *m* field.

champignon *m* mushroom.

champion(ne) *m(f)* champion.

championnat *m* championship.

chance *f* luck.

chanceler *vi* to stagger, totter.

chanceux(euse) *adj* lucky,
fortunate.

changement *m* change,
changing.

changer *vi* to change; * *vt* to change.

chanson *f* song.

chant *m* singing, song, hymn.

chantage *m* blackmail.

chanter *vi*, *vt* to sing.

chanteur(euse) *m(f)* singer.

chantier *m* building site; (*fam*) mess.

chaos *m* chaos.

chapeau *m* hat.

chapelle *f* chapel.

chapitre *m* chapter.

chaque *adj* each.

charbon *m* coal.

charge *f* load; responsibility.

charger *vt* to load; * se ~ de *vr* to take responsibility for, attend to.

charisme *m* charisma.

charitable *adj* charitable, kind.

charité *f* charity.

charme *m* charm.

charmer *vt* to charm, delight.

charpente *f* structure, framework.

charpentier *m* carpenter.

charrue *f* plough.

chasse-neige *m invar* snowplough.

chasser *vt* to hunt, chase.

chassis *m* chassis.

chat(te) *m(f)* cat.

château *m* castle, château.

chaud(e) *adj* warm, hot.

chaudière *f* boiler.

chauffage *m* heating.

chauffer *vi* to heat; * *vt* to heat up.

chauffeur *m* driver.

chaussée *f* road, street.

chaussette *f* sock.

chaussure *f* shoe.

chauve-souris *f* bat.

chef *m* head, boss; chef.

chef-d'oeuvre *m* masterpiece.

chemin *m* way, road: ~ de fer railway.

cheminée *f* chimney.

chemise *f* shirt.

chêne *m* oak.

chèque *m* cheque.

chéquier *m* chequebook.

cher (chère) *adj* dear; expensive.

chercher *vt* to look for; to seek.

chéri(e) *m(f)* darling; * *adj* cherished.

cheval *m*, (*pl* ~aux) horse.

cheveu *m* hair.

cheville *f* ankle.

chèvre *f* goat.

chez *prep*: ~ quelqu'un at someone's house or flat: ~ moi (nous) at home.

chic *m* style, stylishness.

chien(ne) *m(f)* dog.

chiffre *m* figure.

chimie *f* chemistry.

chimiothérapie *f* chemotherapy.

chimiste *m* or *f* chemist.

chimpanzé *m* chimpanzee.

Chine *f* China.

chinois(e) *adj* Chinese.

Chinois(e) *m(f)* Chinese person.

chirurgie *f* surgery.

chirurgien *m* surgeon.

choc *m* shock, crash.

chocolat *m* chocolate.

choir *vi* to fall.

choisir *vt* to choose.

choix *m* choice.

chômage *m* unemployment.

chômeur(euse) *m(f)* unemployed person.

choquer *vt* to shock.

chose *f* thing, matter, object.

chou *m* (*pl* ~x) cabbage.

chouette *f* owl.

chrétien(ne) *m(f)* Christian; * *adj* christian.

christianisme *m* Christianity.

chronologie *f* chronology.

chuchoter *vi* to whisper.

chute *f* fall, drop.

chuter *vi* to fall.

-ci *adv*: — celui-~ *m*, celle-~ *f*, this one: — ceux-~ *pl* these: — ce livre-~ this book.

ci-après *adv* below, hereafter: — ci-dessus above; ci-dessous below: — ci-joint enclosed.

cible *f* target.

cicatrice *f* scar.

cidre *m* cider.

ciel *m* (*pl* cieux / ciels) sky.

cierge *m* candle.

cigare *m* cigar.

cigarette *f* cigarette.

cil *m* eyelash.

ciment *m* cement.

cimetière *m* cemetery.

cinéma *m* cinema.

cinq *m* five.

cinquante *m* fifty.

cinquième *adj*, *m* or *f* fifth.

cirage *m* polish.

circonférence *f* circumference.

circonspect(e) *adj* circumspect.

circonstance *f* circumstance.

circuit *m* circuit, tour.

circulaire *adj* circular.

circulation *f* circulation; traffic.

circuler *vi* to circulate, move.

cirer *vt* to polish.

cirque *m* circus.

ciseau *m* chisel; scissors.

citadelle *f* citadel.

citadin(e) *m(f)* city dweller; * *adj* town, urban.

citation *f* citation, summons.

cité *f* city.

citer *vt* to quote, cite.

citoyen(ne) *m(f)* citizen.

citron *m* lemon.

citrouille *f* pumpkin.

civil(e) *adj* civil.

civilisation *f* civilisation.

civiliser *vt* to civilise.

clair(e) *adj* clear, bright; * ~ement *adv* clearly.

clandestin(e) *adj* clandestine.

claque *f* slap, smack.

claquer *vi* to bang, slam.

clarifier *vt* to clarify; * se ~ *vr* to become clear.

clarté *f* light, brightness.

classe *f* class, standing.

classer *vt* to file, classify.

classification *f* classification.

classique *adj* classical, standard.

clause *f* clause.

claustrophobie *f* claustrophobia.

clavier *m* keyboard.

clé *ou* clef *f* key.

cliché *m* cliché; negative.

client(e) *m(f)* client.

cligner *vi* to blink.

clignoter *vi* to blink, flicker.

climat *m* climate.

climatisation *f* air conditioning.

clinique *f* clinic.

clochard(e) *m(f)* tramp.

cloche *f* bell.

cloison *f* partition.

clore *vt* to close, conclude.

clou *m* nail.

clouer *vt* to nail.

cocaïne *f* cocaine.

cochon(ne) *m(f)* pig; * *adj* (*fam*) dirty.

code *m* code.

coeur *m* heart.

coffre *m* (furniture) chest: ~-fort safe.

cohabitation *f* cohabitation.

cohérent(e) *adj* coherent.

cohésion *f* cohesion.

coiffer *vt* to arrange someone's hair; * se ~ *vr* to do one's hair.

coiffeur(euse) *m(f)* hairdresser.

coin *m* corner.

coïncidence *f* coincidence.

coït *m* coitus.

col *m* neck.

colère *f* anger.

colis *m* parcel.

collaborateur(trice) *m(f)* collaborator, colleague.

collaborer *vi* to collaborate.

collection *f* collection.

collectionner *vt* to collect.

collège *m* college, school.

collègue *m* or *f* colleague.

coller *vt* to stick, glue; * *vi* to stick, be sticky.

colline *f* hill.

collision *f* collision.

colonie *f* colony.

coloniser *vt* to colonise.

coloration *f* colouring, staining.

colorier *vt* to colour in.

coma *m* coma.

comateux(euse) *adj* comatose.

combat *m* combat, fight.

combattre *vt* to fight, combat; * *vi* to fight.

combien *adv* how much, how many: ~ de temps how much time: — ça fait ~? how much is that?

combinaison *f* combination; device; slip: — (aviation) flying suit: — (diver's) wet suit.

combiner *vt* to combine.

combustible *m* fuel.

combustion *f* combustion.

comédie *f* comedy.

comédien(ne) *m(f)* actor.

comète *f* comet.

comique *adj* comic.

comité *m* committee.

commande *f* command, order.

commander *vt*, *vi* to order, command.

comme *adv*, *conj* as; like: ~ ci ~ ça so-so; * *adv* how.

commémorer *vt* to commemorate.

commencer *vt* to begin; * *vi* to begin, start.

comment *adv* how: ~ allez-vous? how are you?

commentaire *m* comment; commentary.

commenter *vt* to comment.

commerçant(e) *m(f)* merchant, trader.

commerce *m* business, commerce.

commercial(e) *adj* commercial; * ~ement *adv* commercially.

commercialiser *vt* to market.

commettre *vt* to commit.

commission *f* commission, committee.

commodité *f* convenience.

commun(e) *adj* common, joint.

communal(e) *adj* common, communal.

commune *f* town, district.

communication *f* communication.

communiquer *vt* to communicate, transmit; * *vi* to communicate.

communiste *m* or *f* communist.

compact(e) *adj* compact, dense.

compagnon(gne) *m(f)* companion.

comparable *adj* comparable.

comparaison *f* comparison.

comparer *vt* to compare.

compartiment *m* compartment.

compas *m* compass.

compassion *f* compassion.

compatible *adj* compatible.

compatriote *m* or *f* compatriot.

compensation *f* compensation.

compenser *vt* to compensate; offset.

compétence *f* competence.

compétitif(tive) *adj* competitive.

compétitivité *f* competitiveness.

complaisant *adj* kind; complacent.

complément *m* complement; extension.

complet(ète) *adj* complete, full.

compléter *vt* to complete.

complexe *adj* complex, complicated.

complice *m* or *f* accomplice.

compliment *m* compliment.

compliquer *vt* to complicate.

comportement *m* behaviour.

comporter *vt* to consist of; * se ~ *vr* to behave.

composer *vt* to compose, make up; * se ~ de *vr* to be made up of.

compréhensible *adj* comprehensible.

compréhensif(ive) *adj* comprehensive; understanding.

comprendre *vt* to understand; consist of.

compression *f* compression; reduction.

comprimer *vt* to compress; to restrain.

compromettre *vt* to compromise.

comptable *m* or *f* accountant.

compter *vt*, *vi* to count.

comptoir *m* counter, bar.

concentration *f* concentration.

concept *m* concept.

conception *f* conception, design.

concerner *vt* to concern, regard.

concert *m* concert.

concession *f* concession; privilege.

concevoir *vt* to imagine, conceive.

concierge *m* or *f* caretaker, concierge.

conciliation *f* conciliation; reconciliation.

concilier *vt* to reconcile; to attract.

concis(e) *adj* concise, brief.

concision *f* conciseness, brevity.

conclure *vt* to conclude; to decide.

conclusion *f* conclusion.

concours *m* competition.

concret(ète) *adj* concrete, solid.

concubin(e) *m(f)* concubine; cohabitant.

concurrence *f* competition.

condamnation *f* condemnation; sentencing.

condamner *vt* to condemn; to sentence.

condensation *f* condensation.

condenser *vt* to condense, compress.

condition *f* condition, term.

conditionner *vt* to condition; to package.

conducteur(trice) *m(f)* driver; operator.

conduire *vt*, *vi* to lead; to drive.

conduite *f* conduct; driving; running.

cône *m* cone.

conférence *f* conference.

confession *f* confession.

confiance *f* confidence, trust.

confidence *f* confidence; disclosure.

confidentiel(le) *adj* confidential.

confier *vt* to confide, entrust; * se ~ à *vr* to confide in.

confiner *vt* to confine.

confirmer *vt* to confirm; * se ~ *vr* to be confirmed.

confiserie *f* confectionery.

confiture *f* jam.

conflit *m* conflict, contention.

confondre *vt* to confuse, mingle.

conforme *adj* consistent; true.

conformer *vt*: ~ quelque chose

à to model something on;
* se ~ vr to conform (à to).

confort m comfort.

confortable adj comfortable, cosy.

confronter vt to confront.

confus(e) adj confused, indistinct.

confusion f confusion, disorder.

congédier vt to dismiss.

congeler vt to freeze.

congratuler vt to congratulate.

congrégation f congregation.

congrès m congress, conference.

conjurer vt to conspire; to implore.

connaissance f knowledge; consciousness.

connaisseur(euse) m(f) connoisseur; expert.

connaître vt to know, be acquainted with.

connecté(e) adj (computing) online.

connecter vt to connect.

connexion f connection, link.

connu(e) adj known; famous.

conquérir vt to conquer.

conquête f conquest.

conscience f consciousness; conscience.

consciencieux(euse) adv conscientious.

conscient(e) adj conscious, aware.

consécutif(tive) adj consecutive.

conseil m advice, counsel.

conseiller vt to advise, counsel.

consentir vi to consent, acquiesce.

conséquence f consequence, result.

conséquent(e) adj consequent, logical.

conservateur(trice) m(f) conservative; curator.

conservation f conservation.

conserver vt to keep, preserve;
* se ~ vr to keep.

considérable adj considerable; notable.

considération f consideration, respect.

considérer vt to consider, regard.

consistance f consistency; strength.

consister vi: ~ en to consist of.

consolation f consolation, solace.

consoler vt to console, comfort.

consolider vt to consolidate, reinforce.

consommateur(trice) m(f) consumer.

consommation f consumption; accomplishment.

consommer vt to consume, use.

conspirer vi to conspire, plot.

constant(e) adj constant; continuous.

constat m report; acknowledgement.

constater vt to record; to verify.

constellation f constellation, galaxy.

consterner vt to dismay.

constipation f constipation.

constituer vt to constitute, form.

constitution f constitution, formation.

constructeur(trice) m(f) builder, maker.

construction f building, construction.

construire vt to construct, build.

consulat m consulate.

consultant(e) m(f) consultant.

consulter *vt* to consult, take advice from.

consumer *vt* to consume, spend.

contact *m* contact, touch.

contagieux(euse) *adj* contagious, infectious.

contaminer *vt* to contaminate, pollute.

conte *m* story, tale.

contempler *vt* to contemplate, meditate.

contemporain(e) *adj* contemporary.

contenir *vt* to contain.

contentement *m* contentment, satisfaction.

contenter *vt* to please, satisfy.

contenu *m* contents, enclosure.

contester *vt* to contest, dispute.

contexte *m* context.

continent *m* continent.

continental(e) *adj* continental.

continuation *f* continuation.

continuel(le) *adj* continual, continuous.

continuer *vt* to continue; proceed with; * *vi* to continue, go on.

contour *m* contour, outline.

contraceptif(ive) *adj*, *m* contraceptive.

contraception *f* contraception.

contracter *vt* to contract, acquire; * se ~ *vr* to contract, shrink.

contradiction *f* contradiction, discrepancy.

contraindre *vt* to constrain, compel.

contraire *m adj* opposite; contrary.

contrarier *vt* to annoy; to oppose.

contraste *m* contrast.

contrat *m* contract, agreement.

contre *prep*, *adv* against; (in exchange) for: — par ~ on the other hand.

contre-attaquer *vi* to counter-attack.

contrecoeur *adv* à ~ reluctantly.

contredire *vt* to contradict, refute.

contrefaire *vt* to counterfeit, forge.

contrepartie *f* compensation; consideration.

contresens *m* nonsense; misunderstanding; mistranslation.

contribuer *vt*, *vi* to contribute.

contribution *f* contribution; tax.

contrôler *vt* to control, check.

contrôleur(euse) *m(f)* inspector; auditor.

controverse *f* controversy.

convaincre *vt* to convince, persuade.

convalescence *f* convalescence.

convenable *adj* fitting, suitable; * ~ment *adv* suitably, fitly.

convenir *vi* to agree, accord.

convention *f* convention; agreement.

conventionnel(le) *adj* conventional; contractual.

conversation *f* conversation, talk.

conversion *f* conversion.

convertir *vt* to convert; * se ~ *vr* to be converted.

conviction *f* conviction.

convoi *m* convoy; train.

convoquer *vt* to convoke, convene.

coopération *f* co-operation.

coopérative *f* co-operative.

coopérer *vi* to co-operate, collaborate.

coordination *f* co-ordination.

copain *m* friend, pal.
copie *f* copy, reproduction.
copier *vt* to copy, reproduce.
copilote *m* co-pilot.
coq *m* cock.
coquet(te) *adj* stylish, pretty.
coquin(e) *m(f)* naughty,
  mischievous.
corail *m* coral.
Coran *m* Koran.
corbeille *f* basket.
corde *f* rope; string.
cordial(e) *adj* cordial, warm.
cordialité *f* cordiality,
  warmth.
cordon *m* cord, string; cordon.
corne *f* horn, antler.
corneille *f* crow.
cornet *m* cornet, cone.
corporatif(tive) *adj* corpora-
  tive, corporate.
corporation *f* corporation,
  guild.
corps *m* body; corpse.
corpulent(e) *adj* corpulent.
correct(e) *adj* correct,
  accurate.
correcteur(trice) *m(f)*
  examiner; proof-reader.
correction *f* correction;
  proof-reading.
correspondance *f* correspondence, communication.
correspondre *vi* to correspond,
  communicate.
corrida *f* bullfight.
corridor *m* corridor, passage.
corriger *vt* to correct.
corroder *vt* to corrode.
corrompre *vt* to corrupt,
  debase.
corrosion *f* corrosion.
corruption *f* corruption,
  debasement.
corset *m* corset.
cortège *m* retinue, procession.
cosmétique *m* cosmetic.

cosmique *adj* cosmic.
cosmopolite *adj* cosmopolitan.
cosmos *m* cosmos.
costume *m* costume, dress.
côte *f* coast; rib; slope.
côté *m* side; point.
coteau *m* hill.
coter *vt* to quote; to classify.
coton *m* cotton.
cou *m* neck.
couche *f* layer, coat; nappy.
coucher *vt* to put to bed;
  * se ~ *vr* to go to bed.
coucou *m* cuckoo.
coude *m* elbow.
coudre *vt*, *vi* to sew.
couler *vi* to flow, sink.
couleur *f* colour, shade.
coulisser *vi* to slide.
couloir *m* corridor, passage.
coup *m* blow; shot: — tout à ~
  suddenly: — après — afterwards, ~ de feu shot: — jeter
  un ~ d'oeil to glance.
coupable *m* or *f* culprit;
  * *adj* guilty.
coupe *f* cut; cutting.
couper *vt* to cut, slice.
couple *m* couple, pair.
coupon *m* coupon, voucher,
  ticket.
cour *f* court, yard, courtyard.
courage *m* courage, daring.
courageux(euse) *adj*
  courageous.
courant(e) *adj* current;
  present; * *m* stream, current.
courbe *f* curve; contour.
courber *vt* to curve, bend.
coureur(euse) *m(f)* runner.
courir *vi* to run, race.
couronne *f* crown, wreath.
courrier *m* mail, post:
  ~ électronique E-mail, e-mail.
cours *m* course; flow; path.
course *f* running; race; flight;
  journey.

coursier(ière) *m(f)* courier,
  messenger.
court(e) *adj* short, brief.
court-circuit *m* short-circuit.
courtier(ière) *m(f)* broker,
  agent.
courtois(e) *adj* courteous.
cousin(e) *m(f)* cousin.
coussin *m* cushion, pillow.
coût *m* cost, charge.
couteau *m* knife.
coûter *vi, vt* to cost.
coûteux(euse) *adj* costly,
  expensive.
coutume *f* custom, habit.
couvent *m* convent.
couvercle *m* lid, cap.
couvert *m* shelter; cover;
  pretext; (table) place setting;
  * *adj* covered; secret.
couverture *f* blanket; cover;
  roofing.
couvrir *vt* to cover.
crabe *m* crab.
cracher *vt* to spit.
craie *f* chalk.
craindre *vt* to fear.
crampe *f* cramp.
crâne *m* skull.
crapaud *m* toad.
craquement *m* crack, creaking,
  snap.
craquer *vi* to creak, squeak,
  crack.
cratère *m* crater.
cravate *f* tie.
créateur(trice) *m(f)* creator,
  author.
création *f* creation.
créature *f* creature.
crèche *f* creche; crib.
crédible *adj* credible.
crédit *m* credit, trust.
crédule *adj* credulous, gullible.
créer *vt* to create, produce.
crème *f* cream.
crémerie *f* (shop) dairy.

crêpe *f* pancake; * *m* crepe.
crépiter *vi* to crackle; to
  rattle.
crépuscule *m* twilight, dusk.
crête *f* (bird) crest.
crétin(e) *m(f)* cretin, idiot.
creuser *vi* to dig, burrow;
  * *vt* to dig, hollow.
crevaison *f* puncture.
crevé(e) *adj* (fam) dead.
crever *vt* to burst; * (fam)
  se ~ (au travail) *vr* to work
  oneself to death; * *vi* to
  puncture; (fam) to die.
cri *m* shout, yell.
crier *vi* to shout, yell.
crime *m* crime, offence.
criminel(elle) *m(f)*, *adj*
  criminal.
crise *f* crisis, attack.
cristal *m* crystal, glassware.
cristalliser *vt* to crystallise.
critère *m* criterion, standard.
critique *adj* critical, censor-
  ious; * *f* criticism, critique.
critiquer *vt* to criticise,
  censure.
crochet *m* hook, clip.
crocodile *m* crocodile.
croire *vt* to believe, think.
croiser *vt* to cross; to fold;
  * se ~ *vr* to cross, intersect.
croisière *f* cruise.
croissance *f* growth, increase.
croître *vi* to grow.
croix *f* cross.
croquer *vt* to crunch, munch.
croquette *f* croquette.
croquis *m* sketch, outline.
croustiller *vi* to be crusty,
  crispy.
croûte *f* crust.
croyance *f* belief.
croyant(e) *adj* believer.
CRS *mpl* riot police, state
  security police.
cru(e) *adj* raw, uncooked;

crude; * m vineyard; wine.
cruauté f cruelty, inhumanity.
crucial(e) adj crucial, decisive.
crucifix m crucifix.
crudité f crudity, coarseness.
cruel(le) adj cruel.
cube m cube, block.
cueillir vt to pick, gather.
cuiller (cuillère) f spoon,
　spoonful.
cuir m leather.
cuire vi to cook.
cuisine f kitchen; cookery.
cuisiner vt, vi to cook.
cuisinier(ière) m(f) cook.
cuisse f thigh.
cuisson f cooking, baking.
cuit(e) adj cooked.
cul-de-sac m blind alley, cul-
　de-sac.
culminer vi to culminate,
　tower.
culotte f knickers, under-
　pants, shorts.
culpabiliser vt to make
　someone feel guilty.
culte m cult, veneration.
cultivateur(trice) m(f) farmer.
cultiver vt to cultivate;
　* se ~ vr to improve oneself.
culture f culture; cultivation.
culturel(le) adj cultural.
cumuler vt to accumulate.
cupide adj greedy.
cure f cure; treatment.
curé m parish priest, parson.
curieux(euse) adj curious,
　inquisitive.
cuvette f basin, bowl.
cyber café m cyber café.
cycle m cycle; stage.
cyclique adj cyclical.
cyclisme m cycling.
cycliste m or f cyclist.
cyclone m cyclone.
cygne m swan.
cylindre m cylinder.

cynique adj cynical;
　* ~ment adv cynically.
cynisme m cynicism.

D

d' see de.
dactylographe m or f typist.
dactylographier vt to type.
dame f lady.
damier m draughtboard.
Danemark m Denmark.
danger m danger, risk.
dangereux(euse) adj dangerous,
　risky.
danois(e) adj Danish.
Danois(e) m(f) Danish person.
dans prep in, into, inside;
　from: — boire (prendre) ~ to
　drink (take) from; in: ~ deux
　jours in two days' time;
　about: ~ les dix francs about
　ten francs.
danse f dance; dancing.
danser vi to dance.
danseur(euse) m(f) dancer.
dard m dart, sting.
date f date.
dater vt to date.
dauphin m dolphin.
davantage adv more.
de (d' before a or mute h; de +
　le = du, de + les = des) prep of;
　from: — deux ~ plus two
　more; * art some, any.
dé m dice; thimble.
débâcle f disaster; collapse.
débarquer vt to land, unship;
　* vi to disembark, land.
débarrasser vt to clear, rid.
débat m debate; dispute,
　contest.
débattre vi to debate, discuss.
débile adj weak, feeble.
débilitant(e) adj debilitating;
　weakening.

débiteur(trice) *m(f)* debtor.

débloquer *vt* to release, unlock.

déboiser *vt* to deforest.

débordant(e) *adj* exuberant, overflowing.

déborder *vi* to overflow; to outflank.

debout *adv* upright, standing: — être ~ to stand.

débris *m* debris, waste.

début *m* beginning, outset.

débuter *vi* to start, begin; * *vt* to lead, start.

décadence *f* decadence, decline.

décadent(e) *adj* decadent.

décaféiné(e) *adj* decaffeinated.

décaler *vt* to stagger; to shift.

décathlon *m* decathlon.

décéder *vi* to die.

déceler *vt* to detect; to disclose.

décembre *m* December.

décence *f* decency.

décennie *f* decade.

décent(e) *adj* decent, proper.

décentraliser *vt* to decentralise.

déception *f* disappointment; deceit.

décès *m* death, decease.

décevoir *vt* to disappoint; to deceive.

déchaîner *vt* to unleash.

décharge *f* discharge; receipt.

décharger *vt* to unload, discharge.

déchet *m* loss, waste.

déchiffrer *vt* to decipher, decode.

déchirer *vt* to tear, rip.

décibel *m* decibel.

décidé(e) *adj* decided; determined.

décimal(e) *adj* decimal.

décision *f* decision.

déclarer *vt* to declare, announce.

déclencher *vt* to release, set off.

décliner *vi* to decline, refuse.

décollage *m* takeoff.

décoller *vi* to unpaste; take off.

décolleté(e) *adj* low-cut.

décomposer *vt* to decompose; to break up.

décompte *m* discount; deduction.

décongeler *vt* to thaw, defrost.

déconnecter *vt* to disconnect.

décontenancé(e) *adj* embarrassed; disconcerted.

décor *m* scenery; setting.

décorateur(trice) *m(f)* decorator; set designer.

décoration *f* decoration, embellishment.

décorer *vt* to decorate, adorn.

découper *vt* to carve, cut up.

décourageant(e) *adj* discouraging, disheartening.

décourager *vt* to discourage, dishearten.

découvert(e) *adj* uncovered; open.

découverte *f* discovery.

découvrir *vt* to discover.

décréter *vt* to decree, enact.

décrire *vt* to describe.

décroître *vi* to decrease, diminish.

déçu(e) *adj* disappointed.

dédaigner *vt* to disdain, scorn.

dédaigneux(euse) *adj* disdainful, scornful.

dedans *adv* inside, indoors; * *m* inside: — au ~ inside.

dédier *vt* to consecrate, dedicate to.

dédommager *vt* to compensate, indemnify.

déduction *f* deduction.

déduire *vt* to deduct; to deduce.

défaillir *vi* to faint.
défaire *vt* to undo, dismantle.
défaite *m* defeat, overthrow.
défaut *m* defect, fault.
défavorable *adj* unfavourable.
défection *f* defection.
défectueux(euse) *adj* defective,
  faulty.
défendeur(deresse) *m(f)*
  defendant.
défendre *vt* to defend, protect;
  to prohibit.
défense *f* defence, prohibition.
défi *m* defiance; challenge.
déficience *f* deficiency.
déficit *m* deficit, shortfall.
défier *vt* to challenge, defy.
défiler *vi* to parade, march.
définir *vt* to define, specify.
définitif(tive) *adj* definitive,
  final.
définition *f* definition.
déformation *f* deformation,
  distortion.
déformer *vt* to deform.
défouler *vr* se ~ (*fam*) to let off
  steam.
défunt(e) *adj*, *m(f)* deceased.
dégagement *m* freeing,
  clearance.
dégager *vt* to free, clear;
  * se ~ *vr* to free oneself.
dégât *m* havoc, damage.
dégel *m* thaw.
dégénérer *vi* to degenerate;
  decline.
dégoût *m* disgust, distaste.
dégradation *f* degradation;
  debasement.
dégrader *vt* to degrade,
  debase.
degré *m* degree; grade.
déguiser *vt* to disguise;
  * se ~ *vr* to dress oneself up
  (en as).
dégustation *f* tasting,
  sampling.

dehors *adv* outside, outdoors:
  — en ~ de outside; apart
  from; * *m* outside, exterior.
déjà *adv* already.
déjeuner *vi* to lunch; * *m* lunch.
delà *adv* au — de beyond: — par
  ~ beyond; * *m* l'au-~ the
  (world) beyond.
délai *m* delay; respite; time
  limit.
délaisser *vt* to abandon; quit.
délasser *vt* to refresh, relax;
  * se ~ *vr* to rest, relax.
délayer *vt* to mix; to pad out.
délectation *f* delectation,
  delight.
délégation *f* delegation.
délégué(e) *m(f)* delegate;
  * *adj* delegated.
déléguer *vt* to delegate.
délibéré(e) *adj* deliberate;
  resolute.
délicat(e) *adj* delicate, dainty.
délicieux(euse) *adj* delicious,
  delightful.
délimiter *vt* to delimit,
  demarcate.
délinquant(e) *adj*, *m(f)*
  delinquent, offender.
délire *m* delirium, frenzy.
délirer *vi* to be delirious.
délit *m* offence, misdemeanour.
délivrer *vt* to deliver, to release.
déloyal(e) *adj* disloyal,
  unfaithful.
delta *m* delta.
deltaplane *m* hang-glider.
demain *adv* tomorrow:
  — à ~! see you tomorrow!
demande *f* request, petition;
  question.
demander *vt* to ask, request;
  * se ~ *vr* to wonder (si if).
démaquiller *vt* to remove
  make-up.
démarche *f* step, gait, walk.
déménager *vi* to move house.

dément(e) *adj* mad, insane, crazy.

démentir *vt* to deny, refute.

demeure *f* residence, dwelling place.

demeurer *vi* to live at, reside, stay.

demi(e) *adj* half: — à ~ halfway; * *m* half.

demi-cercle *m* semicircle.

demi-douzaine *f* half-dozen.

demi-heure *f* half-hour.

demi-lune *f* half-moon.

démilitariser *vt* to demilitarise.

démission *f* resignation.

démissionner *vi* to resign.

démocrate *m(f)* democrat.

démocratie *f* democracy.

démocratique *adj* democratic.

démodé(e) *adj* old-fashioned, out-of-date.

demoiselle *f* young lady.

démolir *vt* to demolish, knock down.

démolition *f* demolition.

démonstration *f* demonstration; proof.

démonter *vt* to dismantle, take down, dismount.

démontrer *vt* to demonstrate; to prove.

démoraliser *vt* to demoralise.

déni *m* denial, refusal.

dénier *vt* to deny, disclaim.

dénigrer *vt* to denigrate.

dénombrer *vt* to number, enumerate.

dénomination *f* denomination, designation.

dénoncer *vt* to denounce; to inform against.

dénonciation *f* denunciation.

dénoyauter *vt* to stone (fruit).

dense *adj* dense, thick.

densité *f* density.

dent *f* tooth.

dentelle *f* lace.

dentifrice *m* toothpaste.

dentiste *m or f* dentist.

dénuder *vt* to bare, denude.

déodorant *m* deodorant.

dépanner *vt* to repair, fix.

dépanneur(euse) *m(f)* breakdown mechanic.

départ *m* departure; start.

département *m* department.

dépasser *vt* to exceed, to go past.

dépêcher *vt* to dispatch, send; * se ~ *vr* to hurry, rush.

dépendant(e) *adj* dependent.

dépendre *vi* to depend on, be dependent on.

dépenser *vt* to expend, spend; * se ~ *vr* to exert oneself.

dépérir *vi* to decline; waste away.

dépit *m* spite; grudge: — en ~ de in spite of.

déplacement *m* trip, movement.

déplacer *vt* to move; * se ~ *vr* to move (about), get about.

déplaire *vi* to displease; to offend.

déplaisant(e) *adj* disagreeable, unpleasant.

déplorable *adj* deplorable, disgraceful.

déployer *vt* to deploy; to display; to spread (out).

déportation *f* deportation; transportation.

déporter *vt* to deport, transport.

déposer *vt* to lodge, deposit.

dépôt *m* deposit; warehouse.

dépouillement *m* analysis, deprivation, austerity.

dépréciation *f* depreciation.

déprécier *vt* to depreciate.

dépression *f* depression; nervous breakdown.

déprimant(e) *adj* depressing.

déprimer *vt* to depress; to discourage.

depuis *prep* since, from; after.

déraillement *m* derailment.

dérangement *m* derangement; inconvenience.

déranger *vt* to upset, unsettle.

déraper *vi* to skid; slip.

dérision *f* derision, mockery.

dérisoire *adj* derisory; pathetic.

dériver *vi* to drift.

dernier(ière) *adj* last; latest; back; * *m(f)* last one; latter.

dernièrement *adv* recently, lately.

dérober *vt* to steal; to hide; * se ~ *vr* to steal away, escape.

déroger *vi* to derogate; to detract.

déroulement *m* unfolding; progress, development.

dérouler *vt* to unwind, unroll; * se ~ *vr* to develop; to unfold.

dérouter *vt* to reroute, baffle.

derrière *prep* behind; * *adv* par ~ by the back; * *m* bottom; back.

des *art* = de les; *see* de *and* le.

dès *prep* from, since; ~ que when; as soon as.

désaccord *m* disagreement, discord.

désaffecté(e) *adj* disused.

désagréable *adj* disagreeable, unpleasant.

désagréger *vt* to separate; * se ~ *vr* to become separated.

désagrément *m* displeasure, annoyance.

désapprobation *f* disapproval.

désapprouver *vt* to disapprove of.

désarmement *m* disarmament.

désarroi *m* disarray, confusion.

désastre *m* disaster.

désavantage *m* disadvantage, drawback, handicap.

désavantager *vt* to disadvantage.

descendant(e) *m(f)* descendant.

descendre *vi* to descend, go down; * *vt* to take down.

descente *f* descent, way down.

descriptif(tive) *adj* descriptive, explanatory.

description *f* description.

désenchantement *m* disenchantment; disillusion.

déséquilibre *m* imbalance; unbalance.

déséquilibrer *vt* to throw off balance; to unbalance.

désert(e) *adj* deserted; * *m* desert, wilderness.

déserter *vt* to desert.

désespéré(e) *adj* desperate, hopeless.

désespérer *vi* to despair, give up hope.

désespoir *m* despair, despondency.

déshabiller *vt* to undress; * se ~ *vr* to undress.

déshériter *vt* to disinherit.

désignation *f* designation, nomination; name.

désigner *vt* to designate, indicate.

désillusionner *vt* to disillusion; to disappoint.

désinfectant(e) *adj, m* disinfectant.

désintégration *f* disintegration.

désintégrer *vt* to split, break up; * se ~ *vr* to disintegrate.

désintéressé(e) *adj* disinterested, unselfish.

désir *m* desire, wish, longing.

désirable *adj* desirable.

désirer *vt* to desire, wish, long.

désobéir *vi* to disobey.

désodorisant *m* air freshener.

désolation *f* desolation; ruin; grief.

désolé(e) *adj* desolate; distressed; sorry.

désordonné(e) *adj* untidy; inordinate; reckless.

désordre *m* disorder, confusion, disturbance.

désorienté(e) *adj* disorientated.

désormais *adv* from now on, henceforth.

dessécher *vt* to dry, parch; * se ~ *vr* to dry out.

dessein *m* design, plan, scheme.

desserrer *vt* to unscrew; * se ~ *vr* to work loose.

dessert *m* dessert, sweet.

dessin *m* drawing, sketch; draft.

dessiner *vt* to draw, sketch; to design.

dessous *adv* under, beneath; * *m* underside; bottom.

dessus *adv* over, above; * *m* top.

destin *m* destiny, fate, doom.

destinataire *m* or *f* addressee, consignee.

destination *f* destination; purpose.

destiner *vt* to determine; to intend, destine, aim.

destruction *f* destruction.

détachable *adj* detachable.

détachement *m* detachment, indifference.

détacher *vt* to detach, unfasten.

détail *m* detail, particular.

détaillant(e) *m(f)* retailer.

détailler *vt* to detail; to sell retail.

détecter *vt* to detect.

détecteur *m* detector.

détection *f* detection.

détective *m* detective.

détendre *vt* to release, loosen.

détenir *vt* to detain; to hold.

détente *f* relaxation, easing.

détérioration *f* deterioration.

détériorer *vt* to damage, impair; * se ~ *vr* to deteriorate, worsen.

détermination *f* determination; resolution.

déterminer *vt* to determine, decide.

détestable *adj* detestable, odious.

détester *vt* to detest, hate.

détonation *f* detonation, explosion.

détour *m* detour; curve; evasion.

détournement *m* diversion, rerouting.

détourner *vt* to divert, reroute.

détresse *f* distress, trouble.

détruire *vt* to destroy, demolish.

dette *f* debt.

DEUG *m* (*abbrev* diplôme d'études universitaire générales) degree taken after 2 years' study at university.

deuil *m* mourning, bereavement, grief.

deux *adj, m* two.

deuxième *adj* second; * *m* or *f* second.

dévaliser *vt* to burgle.

dévaloriser *vt* to depreciate, reduce the value of.

dévaluation *f* devaluation.

devancer *vt* to outstrip, outrun; to precede.

devant *prep* in front of; before; * *adv* in front; * *m* front.

devanture *f* display; shop-front.

développement *m* development; growth; progress.

développer *vt* to develop, expand; * se ~ *vr* to develop, grow.

devenir *vi* to become, grow.
dévêtir *vt* to undress;
* se ~ *vr* to get undressed.
déviation *f* deviation;
diversion.
deviner *vt* to guess; to solve;
to foretell.
devise *f* currency.
dévisser *vt* to unscrew; undo.
devoir *m* duty; homework;
* *vt* to owe; to have to.
dévorer *vt* to devour, consume.
dévotion *f* devotion, piety.
dextérité *f* dexterity.
diabétique *adj* diabetic.
diable *m* devil.
diagnostic *m* diagnosis.
diagnostiquer *vt* to diagnose.
diagonale *f* diagonal.
diagramme *m* diagram; graph.
dialecte *m* dialect.
dialogue *m* dialogue, conversation.
diamant *m* diamond.
diamètre *m* diameter.
dictée *f* dictation.
dictionnaire *m* dictionary.
diesel *m* diesel.
diette *f* diet.
diététicien(ne) *m(f)* dietician.
dieu *m* god.
diffamer *vt* to defame, slander.
différence *f* difference.
différencier *vt* to differentiate.
différent(e) *adj* different
(de from).
différer *vt* to differ; to vary
(de from).
difficile *adj* difficult; awkward,
tricky; fussy.
difficulté *f* difficulty; problem.
diffuser *vt* to diffuse, circulate,
broadcast.
digérer *vt* to digest.
digestion *f* digestion.
digne *adj* worthy; dignified.
dignité *f* dignity.

dilapider *vt* to squander,
waste.
dilemme *m* dilemma.
diluer *vt* to dilute.
dimanche *m* Sunday.
dimension *f* dimension, size.
diminuer *vt* to diminish,
reduce; * *vi* to diminish,
lessen.
diminutif *m* diminutive.
diminution *f* reduction,
lessening.
dîner *vi* to dine; * *m* dinner.
diocèse *m* diocese.
diplomate *m* diplomat.
diplomatie *f* diplomacy.
diptomatique *adj* diplomatic.
diplôme *m* diploma, certificate.
dire *vt* to say; to tell; * se ~
(que) to say to oneself (that).
direct(e) *adj* direct;
* *m* express.
directeur(trice) *m(f)* director.
direction *f* direction,
management.
diriger *vt* to run, direct;
* se ~ *vr*, se ~ vers to head for,
make for.
discerner *vt* to discern,
distinguish.
disciple *m* disciple.
discipline *f* discipline.
discorde *f* discord, dissension.
discothèque *f* discotheque.
discours *m* speech, talking.
discréditer *vt* to discredit.
discret(ète) *adj* discreet.
discrétion *f* discretion,
prudence.
discrimination *f* discrimination.
discriminer *vt* to distinguish;
to discriminate.
disculper *vt* to excuse,
exonerate.
discussion *f* discussion, debate.
discuter *vt, vi* to discuss,
debate.

disgrace *f* disgrace.

disparaître *vi* to disappear, vanish.

disparité *f* disparity, incongruity.

disparition *f* disappearance; death; extinction.

dispenser *vt* to dispense, exempt.

dispersion *f* dispersal, scattering.

disponible *adj* available; transferable.

disposer *vt* to arrange, dispose.

dispositif *m* device, mechanism.

disposition *f* arrangement, layout.

dispute *f* dispute, argument.

disque *m* record; disk, disc: ~ compact compact disk: ~ compact interactif CD-ROM: ~ dur hard disk: ~ laser laser disk: ~ de stationnement parking disk.

disquette *f* diskette, floppy (disk).

dissertation *f* dissertation.

dissidence *f* dissidence.

dissident(e) *adj* dissident.

dissimuler *vt* to hide, conceal; to pretend.

dissipation *f* dissipation, waste.

dissiper *vt* to dispel; to dissipate, clear up.

dissolution *f* dissolution.

dissoudre *vt* to dissolve.

dissuader *vt* to dissuade.

distance *f* distance, interval.

distant(e) *adj* distant.

distiller *vt* to distil.

distillerie *f* distillery.

distinct(e) *adj* distinct, different.

distinction *f* distinction.

distingué(e) *adj* distinguished.

distinguer *vt* to distinguish; to discern.

distraire *vt* to distract; to amuse; * se ~ *vr* to enjoy oneself.

distrait(e) *adj* inattentive, absent-minded.

distribuer *vt* to distribute.

distribution *f* distribution.

district *m* district.

divaguer *vi* to ramble, rave.

divergence *f* divergence.

diverger *vi* to diverge.

divers(e) *adj* diverse, varied.

diversification *f* diversification.

diversifier *vt* to vary, diversify; * se ~ *vr* to diversify.

diversité *f* diversity, variety.

divertir *vt* to amuse, entertain; * se ~ *vr* to amuse oneself.

divertissant(e) *adj* amusing, entertaining.

divin(e) *adj* divine, exquisite.

divinité *f* divinity.

diviser *vt* to divide, split.

division *f* division.

divorce *m* divorce.

divorcer *vi* to get divorced.

dix *adj*, *m* ten.

dix-huit *adj*, *m* eighteen.

dix-huitième *adj*, *m* or *f* eighteenth.

dix-neuf *adj*, *m* nineteen.

dix-neuvième *adj*, *m* or *f* nineteenth.

dix-sept *adj*, *m* seventeen.

dix-septième *adj*, *m* or *f* seventeenth.

dixième *adj m* or *f* tenth.

do *m* (music) C.

docile *adj* docile, submissive.

docteur *m* doctor.

doctrine *f* doctrine.

document *m* document.

documentaire *adj* documentary.

documentation *f* documentation; information.

documenter *vt* to document,
* se ~ *vr* to collect information (sur about).

dogmatique *adj* dogmatic.

doigt *m* finger.

doigté *m* touch; fingering
technique.

domaine *m* domain, estate;
sphere.

domestique *adj* domestic,
household.

domestiquer *vt* to domesticate,
tame.

domicile *m* domicile, address.

dominant(e) *adj* dominant,
prevailing.

domination *f* domination.

dominer *vt* to dominate; to
prevail; * se ~ *vi* to control
oneself.

dommage *m* damage; harm:
— c'est ~ it's a pity.

dompter *vt* to tame, train.

don *m* gift; talent.

donation *f* donation.

donc *conj* so, therefore, thus:
— pourquoi ~? why is that?.

donné(e) *adj* given; fixed: —
étant ~ seeing that, in view of.

donnée *f* datum.

donner *vt* to give.

donneur(euse) *m(f)* giver,
donor; dealer.

dont *pron* whose, of which.

dormir *vi* to sleep, be asleep.

dortoir *m* dormitory.

dos *m* back; ridge.

dose *f* dose; amount; quantity.

dossier *m* dossier, file; case.

douane *f* customs.

douanier(ère) *adj* customs
officer.

double *adj* double, duplicate,
dual; * *m* copy, double.

doubler *vt, vi* to double,
duplicate; (car) to overtake.

douceur *f* softness, gentleness.

douche *f* shower.

doucher *vr* se ~ to take *or* have
a shower.

doué(e) *adj* gifted, endowed
with.

douleur *f* pain, ache; anguish.

douloureux(euse) *adj* painful,
grievous.

doute *m* doubt, misgiving:
— sans ~ without doubt.

douter *vi* to doubt, question;
* se ~ que *vr* to suspect that,
expect that.

douteux(euse) *adj* doubtful,
dubious.

doux (douce) *adj* soft; sweet;
mild.

douzaine *f* dozen.

douze *adj, m* twelve.

douzième *adj, m* or *f* twelfth.

dragon *m* dragon.

dramatique *adj* dramatic.

dramaturge *m* or *f* dramatist.

drame *m* drama.

drap *m* sheet.

drapeau *m* flag.

drogue *f* drug.

drogué(e) *m(f)* drug addict;
* *adj* drugged.

droguer *vt* to drug, administer
drugs.

droit(e) *adj* right; straight;
sound; honest; * *adv* straight,
tout ~ straight ahead;
* *m* right; law.

droite *f* right side; right
(wing); straight line.

droitier *adj* right-handed.

drôle *adj* funny, amusing;
peculiar.

du *art; see* de and le.

dû(due) *m(f) adj* owed; due;
* ~ment *adv* duly.

dubitatif(tive) *adj* doubtful,
dubious.

duc (duchesse) *m (f)* duke
(duchess).

dune *f* dune.
duo *m* duo; duet.
duper *vt* to dupe, fool.
dupliquer *vt* to duplicate.
dur(e) *adj* hard, tough;
  difficult.
durable *adj* durable, lasting.
durant *prep* during, for.
durcir *vt*, *vi* to harden;
  * se ~ *vr* to become hardened.
durée *f* duration, length.
durer *vi* to last.
duvet *m* (bird, person, plant)
  down; sleeping bag.
dynamique *f* dynamic;
  dynamics; * *adj* dynamic.
dynamite *f* dynamite.
dynamo *f* dynamo.
dynastie *f* dynasty.
dyslexie *f* dyslexia.
dyslexique *adj* dyslexic.

E

eau *f* water.
eau-de-vie *f* brandy.
éblouir *vt* to dazzle; to fascinate.
ébriété *f* intoxication.
écart *m* distance; interval;
  discrepancy.
écarter *vt* to move apart,
  move away; to open.
ecclésiastique *adj* ecclesiasti-
  cal; * *m* ecclesiastic,
  clergyman.
échafaud *m* scaffold.
échange *m* exchange.
échanger *vt* to exchange.
échantillon *m* sample.
échappement *m* exhaust;
  release.
échapper *vi* to escape, avoid,
  elude.
écharpe *f* scarf.
échauffer *vt* to heat, overheat;
  to excite.

échec *m* failure, defeat.
échelle *f* ladder; scale.
échelonner *vt* to spread out,
  space out.
échine *f* backbone, spine.
écho *m* echo; rumour.
échographie *f* (ultrasound)
  scan.
échoir *vi* to expire.
éclair *m* flash of lightning.
éclairage *m* lighting, light.
éclaircir *vt* to lighten,
  brighten up.
éclairer *vt* to light; clarify,
  explain.
éclat *m* brightness; splendour.
éclatement *m* explosion,
  bursting, rupture.
éclipse *f* eclipse.
éclipser *vt* to eclipse, over-
  shadow.
écoeurer *vt* to nauseate,
  disgust.
école *f* school, schooling;
  doctrine.
écolier(ière) *m*(*f*) schoolboy
  (girl).
écologie *f* ecology.
écologiste *m* or *f* ecologist.
économe *adj* thrifty.
économie *f* economy, thrift;
  economics.
économique *adj* economic.
économiser *vt* to economise,
  save.
Écossais(e) *m*(*f*) Scottish
  person.
écossais(e) *adj* Scottish.
Écosse *f* Scotland.
écoulement *m* flow, discharge,
  outlet.
écouler *vt* to flow, discharge;
  to sell.
écouter *vt* to listen to, hear.
écran *m* screen.
écraser *vt* to crush; to run
  over; * s'~ *vr* to crash.

écrire *vt* to write; to spell.

écriture *f* writing; handwriting; script.

écrivain *m* writer.

écrouler *vr* s'~ to collapse, crumble.

écume *f* foam, froth; scum.

écureuil *m* squirrel.

édifice *m* edifice, building.

édifier *vt* to build, construct; to edify.

éditer *vt* to publish, produce; to edit.

éditeur(trice) *m(f)* publisher; editor.

éducation *f* education; upbringing.

éduquer *vt* to educate, bring up, raise.

effacer *vt* to efface, erase, wipe off.

effaroucher *vt* to frighten; to shock.

effectif(tive) *adj* effective; * *m* (staff), size, complement.

effectuer *vt* to effect, execute, carry out.

effet *m* effect; bill, note.

efficace *adj* effective; efficient.

efficacité *f* effectiveness, efficiency.

efforcer *vr* s'~ to endeavour, do one's best.

effort *m* effort, exertion; stress, strain.

effrayer *vt* to frighten, scare.

effroi *m* terror, dismay.

effronté(e) *adj* impudent, cheeky.

effroyable *adj* horrifying, appalling.

égal(e) *adj* equal; even, level; equable.

égaler *vt* to equal, match.

égaliser *vt* to equalise; to level out.

égalité *f* equality, evenness.

égard *m* consideration, respect: — à l'~ de concerning, regarding.

égarer *vt* to mislead, lead astray; * s'~ *vr* to get lost.

église *f* church.

égoïsme *m* selfishness, egoism.

égoïste *m* or *f* egoist; * *adj* egoistic.

Egypte *f* Egypt.

égyptien(ne) *adj* Egyptian.

Egyptien(ne) *m(f)* Egyptian person.

éjecter *vt* to eject, throw out.

élaborer *vt* to elaborate, develop.

élan *m* surge, momentum, speed; spirit, fervour.

élargir *vt* to widen, stretch; * s'~ *vr* to get wider.

élastique *adj* elastic; flexible; * *m* elastic, elastic band.

élection *f* election; choice.

électorat *m* electorate; constituency; franchise.

électricité *f* electricity.

électrique *adj* electric.

électroménager *m* household appliance.

élégance *f* elegance, stylishness.

élégant(e) *adj* elegant, stylish.

élémentaire *adj* elementary, basic.

éléphant *m* elephant.

élève *m* or *f* pupil, student.

élever *vt* to bring up, raise; * s'~ *vr* to rise, go up.

éligible *adj* eligible.

élimination *f* elimination.

éliminer *vt* to eliminate, discard.

élire *vt* to elect.

élite *f* elite.

elle *pron* she, it; her: ~-même herself.

élocution *f* elocution, diction.

éloigné(e) *adj* distant, remote.

éloigner *vt* to move away;
* s'~ *vr* to go away.

éloquent(e) *adj* eloquent.

e-mail *m* E-mail, e-mail.

émancipation *f* emancipation,
liberation.

émanciper *vt* to emancipate;
* s'~ *vr* to become emanci-
pated.

emballer *vt* to pack up, wrap up.

embarcation *f* boat, craft.

embarquer *vt* to embark;
* *vi* to embark.

embarras *m* embarrassment;
trouble.

embarrasser *vt* to embarrass;
to clutter, encumber.

embaucher *vt* to take on, hire.

embellir *vt* to make more
attractive.

emblème *m* symbol, emblem.

embouteillage *m* traffic jam.

embrasser *vt* to kiss, embrace;
* s'~ *vr* to kiss (each other).

embrayage *m* clutch.

embryon *m* embryo.

embuscade *f* ambush.

émerger *vi* to emerge; to stand
out.

émerveiller *vt* to astonish,
amaze; * s'~ *vr* to marvel at.

émettre *vt* to send out, emit,
transmit.

émeute *f* riot.

émigration *f* emigration.

émigrer *vi* to emigrate.

éminent(e) *adj* eminent.

émission *f* sending out;
transmission; broadcast;
emission.

emménager *vi* to move in.

emmener *vt* to take away; to
lead.

émoi *m* agitation, emotion.

émotion *f* emotion; commotion.

émouvoir *vt* to move, upset;
* s'~ *vr* to be moved.

empaqueter *vt* to pack up.

emparer *vr* s'~ de to seize,
grab; to take possession of.

empêcher *vt* to prevent, stop.

empereur *m* emperor.

empiler *vt* to pile up, stack.

empire *m* empire.

empirer *vi* to get worse,
deteriorate.

emplacement *m* site, location.

emploi *m* use; job, employment.

employé(e) *m(f)* employee.

employer *vt* to use, spend; to
employ.

employeur(euse) *m(f)*
employer.

empoisonner *vi* to poison.

emporter *vt* to take; to
carry off.

emprisonner *vt* to imprison,
trap.

emprunter *vt* to borrow;
to use.

ému(e) *adj* moved, touched.

en *prep* in; to; by; on: ~ mars
in March: ~ avion by plane:
~ tant que as; * *pron*, *adv*
from there; of it, of them:
— je n'~ veux plus I don't
want any more.

encadrer *vt* to frame; to train;
to surround.

encaisser *vt* to collect,
receive; to cash.

enceinte *f* pregnant.

encercler *vt* to encircle,
surround.

enchaînement *m* linking; link;
sequence.

enchaîner *vt* to chain.

enchanté(e) *adj* enchanted,
delighted.

enchanter *vt* to enchant,
delight.

enclave *f* enclave.

encombrer *vt* to clutter, obstruct.

encore *adv* still; only; again; more: ~ que even though: ~ une fois once more.

encouragement *m* encouragement.

encourager *vt* to encourage; to incite.

encre *f* ink.

encyclopédie *f* encyclopaedia.

endetter *vr* s'~ to get into debt.

endommager *vt* to damage.

endormir *vt* to put to sleep; * s'~ *vr* to fall asleep.

endosser *vt* to put on; to shoulder; to endorse.

endroit *m* place.

enduit *m* coating.

endurance *f* endurance, stamina.

endurcir *vt* to harden; * s'~ *vr* to become hardened.

endurer *vt* to endure, bear.

énergie *f* energy; spirit, vigour.

énergique *adj* energetic, vigorous.

énerver *vt* to irritate, annoy; * s'~ *vr* to get worked up.

enfance *f* childhood; infancy.

enfant *m or f* child.

enfer *m* hell.

enfermer *vt* to lock up; to confine.

enfin *adv* at last; in short; after all.

enflammer *vt* to set on fire; * s'~ *vr* to ignite.

enfler *vi* to swell up, inflate.

enfuir *vr* s'~ to run away, flee.

engagement *m* agreement, commitment.

engager *vt* to bind; to involve; * s'~ *vr* to undertake to.

engin *m* machine; instrument.

engouffrer *vt* to engulf.

engourdi(e) *adj* numb.

engraisser *vi* to get fatter.

énigme *f* enigma, riddle.

enivrer *vt* to intoxicate, make drunk; * s'~ *vr* to get drunk.

enlever *vt* to remove; to abduct.

enneigé(e) *adj* snowy, snowbound.

ennemi(e) *m(f)* enemy.

ennui *m* boredom, tedium, weariness.

ennuyer *vt* to bore, bother; * s'~ *vr* to get bored.

énorme *adj* enormous, huge.

enquête *f* inquiry, investigation; survey.

enquêter *vi* to hold an inquiry; to investigate.

enraciner *vt* to implant, root.

enregistrer *vt* to record; to register.

enrichir *vt* to enrich, expand; * s'~ *vr* to get richer.

enrober *vt* to wrap, cover, coat.

enrôler *vt* to enlist, enrol.

enrouler *vt* to roll up, wind up.

enseignant(e) *m(f)* teacher.

enseignement *m* education, training, instruction.

enseigner *vt* to teach.

ensemble *adv* together, at the same time; * *m* unity; whole.

ensoleillé(e) *adj* sunny.

ensuite *adv* then, next, afterwards.

entasser *vt* to pile up, heap up.

entendre *vt* to hear; to intend, mean; to understand; * s'~ *vr* to agree; to know how to.

entendu(e) *adj* agreed: — bien ~ of course.

enterrer *vt* to bury.

entêté(e) *adj* stubborn, obstinate.

enthousiasme *m* enthusiasm.

enthousiaste *adj* enthusiastic; * *m or f* enthusiast.

entier(ère) *adj* entire, whole; intact.

entité *f* entity.

entourer *vt* to surround, frame, encircle; * s'~ de *vr* to surround oneself with.

entraider *vr* s'~ to help one another.

entrain *m* spirit, liveliness.

entraîner *vt* to drag; to lead; to train; * s'~ *vr* to train oneself.

entraîneur *m* trainer, coach.

entre *prep* between; among; into.

entrée *f* entry, entrance; insertion.

entremêler *vt* to intermingle, intermix.

entrepôt *m* warehouse, boarded warehouse.

entreprendre *vt* to embark upon, undertake.

entrepreneur(euse) *m(f)* contractor; entrepreneur.

entreprise *f* company, business; venture.

entrer *vi* to enter, go in.

entretemps *adv* meanwhile.

entretenir *vt* to maintain, look after; to speak with.

entretien *m* upkeep, maintenance; conversation.

entrevue *f* meeting, interview.

énumérer *vt* to enumerate, list.

envahir *vt* to invade, overrun.

enveloppe *f* envelope; covering; exterior.

envelopper *vt* to envelop; to wrap up; to veil.

envers *prep* towards, to; * *m* wrong side, reverse side: — à l'~ inside out, upside down.

envie *f* desire, longing, inclination; envy.

envier *vt* to envy.

environ *adv* about, around; * ~s *mpl* vicinity, neighbourhood.

environnement *m* environment.

environnemental(e) *adj* environmental.

environner *vt* to surround, encircle.

envisager *vt* to view, envisage.

envoi *m* dispatch, remittance.

envoyer *vt* to send, dispatch.

épais(se) *adj* thick.

épaissir *vt*, *vi* to thicken; * s'~ *vr* to get thicker.

épanouir *vt* to brighten; to open out; * s'~ *vr* to bloom.

épargner *vt* to save; to spare.

épaule *f* shoulder.

épeler *vt* to spell.

éperdu(e) *adj* distraught, overcome.

épice *m* spice.

épicier(ière) *m(f)* grocer.

épidémie *f* epidemic.

épier *vt* to spy on.

épine *f* spine; thorn.

épingle *f* pin.

épisode *m* episode.

éponge *f* sponge.

éponger *vt* to sponge, mop.

époque *f* time, epoch, age, period.

épouser *vt* to marry.

épouvantail *m* scarecrow.

épouvanter *vt* to terrify.

époux (épouse) *m(f)* spouse.

éprendre *vr* s'~ de to fall in love with.

épreuve *f* test; ordeal, trial; proof.

éprouver *vt* to feel.

épuisement *m* exhaustion.

épuiser *vt* to exhaust; * s'~ *vr* to run out.

épurer *vt* to purify, refine.

équateur *m* equator.

équation *f* equation.

équilibre *m* balance, equilibrium; harmony.

équilibrer *vt* to balance.

équipe *f* team, crew, gang, staff.
équipement *m* equipment;
  fitting out, fittings.
équiper *vt* to equip, fit out.
équitable *adj* equitable, fair.
équivalence *f* equivalence.
équivalent(e) *adj* equivalent,
  same; * *m* equivalent.
équivoque *adj* equivocal,
  questionable.
ère *f* era.
érection *f* erection; establishment.
ergot *m* spur.
ermite *m* hermit.
éroder *vt* to erode.
érotique *adj* erotic.
errer *vi* to wander, roam.
errant(e) *adj* wandering: —
  chien (chat) ~ stray dog (cat).
erreur *f* error, mistake, fault.
érudition *f* erudition, learning.
éruption *f* eruption.
escalade *f* climbing; escalation.
escalader *vt* to climb.
escalier *m* stairs.
escargot *m* snail.
esclavage *m* slavery; bondage.
esclave *m* or *f* slave.
escompte *m* discount.
escompter *vt* to discount.
escorte *f* escort.
escorter *vt* to escort.
espace *m* space, interval.
espacer *vt* to space out.
Espagne *f* Spain.
espagnol(e) *adj* Spanish.
Espagnol(e) *m(f)* Spanish.
espèce *f* sort, kind; species.
espérance *f* hope, expectation.
espérer *vt* to hope.
espion(ne) *m(f)* spy.
espionner *vt* to spy.
espoir *m* hope.
esprit *m* mind, intellect;
  spirit, wit.
esquisse *f* sketch, outline.

esquisser *vt* to sketch, outline.
esquiver *vt* to dodge.
essai *m* test, trial; attempt;
  essay.
essayer *vt* to test, try, try on.
essence *f* petrol.
essentiel(le) *adj* essential,
  basic.
essieu *m* axle.
essuyer *vt* to wipe, mop;
  * s'~ *vr* to wipe oneself.
est *m* east; * *see also* être.
esthéticien(ne) *m(f)* beautician.
estimation *f* valuation;
  estimation.
estimer *vt* to value, assess,
  estimate.
estomac *m* stomach.
et *conj* and.
établi(e) *adj* established;
  * *m* workbench.
établir *vt* to establish; * s'~ *vr*
  to become established.
établissement *m* establishing,
  building; establishment.
étage *m* floor, storey; stage;
  level.
étanche *adj* waterproof.
étang *m* pond.
étape *f* stage, stop over;
  staging point.
état *m* state, condition;
  statement.
étayer *vt* to prop up, support.
été *m* summer.
éteindre *vt* to put out, extinguish.
étendre *vt* to hang out; to
  spread, extend; * s'~ *vr* to
  spread; to stretch out.
étendue *f* expanse, area.
éternel(le) *adj* eternal.
éternité *f* eternity; ages.
éternuer *vi* to sneeze.
ethnique *adj* ethnic.
ethnologie *f* ethnology.
étinceler *vi* to sparkle.

étincelle *f* spark.
étiquette *f* label; etiquette.
étoffe *f* material, fabric; stuff.
étoile *f* star.
étonnement *m* surprise,
astonishment.
étonner *vt* to astonish,
surprise; * s'~ *vr* to be
astonished.
étouffer *vt* to suffocate; * s'~
vr to choke, gag; to suffocate.
étourdi(e) *adj* absent-minded.
étourdir *vt* to stun, daze.
étourdissement *m* blackout,
dizzy spell.
étrange *adj* strange, funny.
étranger(ère) *m(f)* foreigner,
stranger, alien; * *adj* foreign,
strange, unknown.
étrangeté *f* strangeness,
oddness.
étrangler *vt* to strangle, stifle;
* s'~ *vr* to strangle oneself,
choke.
être *vi* to be: — c'est-à-dire
namely, that is to say;
* *m* being, person, soul.
étreindre *vt* to embrace, hug;
to seize.
étroit(e) *adj* narrow; strict.
étude *f* study; survey; office.
étudier *vt* to study, examine.
étymologie *f* etymology.
eu = *past participle* avoir; had.
européen(ne) *adj* European.
Européen(ne) *m(f)* European
person.
euthanasie *f* euthanasia.
eux *pron* they, them.
évacuer *vt* to evacuate, clear.
évader *vr* s'~ to escape.
évaluation *f* evaluation.
évaluer *vt* to evaluate.
évanouir *vr* s'~ to faint, pass
out.
évanouissement *m* faint,
blackout.

évaporation *f* evaporation.
évaporer *vr* s'~ to evaporate.
évasion *f* escape; escapism.
éveiller *vt* to waken, arouse;
* s'~ *vr* to wake up.
événement *m* event, incident.
éventualité *f* eventuality,
possibility.
éventuel(le) *adj* possible.
évêque *m* bishop.
évidence *f* evidence, proof.
évident(e) *adj* obvious, evident.
évier *m* sink.
éviter *vt* to avoid; to spare.
évoluer *vi* to evolve, develop.
évolution *f* evolution, development.
évoquer *vt* to evoke, recall.
ex *m or f* (*fam*) former (wife,
husband).
exacerber *vt* to exacerbate.
exact(e) *adj* exact, accurate.
exagération *f* exaggeration.
exagéré(e) *adj* exaggerated,
excessive.
exagérer *vt* to exaggerate.
examen *m* examination,
survey, investigation.
examiner *vt* to examine,
survey.
exaspérer *vt* to exasperate.
excellent(e) *adj* excellent.
exceller *vi* to excel.
excentrique *adj* eccentric.
excepté(e) *adj* apart, aside;
* *prep* except, apart from.
exception *f* exception,
derogation.
exceptionnel(le) *adj* exceptional.
excès *m* excess, surplus.
excitant(e) *adj* exciting,
stimulating; * *m* stimulant.
exciter *vt* to excite, stimulate;
* s'~ *vr* to get excited.
exclamation *f* exclamation.
exclamer *vr* s'~ to exclaim.

exclure *vt* to exclude.

exclusif(ive) *adj* exclusive.

exclusion *f* exclusion, suspension.

excursion *f* excursion, trip.

excuse *f* excuse, pretext.

excuser *vt* to excuse, forgive;
* s'~ de *vr* to apologise for:
— excuse(z)-moi! excuse me!

exécuter *vt* to execute, carry out, perform; to produce.

exécution *f* execution; carrying out, performance.

exemple *m* example, model, instance.

exercer *vt* to exercise, perform;
* s'~ à *vr* to practise.

exercice *m* exercise, practice, use; financial year.

exhaustif(ive) *adj* exhaustive.

exhiber *vt* to exhibit, show.

exhibition *f* exhibition, show; display.

exhorter *vt* to exhort, urge.

exiger *vt* to demand, require.

exil *m* exile.

exiler *vt* to exile, banish;
* s'~ *vr* to go into exile.

existence *f* existence, life.

exister *vi* to exist; to be.

exonérer *vt* to exempt.

exotique *adj* exotic.

expansion *f* expansion, development.

expectative *f* expectation, hope.

expédier *vt* to send off, dispatch; to dispose of.

expédition *f* dispatch; consignment.

expérience *f* experience; experiment.

expérimental(e) *adj* experimental.

expérimentation *f* experimentation.

expérimenter *vt* to test; to experiment with.

expert(e) *adj* expert, skilled
(en in); * *m* expert.

expertise *f* expertise; expert appraisal.

explicatif(ive) *adj* explanatory.

explication *f* explanation, discussion.

explicite *adj* explicit.

expliquer *vt* to explain, account for; to analyse.

exploitation *f* working; exploitation; concern.

exploiter *vt* to work, exploit; run, operate.

explorer *vt* to explore.

exploser *vi* to explode.

explosion *f* explosion.

exportation *f* export, exportation.

exporter *vt* to export.

exposer *vt* to display; to expose.

exposition *f* display; exposition; exposure.

express *adj*, *m invar* fast:
— train ~ fast train.

expression *f* expression.

exprimer *vt* to express, voice;
* s'~ *vr* to express oneself.

expropriation *f* expropriation.

expulser *vt* to expel; to evict.

exquis(e) *adj* exquisite.

extase *f* ecstasy; rapture.

extension *f* extension; stretching; expansion.

exténuer *vt* to exhaust;
* s'~ *vr* to exhaust oneself.

extérieur(e) *adj* outer, external, exterior; * *m* exterior, outside.

exterminer *vt* exterminate.

externe *adj* external, outer; day pupil.

extinction *f* extinction, extinguishing.

extradition *f* extradition.

extraire *vt* to extract; to mine.

extraordinaire *adj* extra-ordinary.

extravagant(e) *adj* extravagant.

extraverti(e) *adj, m(f)* extrovert.

extrême *adj* extreme.

extrémiste *m* or *f, adj* extremist.

exubérance *f* exuberance.

exubérant(e) *adj* exuberant.

F

fa *m* F (music).

fable *f* fable, story, tale.

fabricant(e) *m(f)* manufacturer, maker.

fabrique *f* factory.

fabriquer *vt* to make, manufacture; (*fam*) to make up.

façade *f* façade, front.

face *f* face, side, surface, aspect: — en ~ opposite: ~ à facing.

fâcher *vt* to anger; to grieve; * se ~ *vr* to get angry.

fâcheux(euse) *adj* deplorable, regrettable.

facile *adj* easy.

facilité *f* easiness, ease; ability; facility.

faciliter *vt* to make easier, facilitate.

façon *f* way; style; imitation: — de toute ~ at any rate.

façonner *vt* to shape, fashion.

facteur *m* postman.

facture *f* bill, invoice.

facturer *vt* to invoice, charge for.

faculté *f* faculty; power, ability.

fade *adj* insipid, bland, dull.

faible *adj* weak, feeble; slight, poor.

faiblesse *f* weakness, feebleness, faintness.

faillir *vi* to come close to; to fail: — j'ai failli tomber I almost fell.

faim *f* hunger; appetite; famine.

faire *vt* to do; to make: — (weather) il fait beau, (chaud), froid it's fine, (hot), cold; * se ~ *vr* to be made, be done: — comment se fait-il que? how is it that? — se ~ à to get used to.

faisable *adj* feasible.

fait *m* event, fact; act.

falaise *f* cliff.

falloir *vi* to be necessary: — il faut que tu partes you must leave.

falsifier *vt* to falsify, alter.

familial(e) *adj* family, domestic.

familiariser *vt* to familiarise; * se ~ *vr* to familiarise oneself.

familiarité *f* familiarity.

familier(ère) *adj* familiar; colloquial; informal.

famille *f* family.

famine *f* famine.

fanatique *adj, m* or *f* fanatic.

faner *vt* to fade; * se ~ *vr* to fade.

fantaisie *f* whim, extravagance; imagination.

fantasme *m* fantasy.

fantastique *adj* fantastic.

fantôme *m* ghost, phantom.

farce *f* joke; farce.

farcir *vt* to stuff, cram.

fardeau *m* load, burden.

farine *f* flour.

farouche *adj* shy, timid; unsociable.

fascination *f* fascination.

fasciner *vt* to fascinate, bewitch.

fasciste *m* or *f, adj* fascist.

fastidieux(euse) *adj* tedious, boring.

fatal(e) *adj* fatal, deadly; inevitable.

fatalité *f* fatality; inevitability.

fatigue *f* fatigue, tiredness.

fatiguer *vt* to tire; to overwork, strain; * se ~ (de) *vr* to get tired (of).

faucher *vt* to mow, cut; (*fam*) to pinch, steal.

faune *f* wildlife, fauna.

faussaire *m* or *f* forger.

fausser *vt* to distort, alter.

faute *f* mistake, fault.

fauteuil *m* armchair.

fautif(ive) *m(f)* culprit; * *adj* at fault.

faux (fausse) *adj* false, forged, fake; wrong; bogus.

faveur *f* favour.

favorable *adj* favourable, sympathetic.

favori(te) *adj*, *m(f)* favourite.

favoriser *vt* to favour.

fécond(e) *adj* fertile.

féconder *vt* to impregnate; to fertilise, pollinate.

fédéral(e) *adj* federal.

fédération *f* federation.

fée *f* fairy.

feindre *vt* to feign, pretend.

fêlé(e) *adj* cracked, (*fam*) hare-brained.

félicitation *f* congratulation.

féliciter *vt* to congratulate.

femelle *f* female.

féminin(e) *adj* feminine, female.

féministe *m* or *f*, *adj* feminist.

féminité *f* femininity.

femme *f* woman; wife.

fendre *vt* to split, cleave, crack; * se ~ *vr* to crack.

fenêtre *f* window.

fente *f* crack, fissure; slot.

fer *m* iron, point, blade: ~ à cheval horseshoe: ~ à repasser iron (for clothes).

férié(e) *adj* holiday.

ferme *adj* firm, steady; definite; * *f* farm.

ferment *m* ferment.

fermentation *f* fermentation, fermenting.

fermer *vt* to close, block; turn off: — ferme la! shut up!; * se ~ *vr* to close, fasten.

fermeté *f* firmness, steadiness.

fermier(ière) *m(f)* farmer.

féroce *adj* ferocious, savage.

férocité *f* ferocity, fierceness.

ferroviaire *adj* railway.

fertile *adj* fertile, productive.

fertilité *f* fertility.

fervent(e) *adj* fervent, ardent.

festin *m* feast.

festival *m* festival.

fête *f* feast, holiday.

fêter *vt* to celebrate.

feu *m* fire; light; hearth: — en ~ on fire.

feuille *f* leaf.

feuilleter *vt* to flip / leaf through.

fiable *adj* reliable; dependable.

fiancer *vr* se ~ to become engaged (à to).

fibre *f* fibre.

ficelle *f* string; stick (bread).

fiche *f* card; sheet; certificate.

ficher *vt* to file, put on file.

fictif(ive) *adj* fictitious.

fiction *f* fiction.

fidèle *adj* faithful.

fidélité *f* fidelity.

fier (fière) *adj* proud.

fier *vr* se ~ à to trust, rely on.

fierté *f* pride.

fièvre *f* fever, temperature.

figuratif(ive) *adj* figurative.

figure *f* face; figure; illustration.

figurer *vt* to represent; * *vi* to appear, feature; * se ~ *vr* to imagine.

fil *m* thread; wire; cord: ~ de fer wire.

file *f* line, queue.

filer *vt* to spin; (*fam*) to slip away.

filière *f* path; procedures; network.

fille *f* daughter, girl.

fillette *f* small girl.

film *m* film, picture.

filmer *vt* to film.

fils *m* son.

filtre *m* filter.

fin *f* end, finish.

fin(e) *adj* thin, fine; delicate.

final(e) *adj* final.

finance *f* finance.

financer *vt* to finance.

financier(ière) *m(f)* financier.

finesse *f* fineness; neatness.

fini(e) *adj* finished, over, complete.

finir *vt* to finish, complete; * *vi* to finish, end; to die.

Finlande *f* Finland.

finlandais(e) *adj* Finnish.

Finlandais(e) *m(f)* Finnish person.

fissure *f* crack, fissure.

fixe *adj* fixed, permanent, set; * ~ment *adv* fixedly, steadily.

fixer *vt* to fix; to arrange.

flacon *m* bottle, flask.

flagrant(e) *adj* flagrant, blatant.

flair *m* sense of smell, nose; intuition.

flambeau *m* torch; candlestick.

flamme *f* flame; fervour; ardour.

flanc *m* flank, side.

flatter *vt* to flatter, gratify.

flatterie *f* flattery.

flèche *f* arrow.

fléchir *vi* to bend, flex, weaken; * *vt* to bend, sag.

fleur *f* flower.

fleurir *vi* to blossom, flower; * *vt* to decorate with flowers.

fleuve *m* river.

flexibilité *f* flexibility.

flexible *adj* flexible, pliant.

flocon *m* flake; flock.

flore *f* flora.

flot *m* stream, flood; flood tide; wave.

flotte *f* fleet; (*fam*) rain.

flotter *vi* to float; to drift; to wander; (*fam*) to rain.

flou(e) *adj* fuzzy, blurred.

fluctuation *f* fluctuation.

fluide *adj* fluid, flowing.

flux *m* flow; flux.

foi *f* faith, trust.

foie *m* liver.

foin *m* hay.

foire *f* fair, trade fair.

fois *f* time, occasion.

folie *f* madness, insanity; extravagance.

foncé(e) *adj* dark, (colours) deep.

fonction *f* post, duty; function.

fonctionnaire *m* or *f* civil servant.

fonctionner *vi* to work, function, operate.

fond *m* bottom, back: — au ~ in fact: — à ~ thoroughly.

fondamental(e) *adj* fundamental, basic.

fondamentaliste *m* or *f adj* fundamentalist.

fondateur(trice) *m(f)* founder.

fondation *f* foundation.

fonder *vt* to found; to base.

fondre *vi* to melt; * *vt* to melt; to cast.

fonds *m* business; fund; money.

fontaine *f* fountain, spring.

football *m* football, soccer.

force *f* strength, force, violence, energy.

forcé(e) *adj* forced; * ~ment *adv* inevitably.

forcer *vt* to force; * *vi* to overdo; * se ~ *vr* to force oneself (à to).

forêt *f* forest.

forger *vt* to forge, form, mould.

formalité *f* formality.

formation *f* formation; training.

forme *f* form, shape; mould, fitness.

formel(elle) *adj* definite, positive; formal.

former *vt* to form; to train; * se ~ *vr* to form oneself; to train oneself.

formidable *adj* terrific, tremendous; * ~ment *adv* tremendously.

formulaire *m* form.

formule *f* formula; phrase; system.

formuler *vt* to formulate; express.

fort(e) *adj* strong; high, loud: ~ en good at; * *adv* loudly; greatly; * *m* fort; strong point.

fortifier *vt* to fortify, strengthen; * se ~ *vr* to grow stronger.

fortune *f* fortune, luck.

fosse *f* pit; grave.

fou (folle) *adj* mad, wild; tremendous, erratic.

foudre *f* lightning, thunderbolt.

foudroyer *vt* (lightning) to strike .

fouiller *vt* to search.

foulard *m* scarf.

foule *f* crowd; masses, heaps.

four *m* oven; furnace: ~ à micro-ondes microwave oven.

fourgon *m* van.

fourmi *f* ant.

fourmiller *vi* to swarm, teem (de with).

fournir *vt* to supply, provide.

fournisseur(euse) *m(f)* purveyor, supplier.

fourrer *vt* to stuff; to line.

fourrure *f* coat, fur.

foyer *m* home; fireplace; focus.

fracas *m* crash; din.

fraction *f* fraction, part.

fracture *f* fracture.

fragile *adj* fragile.

fragment *m* fragment.

fragmenter *vt* to break up; * se ~ *vr* to fragment.

fraîcheur *f* freshness, coolness.

frais (fraiche) *adj* fresh, cool, * *mpl* expenses.

franc(e) *adj* frank, open.

Français(e) *m(f)* French person.

français(e) *adj* French; * le ~ *m* French language.

France *f* France.

franchir *vt* get over, cross.

francophone *m* or *f* French-speaker; * *adj* French-speaking.

frange *f* fringe; threshold.

frapper *vt* to hit; to strike down; * *vi* to strike, knock.

fraternel(le) *adj* fraternal.

fraternité *f* fraternity.

fraude *f* fraud, cheating.

frein *m* brake; check.

freiner *vi* to brake, slow down; * *vt* to slow down; to curb, check.

frémir *vi* to quiver, tremble.

frénétique *adj* frenetic.

fréquence *f* frequency.

fréquent(e) *adj* frequent.

frère *m* brother.

friand(e) *adj*: ~ de fond of.

frigidaire *m* refrigerator.

frire *vt* to fry.

frisé(e) *adj* curly, curly-haired.

frisson *m* shiver, shudder.

frissonner *vi* to shudder, tremble, shiver.

frite f chip.
frivole adj frivolous.
frivolité f frivolity.
froid(e) adj cold, cool; * m
  cold; coolness; refrigeration.
froideur f coldness.
fromage m cheese.
front m forehead; front.
frontière f border, frontier.
frotter vt to rub, scrape;
  * se ~ à vr to meddle with.
fructueux(euse) adj fruitful,
  profitable.
frugal(e) adj frugal.
frugalité f frugality.
fruit m fruit; result.
frustration f frustration.
frustrer vt to frustrate,
  deprive.
fugitif(ive) adj, m(f) fugitive.
fuir vi to avoid; to flee; to leak.
fuite f escape; leak.
fumé(e) adj smoked.
fumée f smoke; vapour.
fumer vi to smoke, steam, give
  off smoke; * vt to smoke.
fumeur(euse) m(f) smoker.
funérailles fpl funeral.
funéraire adj funeral.
fureur f fury.
furieux(euse) adj furious.
furtif(ive) adj furtive.
fusée f rocket, missile.
fusil m rifle, gun.
fusiller vt to shoot.
fusion f fusion; melting.
fusionner vt to merge, combine.
futile adj futile.
futilité f futility.
futur(e) adj, m future.
fuyard(e) m(f) adj runaway.

G

gâcher vt to waste.
gachette f trigger.

gadget m gadget.
gage m security; pledge; proof.
gagnant(e) m(f) winner;
  * adj winning.
gagner vt to earn, to win;
  * vi to win.
gai(e) adj cheerful, happy, gay.
gain m earnings; gain.
gala m official reception; gala.
galant(e) adj gallant,
  courteous.
galaxie f galaxy.
galerie f gallery; tunnel.
galet m pebble.
Gallois(e) m(f) Welsh person.
gallois(e) adj Welsh; * m Welsh
  (language).
galop m gallop.
galoper vi to gallop; to run wild.
gamin(e) m(f) kid.
gamme f range; scale.
gant m glove.
garage m garage.
garagiste m or f garage owner.
garantie f guarantee, surety.
garantir vt to guarantee.
garçon m boy.
garde f custody; guard;
  surveillance; * m guard.
garde-boue m mudguard.
garde-robe f wardrobe.
garder vt to look after; to stay
  in; to keep on.
gardien(ne) m(f) guard,
  guardian, warden, protector.
gare f rail station; depot.
gargouiller vi to gurgle; to
  rumble.
garnir vt to fit with; to trim,
  decorate.
garnison f (military) garrison.
gaspiller vt to waste, squander.
gastronomie f gastronomy.
gâté(e) adj ruined; spoiled.
gâteau m cake.
gâter vt to ruin; to spoil;
  * se ~ vr to go bad, go off.

gauche *adj* left; awkward, clumsy; * *f* left; left-wing.
gaucher(ère) *adj* left-handed.
gaz *m invar* gas, fizz: — avoir des ~ to have wind.
gazeux(euse) *adj* gaseous; fizzy.
gazon *m* lawn; turf.
géant(e) *m(f)* giant(ess).
gel *m* frost; gel.
geler *vi* to freeze, be frozen; * *vt* to freeze.
gémir *vi* to groan, moan.
gendarme *m* policeman; gendarme.
gendarmerie *f* police force.
gène *m* gene.
gêne *f* discomfort; trouble: — être sans ~ to be inconsiderate.
généalogie *f* genealogy.
gêner *vt* to bother, to hinder; to make uneasy.
général(e) *adj* general, broad; * *m* general.
généralisation *f* generalisation.
généraliser *vt* to generalise; * se ~ *vr* to become widespread.
générateur *m* generator.
génération *f* generation.
générer *vt* to generate.
généreux(euse) *adj* generous.
générosité *f* generosity.
génétique *adj* genetic.
génie *m* genius; spirit; genie.
genou *m*, (*pl* ~x) knee.
genre *m* kind, type; gender; genre.
gens *mpl* people, folk.
gentil(ille) *adj* kind.
géographie *f* geography.
géographique *adj* geographic.
géologie *f* geology.
géométrie *f* geometry.
géométrique *adj* geometric.
gérant(e) *m(f)* manager.
gérer *vt* to manage, administer.
germe *m* germ; seed.

geste *m* gesture, act, deed.
gesticuler *vi* to gesticulate.
gestion *f* management, administration.
ghetto *m* ghetto.
gicler *vi* to spurt, squirt, splash.
gifler *vt* to slap, smack.
gilet *m* cardigan; waistcoat.
girafe *f* giraffe.
gisement *m* (mineral) deposit.
gîte *m* shelter; home.
givre *m* hoarfrost.
glace *f* ice; ice cream; mirror.
glacer *vt* to freeze; to chill.
glaçon *m* icicle, ice cube.
glande *f* gland.
glissement *m* sliding.
glisser *vi* to slide, slip, skid.
global(e) *adj* global; * ~ement *adv* globally.
globe *m* globe, sphere; earth.
gloire *f* glory; distinction; celebrity.
glorieux(euse) *adj* glorious.
glorifier *vt* to glory, honour.
glossaire *m* glossary.
gluant(e) *adj* sticky, gummy.
gobelet *m* beaker, tumbler.
golf *m* golf.
golfeur(euse) *m(f)* golfer.
gomme *f* gum; rubber, eraser.
gommer *vt* to rub out, erase.
gonflable *adj* inflatable.
gonfler *vt* to pump up, inflate; * se ~ *vr* to swell; to be puffed up.
gorge *f* throat.
gothique *m adj* Gothic.
goudronner *vt* to tar.
goupille *f* pin.
gourde *f* gourd; flask.
gourmand(e) *adj* greedy.
gourmet *m* gourmet.
goût *m* taste, liking; style.
goûter *vt* to taste; to appreciate; * *vi* to have a snack; * *m* snack.

goutte *f* drop; gout.
gouvernail *m* rudder; helm.
gouvernement *m* government.
gouverner *vt* to govern, rule;
to control; to steer.
grâce *f* grace; favour; mercy:
~ à thanks to.
gracieux(euse) *adj* gracious.
grade *m* rank, grade; degree.
graduel(le) *adj* gradual;
progressive.
graduer *vt* to step up; to
graduate.
grain *m* grain, seed; bead.
graisse *f* grease, fat.
grammaire *f* grammar.
grammatical(e) *adj* grammatical.
gramme *m* gram.
grand(e) *adj* big; tall:
— pas ~-chose not much.
Grande-Bretagne *f* Great
Britain.
grandeur *f* size; greatness,
magnitude.
grandir *vi* to grow bigger,
increase; * *vt* to magnify; to
exaggerate.
grand-mère *f* grandmother.
grand-parents *mpl* grandparents.
grand-père *m* grandfather.
graphique *m* graph;
* *adj* graphic.
gras(asse) *adj* fatty; fat;
greasy.
gratification *f* gratuity;
bonus.
gratis *adv* free, gratis.
gratitude *f* gratitude, grate-
fulness.
gratuit(e) *adj* free, gratuitous.
grave *adj* grave, solemn.
graver *vt* to engrave, imprint.
gravitation *f* gravitation.
gravité *f* gravity.
gravure *f* engraving, carving.

gré *m* liking, taste: — au ~ de
depending on, at the
mercy of.
Grèce *f* Greece.
grec(que) *adj* Greek.
Grec(que) *m(f)* Greek person.
greffe *f* transplant, graft.
greffer *vt* to transplant, graft
(à to).
grêle *f* hail.
grelotter *vi* to shiver.
grenier *m* attic, garret.
grenouille *f* frog.
grève *f* strike; shore.
griffe *f* claw.
griffer *vt* to scratch.
griffonner *vt* to scribble, jot
down.
grillage *f* wire mesh, netting.
grille *f* railings; gate; grill,
grid; scale.
grille-pain *m invar* toaster.
griller *vt* to toast, scorch; to
put bars on; * *vi* to toast,
grill.
grimace *f* grimace, grin.
grimper *vi* to climb up.
grippe *f* flu, influenza.
gris(e) *adj* grey.
grogner *vi* to grumble, moan.
grommeler *vi* to mutter; to
grumble; * *vt* to mutter.
gronder *vt* to scold; * *vi* to
rumble, growl.
gros(se) *adj* big, fat; coarse:
— en ~ in bulk; * *m* bulk;
wholesale; fat man.
grossesse *f* pregnancy.
grosseur *f* size; weight; lump.
grossir *vi* to get fatter; to
swell, grow; * *vt* to magnify;
to exaggerate.
grossiste *m* or *f* wholesaler.
grotesque *adj* grotesque,
ludicrous
groupe *m* group; party;
cluster.

grouper *vt* to group together; to bulk; * se ~ *vr* to gather.

grue *f* crane.

guépard *m* cheetah.

guêpe *f* wasp.

guère *adv* hardly, scarcely.

guérir *vi* to get better; to heal; * *vt* to cure, heal; * se ~ *vr* to get better; to recover from.

guérison *f* recovery; curing; healing.

guerre *f* war; warfare: — faire la ~ à to make war on.

guerrier(ière) *m(f)* warrior.

guetter *vt* to watch; to lie in wait for.

gueule *f* mouth; face, muzzle.

guichet *m* counter; ticket office, booking office.

guichetier(ière) *m(f)* counter clerk.

guide *m* guide.

guider *vt* to guide.

guidon *m* handlebars.

guillotine *f* guillotine.

guise *f* manner, way: — en ~ de by way of.

guitare *f* guitar.

guitariste *m* or *f* guitarist.

gymnastique *f* gymnastics.

gynécologue (gynécologiste) *m(f)* gynaecologist.

H

habile *adj* skilful, skilled.

habiliter *vt* to qualify; to authorise.

habiller *vt* to dress, clothe; * s'~ *vr* to get dressed.

habitant(e) *m(f)* inhabitant; occupant, resident.

habitation *f* dwelling; residence, house.

habiter *vi* to live; * *vt* to live in, to occupy.

habitude *f* habit, custom, routine.

habituel(le) *adj* usual, customary.

habituellement *adv* usually.

habituer *vt* to accustom, to teach; * s'~ *vr* to get used (à to).

hache *f* axe.

haie *f* hedge.

haine *f* hatred.

haïr *vt* to hate.

hâle *m* suntan.

haleine *f* breath.

haleter *vi* to pant, gasp for breath.

hall *m* hall, foyer.

halle *f* covered market; hall.

hallucination *f* hallucination.

halte *f* stop, break; stopping place: — faire ~ to stop.

hameçon *m* (fish) hook.

hanche *f* hip.

handicap *m* handicap.

hanter *vt* to haunt.

harasser *vt* to harass.

hardi(e) *adj* hold, daring; brazen.

hargne *f* spite.

haricot *m* bean.

harmonie *f* harmony.

harmoniser *vt* to harmonise; * s'~ *vr* to harmonise.

harpe *f* harp.

hasard *m* chance; accident; hazard, risk.

hasardeux(euse) *adj* hazardous, risky.

hâte *f* haste; impatience.

hâter *vt* to hasten; to quicken; * se ~ *vr* to hurry.

hâtif(ive) *adj* precocious; early; hasty.

hausse *f* rise, increase.

hausser *vt* to raise; to heighten.

haut(e) *adj* high; upper; superior; top.

haut-parleur *m* loudspeaker.

hauteur *f* height, elevation; haughtiness; bearing.

hebdomadaire *adj m* weekly.

hélice *f* propeller.

hélicoptère *m* helicopter.

hémisphère *m* hemisphere.

hémophile *adj* haemophiliac.

herbe *f* grass.

herboriste *m* or *f* herbalist.

héréditaire *adj* hereditary.

hérédité *f* heredity; heritage; right of inheritance.

hérisser *vt* to bristle; to spike.

hérisson *m* hedgehog.

héritage *m* inheritance, heritage, legacy.

hériter *vi* to inherit.

héritier(ière) *m(f)* heir(ess).

hermétique *adj* hermetic.

hernie *f* hernia, rupture.

héroïne *f* heroine; heroin.

héroïque *adj* heroic.

héroïsme *m* heroism.

héros *m* hero.

hésitation *f* hesitation.

hésiter *vi* to hesitate.

hétérosexuel(elle) *adj* heterosexual.

heure *f* hour; time of day: — il est une ~ it is one o'clock: — 24 ~s sur 24 24 hours a day.

heureux(euse) *adv* happy.

heurter *vt* to knock, bump, hit.

hibernation *f* hibernation.

hibou *m* (*pl* ~x) owl.

hier *adv* yesterday.

hilarité *f* laughter.

hippopotame *m* hippopotamus.

hirondelle *f* swallow.

hisser *vt* to hoist, raise.

histoire *f* history; story.

historien(ne) *m(f)* historian.

historique *adj* historic, historical.

hiver *m* winter.

hivernal(e) *adj* winter; wintry.

hocher *vt*: ~ la tête to nod one's head.

hollandais(e) *adj* Dutch.

Hollandais(e) *m(f)* Dutch person.

Hollande *f* Holland.

homard *m* lobster.

homicide *m* homicide.

homme *m* man.

homogène *adj* homogeneous.

homologuer *vt* to ratify; to approve.

homosexuel(le) *m(f)* homosexual.

honnête *adj* honest; decent; honourable.

honnêteté *f* honesty, decency.

honneur *m* honour; integrity, credit: — en l'~ de in honour of.

honorable *adj* honourable; reputable.

honorer *vt* to honour; to esteem.

honte *f* shame, disgrace.

honteux(euse) *adj* shameful; disgraceful.

hôpital *m* hospital.

horaire *m* timetable; * *adj* hourly.

horizon *m* horizon.

horizontal(e) *adj* horizontal.

horloge *f* clock.

hormone *f* hormone.

horreur *f* horror.

horrible *adj* horrible; dreadful.

horrifier *vt* to horrify.

hors *prep* outside; beyond; save; except: ~ de out of.

hors-d'oeuvre *m invar* hors d'oeuvre, starter.

hospice *m* home, asylum; hospice.

hospitalier(ière) *adj* hospitable.

hospitaliser *vt* to hospitalise.

hospitalité *f* hospitality.

hostile *adj* hostile.

hostilité *f* hostility.

hôte(sse) *m(f)* host; landlord.
hôtel *m* hotel.
hôtelier(ière) *m(f)* hotelier;
  * *adj* hotel.
houle *f* swell, surge.
huer *vt* to boo.
huile *f* oil; petroleum.
huit *adj, m* eight.
huitième *adj, m or f* eighth.
huître *f* oyster.
humain(e) *adj* human, humane;
  * *m* human.
humanitaire *adj* humanitarian.
humanité *f* humanity.
humble *adj* humble.
humeur *f* mood, temper: — de
  bonne (mauvaise) ~ in a good
  (bad) mood.
humide *adj* humid.
humidité *f* humidity.
humilier *vt* to humiliate.
humilité *f* humility.
humour *m* humour.
hurler *vt, vi* to howl; to
  scream, yell.
hutte *f* hut.
hybride *adj, m* hybrid.
hydraulique *adj* hydraulic.
hygiène *f* hygiene.
hygiénique *adj* hygienic.
hymne *m* hymn.
hypermarché *m* hypermarket.
hypnose *f* hypnosis.
hypnotiser *vt* to hypnotise.
hypocondriaque *m or f, adj*
  hypochondriac.
hypocrisie *f* hypocrisy.
hypocrite *m or f* hypocrite;
  * *adj* hypocritical.
hypothèque *f* mortgage.
hypothéquer *vt* to mortgage.
hypothèse *f* hypothesis.
hypothétique *adj* hypothetical.
hystérie *f* hysteria.
hystérique *m or f* hysteric;
  * *adj* hysterical.

I

iceberg *m* iceberg.
idéal(e) *adj, m* ideal.
idée *f* idea.
identifier *vt* to identify;
  * s'~ (à) *vr* to identify (with).
identique *adj* identical.
identité *f* identity.
idiot(e) *m(f)* idiot; * *adj* idiotic.
ignorance *f* ignorance.
ignorant(e) *adj* ignorant;
  unacquainted; uninformed.
ignorer *vt* to be ignorant of, to
  be unaware of, to ignore.
il *pron* he; it.
île *f* island, isle.
illégal(e) *adj* illegal.
illégitime *adj* illegitimate.
illicite *adj* illicit.
illogique *adj* illogical.
illusion *f* illusion.
illustration *f* illustration.
illustrer *vt* to illustrate.
image *f* image, picture.
imagination *f* imagination.
imaginer *vt* to imagine.
imbécile *m or f* idiot;
  * *adj* stupid, idiotic.
imitation *f* imitation;
  mimicry; forgery.
imiter *vt* to imitate.
immatriculation *f* registration.
immédiat(e) *adj* immediate.
immense *adj* immense, vast.
immeuble *m* building.
immigrant(e) *m(f)* immigrant.
immigration *f* immigration.
imminent(e) *adj* imminent,
  impending.
immobilier(ière) *adj* property;
  * *m* property business.
immobiliser *vt* to immobilise;
  to bring to a stop.
immoral(e) *adj* immoral.
immortel(le) *adj* immortal.

immunité *f* immunity.
impair(e) *adj* odd, uneven.
imparfait(e) *adj* imperfect.
impartial(e) *adj* impartial.
impartialité *f* impartiality.
impassible *adj* impassive.
impatience *f* impatience.
impatient(e) *adj* impatient.
imperceptible *adj* imperceptible.
impersonnel(le) *adj* impersonal.
impertinence *f* impertinence.
impertinent(e) *adj* impertinent.
imperturbable *adj* imperturbable.
impétueux(euse) *adj* impetuous.
impitoyable *adj* merciless, pitiless.
implacable *adj* implacable.
implantation *f* implantation; establishment; introduction.
implanter *vt* to introduce; to establish; to implant.
implication *f* implication; involvement.
implicite *adj* implicit.
impliquer *vt* to imply.
impoli(e) *adj* impolite, rude.
impolitesse *f* impoliteness, rudeness.
importance *f* importance, significance; size.
important(e) *adj* important, significant; sizeable.
importation *f* import, importation.
importer *vt* to import; * *vi* to matter: — n'importe qui anybody: — n'importe quoi anything.
imposer *vt* to impose, lay down.
impossibilité *f* impossibility.
impossible *adj* impossible.
impôt *m* tax, duty.
imprégner *vt* impregnate; to permeate; to imbue.

impression *f* feeling, impression.
impressioniste *m* or *f*, *adj* impressionist.
impressionner *vt* to impress.
imprévisible *adj* unforeseeable, unpredictable.
imprévu(e) *adj* unforeseen, unexpected.
imprimer *vt* to print.
imprimeur *m* printer.
improbable *adj* improbable, unlikely.
improviser *vt* to improvise.
imprudent(e) *adj* careless, imprudent.
impudence *f* impudence; shamelessness.
impuissant(e) *adj* powerless, helpless.
impulsif(ive) *adj* impulsive.
inacceptable *adj* unacceptable.
inaccessible *adj* inaccessible.
inactif(ive) *adj* inactive, idle.
inactivité *f* inactivity.
inadmissible *adj* inadmissible.
inanimé(e) *adj* inanimate; unconscious.
inaperçu(e) *adj* unnoticed.
inattendu(e) *adj* unexpected, unforeseen.
incapable *adj* incapable; incompetent.
incapacité *f* incompetence; disability.
incarcérer *vt* to incarcerate.
incendie *m* fire, blaze.
incertain(e) *adj* uncertain, unsure.
incessant(e) *adj* incessant, continual.
incident *m* incident, hitch.
inciter *vt* to incite, urge.
inclure *vt* to include; to insert.
incommoder *vt* to annoy, bother.
incomparable *adj* incomparable.

incompatible *adj* incompatible.

incompréhensible *adj* incomprehensible.

inconfortable *adj* uncomfortable; awkward.

incongru(e) *adj* unseemly; incongruous.

inconnu(e) *m(f)* stranger, unknown person; * *m* unknown; * *adj* unknown.

inconscience *f* unconsciousness; thoughtlessness.

inconscient(e) *adj* unconscious; thoughtless; * *m* unconscious.

inconsidéré(e) *adj* inconsiderate, thoughtless.

incontestable *adj* incontestable, unquestionable.

inconvénient *m* drawback, inconvenience.

incorporer *vt* to incorporate, integrate.

incorrect(e) *adj* faulty, incorrect.

incroyable *adj* incredible.

indécis(e) *adj* undecided, vague: — être ~ to be indecisive.

indéfini(e) *adj* undefined; indefinite; * ~ment *adv* indefinitely.

indemne *adj* unharmed, unhurt.

indemnité *f* compensation; indemnity.

indéniable *adj* undeniable, indisputable.

indépendant(e) *adj* independent.

indéterminé(e) *adj* undetermined; unspecified.

index *m* index; index finger.

indication *f* indication; piece of information; instruction.

indice *m* indication; clue; sign.

indifférent(e) *adj* indifferent; immaterial.

indigène *m* or *f* native; local; * *adj* indigenous, native.

indigestion *f* indigestion.

indigne *adj* unworthy; undeserving.

indiquer *vt* to indicate, point out, tell.

indirect(e) *adj* indirect.

indiscret(ète) *adj* indiscreet, inquisitive, prying.

indispensable *adj* indispensable; essential.

indisponible *adj* unavailable.

individu *m* individual.

individuel(le) *adj* individual.

indulgent(e) *adj* indulgent; lenient.

industrie *f* industry.

industriel(le) *m(f)* industrialist, manufacturer; * *adj* industrial.

inédit(e) *adj* unpublished; original.

inefficace *adj* ineffective; inefficient.

inégal(e) *adj* unequal; uneven; irregular.

inépuisable *adj* inexhaustible.

inertie *f* inertia, apathy.

inévitable *adj* inevitable, unavoidable.

inexact(e) *adj* inexact, inaccurate.

inexplicable *adj* inexplicable.

infaillible *adj* infallible.

infantile *adj* infantile.

infecter *vt* to infect, contaminate, foul.

infection *f* infection.

inférieur(e) *adj* inferior, lower.

infériorité *f* inferiority.

infester *vt* to infest; overrun.

infidèle *adj* unfaithful, disloyal.

infini(e) *adj* infinite; interminable.

infirme *adj* crippled, disabled.

infirmier(ière) *m(f)* nurse.

infirmité *f* infirmity.

inflation *f* inflation.

inflexible *adj* inflexible, rigid.

influence *f* influence.

influencer *vt* to influence.

information *f* piece of information; information.

informatique *f* computing; data processing; * *adj* computer.

informer *vt* to inform, tell.

ingénieur *m* engineer.

ingénieux(euse) *adj* ingenious, clever.

ingrédient *m* ingredient; component.

initial(e) *adj* initial.

initiative *f* initiative.

initier *vt* to initiate.

injecter *vt* to inject.

injure *f* injury; insult.

injuste *adj* unjust, unfair.

injustice *f* injustice.

inné(e) *adj* innate, inborn.

innocence *f* innocence.

innocent(e) *m(f)* innocent person; harmless; * *adj* innocent.

innovation *f* innovation.

inondation *f* inundation.

inouï(e) *adj* unprecedented, unheard of.

inquiet(iète) *adj* worried, anxious.

inscription *f* inscription; registration; matriculation.

inscrire *vt* to inscribe; to register; * s'~ *vr* to join.

insecte *m* insect.

insensible *adj* insensible, insensitive.

insérer *vt* to insert.

insinuer *vt* to insinuate (que that).

insipide *adj* insipid, tasteless.

insister *vi* to insist (sur on), be insistent, stress.

insolent(e) *adj* insolent; brazen.

insomnie *f* insomnia.

insoutenable *adj* unbearable.

inspecter *vt* to inspect, examine.

inspection *f* inspection.

inspiration *f* inspiration; suggestion.

inspirer *vt* to inspire; to breathe in.

instable *adj* unstable.

installation *f* installation; installing.

installer *vt* to install; to fit out.

instant *m* moment, instant.

instinct *m* instinct.

instinctif(ive) *adj* instinctive.

institut *m* institute; school.

institution *f* institution; establishment.

instruction *f* instruction; education; inquiry.

instruire *vt* to instruct; to teach; to conduct an inquiry.

instrument *m* instrument.

insuffisant(e) *adj* insufficient, inadequate.

insulte *f* insult.

insulter *vt* to insult.

insupportable *adj* unbearable, intolerable.

intact(e) *adj* intact.

intégral(e) *adj* integral, complete.

intégrer *vt* to integrate (dans in); * s'~ *vr* to become integrated.

intégrité *f* integrity.

intellectuel(le) *m(f)* intellectual; * *adj* intellectual.

intelligence *f* intelligence; understanding.

intelligent(e) *adj* intelligent.

intelligible *adj* intelligible.

intense *adj* intense.

intensifier *vt* to intensify; * s'~ *vr* to intensify.

intensité *f* intensity.

intention *f* intention; purpose, intent.

intercepter *vt* to intercept.

interdire *vt* to forbid, ban, prohibit.

intéressant(e) *adj* interesting, attractive, worthwhile.

intéresser *vt* to interest; to affect; * s'~ *vr*, ' to be interested in.

intérêt *m* interest; significance, importance.

interférence *f* interference; conjunction.

intérieur(e) *adj* interior, internal, inland.

interlocuteur(trice) *m(f)* interlocutor, speaker.

intermittent(e) *adj* intermittent, sporadic.

international(e) *adj* international.

interne *adj* internal; * *m* or *f* boarder, house doctor.

internet *m* internet.

interprète *m* or *f* interpreter.

interpréter *vt* to interpret; to perform.

interrogation *f* interrogation, questioning; question.

interroger *vt* to question; to interrogate.

interrompre *vt* to interrupt, break.

interruption *f* interruption, break.

intervalle *m* interval; space, distance.

intervenir *vi* to intervene; to take part in.

intervention *f* intervention; operation.

intime *adj* intimate; private; * *m* or *f* close friend.

intimider *vt* to intimidate.

intimité *f* intimacy; privacy.

intolérance *f* intolerance.

intolérant(e) *adj* intolerant.

intrépide *adj* intrepid, fearless.

introduction *f* introduction.

introduire *vt* to introduce, insert (dans in); to present.

introverti(e) *m(f)* introvert; * *adj* introverted.

intuitif(ive) *adj* intuitive.

intuition *f* intuition.

inutile *adj* useless; pointless.

invalide *adj* invalid.

invariable *adj* invariable, unvarying.

invasion *f* invasion.

inventer *vt* to invent; to devise; to make up.

invention *f* invention; inventiveness.

inverse *adj* opposite; * *m* opposite, reverse.

inversion *f* inversion; reversal.

investissement *m* investment; investing.

invincible *adj* invincible.

invisible *adj* invisible.

invitation *f* invitation.

inviter *vt* to invite, ask.

involontaire *adj* involuntary.

invoquer *vt* to invoke; to call up; to plead.

invraisemblable *adj* unlikely, improbable.

invulnérable *adj* invulnerable.

Irlandais(e) *m(f)* Irish person.

irlandais(e) *adj* Irish.

Irlande *f* Ireland; * ~ du Nord *m* Northern Ireland; * de l'~ du Nord *adj* Northern Irish.

ironie *f* irony.

ironique *adj* ironic; * ~ment *adv* ironically.

irrationnel(le) *adj* irrational.

irréel(le) *adj* unreal.

irrégularité *f* irregularity; variation; unevenness.

irrégulier(ière) *adj* irregular; varying; uneven.

irremplaçable *adj* irreplaceable.
irrésistible *adj* irresistible.
* ~ment *adv* irresistibly.
irresponsable *adj* irresponsible.
irrigation *f* irrigation.
irriter *vt* to irritate; to
provoke.
islandais(e) *adj* Icelandic.
Islandais(e) *m(f)* Icelandic
person.
Islande *f* Iceland.
isoler *vt* to isolate; to insulate.
issue *f* outlet; way out;
outcome.
Italie *f* Italy.
italien(ne) *adj* Italian.
Italien(ne) *m(f)* Italian person.
ivre *adj* drunk.
ivrogne *m* or *f* drunkard.

J

jadis *adv* formerly, long ago.
jalousie *f* jealousy, envy.
jaloux(louse) *adj* jealous,
envious.
jamais *adv* never, not ever:
— à ~ for ever: — si ~ if ever.
jambe *f* leg.
jambon *m* ham.
janvier *m* January.
Japon *m* Japan.
japonais(e) Japanese.
Japonais(e) *m(f)* Japanese
person.
jardin *m* garden.
jardinier(ière) *m(f)* gardener.
jargon *m* jargon.
jaune *adj*, *m* yellow.
jaunir *vi* to yellow, turn
yellow; * *vt* to make yellow.
jazz *m* jazz.
je, j' *pron* I.
jetable *adj* disposable.
jetée *f* pier.
jeter *vt* to throw.

jeton *m* token; counter.
jeu *m* (*pl* ~x) play; game;
gambling: ~ de mots pun.
jeudi *m* Thursday.
jeune *adj* young; * *m* or *f*
young person.
jeûne *m* fast.
jeunesse *f* youth, youthfulness.
joaillerie *f* jeweller's; jewellery.
joie *f* joy, happiness; pleasure.
joindre *vt* to join, link.
jointure *f* (anatomy) joint.
joli(e) *adj* pretty; lovely.
jonction *f* junction.
joue *f* cheek.
jouer *vi* to play, to gamble; to
act.
jouet *m* toy.
joueur(euse) *m(f)* player;
gambler.
jouir *vi* to enjoy; to delight in;
to have an orgasm.
jouissance *f* enjoyment; use.
jour *m* day, daylight: — tous
les ~s every day: — à ~ up to
date: ~ férié public holiday:
— mise à ~ updating; update.
journal *m* newspaper; bulletin.
journaliste *m* or *f* journalist.
journée *f* day; day's work.
jovial(e) *adj* jovial, jolly.
joyau *m* jewel.
joyeux(euse) *adj* joyful.
judiciaire *adj* judicial, legal.
judicieux(euse) *adj* judicious.
juge *m* judge.
jugement *m* judgment.
juger *vt* to judge; to decide; to
consider.
juif(ive) *adj* Jewish; * Juif *m*
Jew; * juive *f* Jewess.
juillet *m* July.
juin *m* June.
jumeau(elle) *adj*, *m(f)* twin.
jumelles *fpl* binoculars.
jungle *f* jungle.
jupe *f* skirt.

jurer *vt* to swear, pledge.

juridiction *f* jurisdiction; court of law.

juridique *adj* legal, juridical.

jury *m* jury, board of examiners.

jus *m* juice.

jusque, jusqu' *prep* to, as far as; until.

juste *adj* just, fair; exact; sound.

justesse *f* accuracy; aptness; soundness.

justice *f* justice.

justification *f* justification.

justifier *vt* to justify.

juteux(euse) *adj* juicy.

juvénile *adj* youthful.

K

kaléidoscope *m* kaleidoscope.

kangourou *m* kangaroo.

karaté *m* karate.

kart *m* (go-)kart.

képi *m* kepi.

kermesse *f* fair; bazaar.

kidnapper *vt* to kidnap.

kidnappeur(euse) *m(f)* kidnapper.

kilogramme *m* kilogramme.

kilomètre *m* kilometre.

kiosque *m* kiosk.

klaxon *m* horn.

klaxonner *vi* to sound one's horn.

koala *m* koala.

L

l', la *def art, pron* see le.

la *m* (music) A.

là *adv* there; over there; then:
— par ~ that way:
~ dedans inside, in there:
~ dessous, under there:
~ dessus on that: ~ haut up

there: — celui-~ that one:
— jusque-~ up till then.

label *m* label; seal.

labeur *m* labour.

laboratoire *m* laboratory.

lac *m* lake.

lacer *vt* to lace up; to tie up.

lâche *m* or *f* slack, lax;
* *adj* cowardly.

lâcher *vt* to loosen; to release.

laid(e) *adj* ugly, unsightly.

laideur *f* ugliness, unsightliness.

laine *f* wool.

laisser *vt* to leave; to let:
~ tomber to drop.

laisser-passer *m invar* pass, permit.

lait *m* milk.

laitue *f* lettuce.

lame *f* blade; strip; metal plate.

lamentable *adj* lamentable, distressing.

lamenter *vr* se ~ to lament.

lampe *f* lamp, light; bulb.

lance *f* lance, spear.

lancement *m* launching; starting up; throwing.

lancer *vt* to throw; to launch; (computer) to boot.

langage *m* language, speech.

langoureux(euse) *adj* languorous.

langouste *f* spiny lobster.

langue *f* tongue; language.

langueur *f* languor.

lanterne *f* lantern; lamp.

lapin(e) *m(f)* rabbit.

large *adj* wide; generous.

largeur *f* width, breadth.

larme *f* tear.

las(se) *adj* weary, tired.

lasser *vt* to tire; * se ~ de *vr* to grow tired of.

latéral(e) *adj* lateral, side.

latin(e) *adj, m* Latin.

latitude *f* latitude; margin.
lavabo *m* washbasin.
lavage *m* washing; bathing.
laver *vt* to wash; to cleanse;
 * se ~ *vr* to wash oneself.
laxatif(ive) *adj m* laxative.
le (la) *m(f) def art* (in front of a
 vowel l', *pl* les) the; (à + le =
 au, à + les = aux, de + le = du,
 de + les = des); * *pron* him,
 her, them.
leçon *f* lesson; reading; class.
lecteur(trice) *m(f)* reader.
lecture *f* reading; perusal.
légal(e) *adj* legal.
légalité *f* legality.
légendaire *adj* legendary.
légende *f* legend; inscription.
léger(ère) *adj* light;
 inconsiderate.
légèreté *f* lightness;
 thoughtlessness.
législatif(ive) *adj* legislative;
 * *m* legislature.
législation *f* legislation.
légitime *adj* legitimate.
légitimité *f* legitimacy.
légume *m* vegetable.
lendemain *m* next day, day after.
lent(e) *adj* slow, tardy;
 sluggish.
lenteur *f* slowness.
lequel (laquelle) *pron m(f)* (*pl*
 lesquels, lesquelles) who,
 whom, which.
leste *adj* nimble, agile;
 * ~ment *adv* nimbly.
léthargie *f* lethargy.
léthargique *adj* lethargic.
lettre *f* letter, note, literature: — suivre à la ~ to carry
 out to the letter.
leur *pron* their: — le ~ *m*, la ~ *f*
 their: — les ~s *pl* theirs.
lever *vt* to lift, raise; to levy;
 * se ~ *vr* to get up.
levier *m* lever.

lèvre *f* lip.
lexique *m* lexis.
lézard *m* lizard.
liaison *f* connection; liaison,
 link.
libéral(e) *adj* liberal;
 * *m* liberal.
libération *f* release, liberation.
libérer *vt* to release; to
 liberate.
liberté *f* liberty, freedom.
libraire *m* or *f* bookseller.
librairie *f* bookshop,
 bookselling.
libre *adj* free.
licence *f* degree (BA or BSc);
 permit; licence.
licenciement *m* redundancy;
 dismissal.
licencier *vt* to make redundant;
 to dismiss.
lien *m* bond, link, connection;
 tie.
lier *vt* to bind; to link;
 * se ~ *vr*, se ~ avec to make
 friends with.
lieu *m* place; occasion: — avoir
 ~ to take place: — au ~ de
 instead of.
lièvre *m* hare.
ligne *f* line; row; range.
lignée *f* lineage; offspring.
ligue *f* league.
lime *f* file.
limitation *f* limitation,
 restriction.
limite *f* boundary, limit:
 — à la ~ almost.
limiter *vt* to limit, restrict.
limonade *f* lemonade.
limpide *adj* limpid, clear.
linéaire *adj* linear.
linge *m* linen; washing.
lingerie *f* linen room;
 underwear, lingerie.
linguiste *m* or *f* linguist.
lion (lionne) *m(f)* lion(ess).

liquéfier *vt* to liquefy;
* se ~ *vr* to liquefy.
liqueur *f* liqueur; liquid.
liquide *m* liquid.
liquider *vt* to eliminate.
lire *vt* to read.
lisible *adj* readable.
lisse *adj* smooth, glossy.
lisser *vt* to smooth, gloss.
liste *f* list; schedule.
lit *m* bed; layer.
litige *m* lawsuit; dispute.
litre *m* litre.
littéral(e) *adj* literal.
littérature *f* literature.
littoral *m* coast; * *adj* coastal.
livraison *f* delivery; number,
  issue.
livre *m* book; * *f* pound
  (weight, currency).
livrer *vt* to deliver, hand over.
livreur(euse) *m(f)* delivery
  person.
local(e) *adj* local.
localité *f* locality; town.
locataire *m* or *f* tenant; lodger.
location *f* renting; lease,
  leasing.
loge *f* lodge; dressing room, box.
logement *m* housing;
  accommodation.
loger *vt* to accommodate;
  * *vi* to live in.
logiciel *m* software.
logique *f* logic; * *adj* logical.
logo *m* logo.
loi *f* law; act, statute; rule.
loin *adv* far (away *or* off);
  * *m* distance; background:
  — au ~ in the distance:
  — de ~ from a distance:
  ~ de là far from it (*fig*).
lointain(e) *adj* distant, remote;
  * *m* distance; background.
loisir *m* leisure, spare time.
long(ue) *adj* long, lengthy.
longévité *f* longevity.

longitude *f* longitude.
longtemps *adv* for a long time.
longueur *f* length.
loquace *adj* loquacious,
  talkative.
lors *adv*: ~ de at the time of:
  — dès (depuis) ~ from that
  time.
lorsque *conj* when.
lot *m* prize; lot; batch.
loterie *f* lottery; raffle.
lotion *f* lotion.
louange *f* praise,
  commendation.
louer *vt* to rent, lease; to praise.
loup *m* wolf.
lourd(e) *adj* heavy; sultry;
  gross; arduous.
lourdeur *f* heaviness.
loyal(e) *adj* loyal.
loyauté *f* loyalty.
loyer *m* rent.
lucide *adj* lucid, clear.
lucidité *f* lucidity, clearness.
lueur *f* glimmer.
lugubre *adj* lugubrious,
  gloomy.
lui *pron* him, her, it: — c'est à
  ~ it is his: ~ même himself,
  itself.
luire *vt* to shine, gleam.
lumière *f* light; daylight;
  insight.
lumineux *adj* luminous;
  illuminated.
lunaire *adj* lunar, moon.
lundi *m* Monday.
lune *f* moon.
lunette *f* telescope; ~s *pl*
  glasses, spectacles, goggles.
lutte *f* struggle; fight.
lutter *vi* to struggle, fight,
  wrestle: ~ contre to struggle
  against.
luxe *m* luxury.
luxueux(euse) *adj* luxurious.
lycée *m* secondary school.

lyncher *vt* to lynch.
lyre *f* lyre.
lyrique *adj* lyric.
lyrisme *m* lyricism.

M

ma *see* mon.
mâcher *vt* to chew.
machinal(e) *adj* mechanical, automatic.
machine *f* machine.
machinerie *f* machinery, plant.
mâchoire *f* jaw.
maçon *m* builder, mason.
madame *f* Madam; Mrs; lady.
mademoiselle *f* Miss; young lady.
magasin *m* shop, store; warehouse.
magazine *m* magazine.
magicien(ne) *m(f)* magician.
magie *f* magic.
magistrat *m* magistrate.
magnanime *adj* magnanimous.
magnétique *adj* magnetic.
magnétophone *m* tape recorder.
magnifique *adj* magnificent.
mai *m* May.
maigre *adj* thin; meagre, scarce.
maigrir *vi* to get thinner; to waste away.
maillot *m* jersey; leotard.
main *f* hand: — avoir la ~ to have the lead: — à la ~ by hand.
main-d'oeuvre *f* workforce.
maintenance *f* maintenance, servicing.
maintenant *adv* now: — à partir de ~ from now on.
maintenir *vt* to keep.
maintien *m* maintenance; preservation; keeping up.
maire(esse) *m(f)* mayor(ess).
mais *conj* but:
~ non! definitely not!

maison *f* house; home; building; premises.
maître(esse) *m(f)* master (mistress), ruler; (primary) teacher.
maîtrise *f* Master's degree; mastery; control; expertise.
majoritaire *adj* majority.
majorité *f* majority.
mal *adv* badly, not properly;
* *m* evil, wrong; harm; pain.
malade *adj* sick, ill;
* *m or f* ill, sick person.
maladie *f* illness; malady, complaint; disorder.
maladroit(e) *adj* clumsy, awkward.
malchanceux(euse) *adj* unlucky, unfortunate.
mâle *m* male; * *adj* male.
malentendu *m* misunderstanding.
malgré *prep* in spite of, despite.
malheur *m* misfortune; calamity.
malheureux(euse) *adj* unfortunate; unlucky; unhappy.
malhonnête *adj* dishonest, crooked; uncivil.
malicieux(euse) *adj* malicious, spiteful; mischievous.
malnutrition *f* malnutrition.
malsain *adj* unhealthy, unwholesome; immoral.
maltraiter *vt* to abuse; to handle roughly.
malveillant(e) *adj* malevolent, spiteful.
maman *f* mother, mummy, mum.
mamie *f* grandma, granny.
mammifère *m* mammal.
manche *f* sleeve; game, round;
* *m* handle, shaft.
mangeable *adj* edible.
manger *vt* to eat.

maniable *adj* handy, workable.

manier *vt* to handle; to manipulate.

manière *f* manner, way, style.

manifeste *adj* manifest, evident, obvious; * *m* manifesto.

manifester *vt* to display; to demonstrate.

manipulation *f* handling; manipulation.

manipuler *vt* to handle; to manipulate.

manoeuvre *f* manoeuvre, operation; scheme; * *m* labourer.

manoeuvrer *vt* to manoeuvre; * *vi* to manoeuvre, move.

manque *m* lack, shortage; shortcoming, deficiency.

manquer *vt* to miss; to fail; to be absent.

manteau *m* coat; mantle, blanket; cloak.

manuel(le) *m* manual, hand-book; * *adj* manual.

manufacture *f* factory; manufacture.

manufacturier(ière) *m(f)* factory owner; manufac-turer; * *adj* manufacturing.

manuscrit *m* manuscript; typescript; * *adj* handwritten.

maquillage *m* make-up.

marathon *m* marathon.

marbre *m* marble; marble statue.

marchand(e) *m(f)* merchant; * *adj* market, trade.

marchandise *f* merchandise, commodity; goods.

marche *f* walk; journey; progress: — mettre en ~ to start up; to turn on.

marché *m* market; transaction, contract.

marcher *vi* to walk, march; to progress; to work.

mardi *m* Tuesday.

marée *f* tide.

marge *f* margin; latitude; freedom; mark-up.

marginal(e) *adj* marginal.

mari *m* husband.

mariage *m* marriage.

marié(e) *m* bridegroom; * *adj* married: ~ à married to.

marier *vt* to marry; blend, harmonise; * se ~ *vr* to get married (à to).

marin *m* sailor.

marine *f* navy; seascape; marine.

maritime *adj* maritime, seaboard.

marque *f* mark, sign; brand; make.

marquer *vt* to mark; to note down; to score.

mars *m* March.

marteau *m* hammer.

masculin(e) *adj* masculine.

masque *m* mask; facade, front.

massage *m* massage.

masse *f* mass, heap.

masser *vt* to mass, assemble; to massage.

massif(ive) *adj* massive, solid, heavy; * *m* massif, clump.

match *m* match; game: ~ nul tie, draw.

matelas *m* mattress.

matérialiser *vr* se ~ to materi-alise.

matériaux *mpl* material, materials.

matériel(le) *adj* material, physical; practical.

maternel(le) *adj* maternal, motherly.

maternité *f* motherhood; pregnancy; maternity hospital.

mathématicien(ne) *m(f)* mathematician.

mathématique *adj*
  mathematical;
  * ~s *fpl* mathematics.
matière *f* material, matter;
  subject: ~ première raw
  material.
matin *m* morning; dawn.
matrice *f* matrix.
maturité *f* maturity.
maussade *adj* sulky, sullen.
mauvais(e) *adj* bad; wicked;
  faulty.
maximum *m* maximum.
me, m' *pron* me; myself.
mécanicien(ne) *m(f)* mechanic;
  engineer.
mécanique *f* mechanics;
  * *adj* mechanical.
méchant(e) *adj* spiteful;
  wicked; mischievous.
méconnu(e) *adj* unrecognised;
  misunderstood.
mécontentement *m* discontent;
  displeasure.
médecin *m* doctor, physician.
médecine *f* medicine.
médical(e) *adj* medical.
médiocre *adj* mediocre;
  indifferent.
méditation *f* meditation.
méditer *vi* to meditate; * *vt* to
  contemplate, have in mind.
méfier *vr* se ~ de to mistrust,
  distrust; to be suspicious.
meilleur(e) *adj* better,
  preferable: — le ~ *m*, la ~e *f*
  the best.
mélancolique *adj* melancholy;
  melancholic.
mélange *m* mixture.
mélanger *vt* to mix, blend; to
  muddle.
mêler *vt* to mix; to combine;
  * se ~ *vr* to mix, mingle.
mélodie *f* melody, tune.
membre *m* member; limb.
même *adv* even; * *adj* same,

identical; * *pron*: — le ~ *m*,
  la ~ *f*, les ~s *pl* the same one(s).
mémoire *f* memory: ~ écran
  (computer) RAM;
  * *m* memorandum, report.
mémorable *adj* memorable.
menace *f* threat; intimidation;
  danger.
menacer *vt* to threaten,
  menace; to impend.
ménage *m* housework,
  housekeeping; household.
ménager *vt* to treat with
  caution; * *adj* household,
  domestic.
mendiant(e) *m(f)* beggar.
mener *vt* to lead, guide, to
  steer; to manage.
ménopause *f* menopause.
mensonge *m* lie, falsehood.
menstruation *f* menstruation.
mental(e) *adj* mental.
menteur(euse) *m(f)* liar;
  * *adj* lying, deceitful.
mention *f* mention; comment;
  grade.
mentionner *vt* to mention.
mentir *vi* to lie, tell lies; to be
  deceptive.
menton *m* chin.
menu(e) *adj* slender, thin;
  petty, minor; * *m* menu; meal.
mépriser *vt* to scorn, despise.
mer *f* sea.
merci *interj*, *m* thank you:
  — non ~ no thank you;
  * *f* mercy: — sans ~ merciless.
mercredi *m* Wednesday.
mère *f* mother.
méridien *m* meridian; midday.
mériter *vt* to deserve, merit.
merveilleux(euse) *adj* marvellous, wonderful.
mes *see* mon.
message *m* message.
messager(ère) *m(f)* messenger.
messe *f* mass.

mesure *f* measure; moderation; measurement: — au fur et à ~ as: — dans la mesure où insofar as: — en ~ in time.

mesurer *vt* to measure; to assess; to limit; * se ~ *vr*, se ~ à to confront oneself with.

métal *m* metal.

métaphore *f* metaphor.

météore *m* meteor.

météo *f* weather forecast.

météorologue / météorologiste *m(f)* meteorologist.

méthode *f* method.

méthodique *adj* methodical.

métier *m* job; occupation: ~ à tisser weaving loom.

mètre *m* metre.

métro *m* underground, subway.

métropole *f* metropolis.

mettre *vt* to set, lay, put (on), place: ~ en marche to start up: — j'ai mis 1 heure it took me 1 hour; * se ~ à *vr* to begin to: — se ~ en route to start off.

meuble *m* piece of furniture.

meurtrier(ière) *m(f)* murderer, murderess.

mi *m* (music) E.

mi- *adj* half, *see* demi.

miauler *vi* to miaow.

micro-onde *f* microwave; * *m* micro-ondes microwave oven.

micro-ordinateur *m* microcomputer.

microbe *m* germ, microbe.

microfilm *m* microfilm.

microphone *m* microphone.

microscope *m* microscope.

midi *m* midday, noon.

miel *m* honey.

mien(ne) *pron* le ~ *m*, la mienne *f*, les ~s *mpl*, les miennes *fpl* mine, my own.

mieux *m* improvement: — le ~ the best:

— de ~ en ~ better and better.

migraine *f* migraine.

migrateur *m* migrant.

migration *f* migration.

milieu *m* middle, centre; medium; environment.

militaire *m* serviceman; * *adj* military, army.

militant(e) *adj*, *m(f)* militant.

militer *vi* to militate; to be a militant.

mille *m*, *adj* one thousand.

milliard *m* milliard.

millième *m*, *adj* thousandth.

millier *m* thousand.

million *m* million.

millionnaire *adj* millionaire; worth millions; * *m* or *f* millionaire.

mime *m* mime; * *m* or *f* mimic.

mimer *vt* to mime; to mimic, imitate.

mince *adj* thin, slender, meagre, trivial.

mincir *vi* to get slimmer, get thinner.

mine *f* look, appearance; mine; (pencil) lead: — avoir bonne ~ to look good.

miner *vt* to undermine: ~ quelqu'un to wear someone down.

minéral(e) *adj* mineral; inorganic; * *m* mineral.

mineur(e) *adj*, *m(f)* minor; * *m* miner.

mini-jupe *f* miniskirt.

miniature *f* miniature.

minimal(e) *adj* minimal, minimum.

minimum *m* minimum.

ministère *m* ministry; agency.

ministre *m* minister; clergyman.

minorité *f* minority.

minuit *m* midnight.

minute *f* minute, moment.

minutieux(euse) *adj* meticulous; minute.

miracle *m* miracle, wonder.

miraculeux(euse) *adj* miraculous.

mirage *m* mirage.

miroir *m* mirror, reflection.

mise *f* putting, placing; stake; deposit; investment: ~ en scène production, staging: ~ en liberté release: ~ en ordre ordering, arrangement: ~ en oeuvre implementation.

misérable *adj* miserable; destitute; pitiable.

misère *f* misery; poverty; destitution.

mission *f* mission, assignment.

missionnaire *m* missionary.

mitigé(e) *adj* mitigated; lukewarm.

mitoyen *adj* common; semi-detached.

mixer *vt* to mix.

mixte *adj* mixed.

mobile *adj* moving; movable; * *m* motive; moving body.

mobilier *m* furniture.

mobilité *f* mobility.

mode *f* fashion; custom; * *m* form, mode; way.

modèle *m* model; pattern; design; example.

modeler *vt* to model; to shape.

modem *m* modem.

modération *f* moderation; diminution.

modéré(e) *adj* moderate

modérer *vt* to moderate.

moderne *adj* modern.

moderniser *vt* to modernise.

modeste *adj* modest.

modestie *f* modesty.

modification *f* modification.

modifier *vt* to modify, alter.

moelle *f* marrow; core.

moeurs *fpl* morals; customs.

moi *pron* me, I: — c'est à ~ it is mine; it is my turn.

mois *m* month.

moisson *f* harvest.

moissonner *vt* to reap, mow.

moite *adj* moist, damp.

moitié *f* half.

molécule *f* molecule.

moment *m* moment, instant, while; time; opportunity.

momentané *adj* momentary; brief.

mon (ma) *m(f)* *pron* (*pl* mes) my.

monastère *m* monastery.

mondain(e) *adj* worldly, mundane.

monde *m* world, earth; society, company.

mondial(e) *adj* world, worldwide.

moniteur(trice) *m(f)* instructor, coach; supervisor.

monnaie *f* currency; coin; change.

monopole *f* monopoly.

monopoliser *vt* to monopolise.

monotone *adj* monotonous.

monsieur *m* sir, gentleman, Mr; messieurs *pl* gentlemen.

monstre *m* monster.

mont *m* mountain; mount.

montage *m* assembly; setting up, editing.

montagne *f* mountain.

montagneux(euse) *adj* mountainous.

montée *f* climb, climbing; ascent; rise.

monter *vi* to go up, ascend; get into (car); * *vt* to go up; to carry, bring up.

montre *f* watch.

montrer *vt* to show, point to; prove.

monument *m* monument.

moquer *vr* se ~ (de) to make fun (of), laugh (at).

moqueur(euse) m(f) mocker,
scoffer; * adj mocking.

moral(e) adj moral, ethical;
intellectual.

moralité f morals, morality.

morceau m piece, morsel,
fragment, extract.

mordre vt to bite, gnaw; to
grip.

morose adj sullen, morose.

mort(e) m(f) dead person;
* adj dead; * f death.

mortalité f mortality.

mortel(le) adj mortal; fatal.

mortuaire adj mortuary;
funeral.

mosquée f mosque.

mot m word; saying: ~s croisés
crossword.

moteur(trice) adj motor,
driving; * m engine, motor.

motif m motive, grounds;
motif, design.

motivation f motivation.

motiver vt to motivate.

moto f motorbike.

motoneige f snow bike.

mou (molle) adj soft; gentle;
muffled.

mouche f fly.

moucher vr se ~ to blow one's
nose.

mouchoir m handkerchief.

moudre vt to mill, grind.

mouiller vt to wet; to water
down; * se ~ vr to get wet.

moule m mould; * f mussel.

mouler vt to mould; to model.

moulin m mill.

mourir vi to die.

mousser vi to froth, foam.

mousseux(euse) adj sparkling;
frothy; * m sparkling wine.

moustache f moustache;
whiskers.

moustique m mosquito.

moutarde f mustard.

mouton m sheep, mutton.

mouvement m movement,
motion; animation.

mouvoir vt to drive, power;
* se ~ vr to move.

moyen m means; way; * adj
average, medium, moderate:
~ âge Middle Ages.

moyenne f average.

muet(te) m(f) mute;
* adj dumb; silent, mute.

multicolore adj multicoloured.

multiple adj numerous,
multiple; * m multiple.

multiplication f
multiplication.

multiplier vr se ~ to multiply,
increase.

municipal(e) adj municipal;
local.

municipalité f municipality.

munir vt to provide, equip
with; * se ~ (de) vr to equip
oneself (with).

mur m wall.

mûr(e) adj ripe, mature.

mûrir vi to ripen, mature.

murmure m murmur;
muttering.

murmurer vi to murmur.

muscle m muscle.

musculaire adj muscular.

musée m art gallery, museum.

musicien(ne) m(f) musician;
* adj musical.

musique f music.

musulman(e) m(f), adj
Muslim.

muter vt to transfer, move.

myope m or f short-sighted
person; * adj short-sighted.

myopie f short-sightedness,
myopia.

mystère m mystery.

mystérieux(euse) adj
mysterious.

mystifier vt to mystify.

mystique *adj* mystical;
  * *m* or *f* mystic.
mythe *m* myth.
mythique *adj* mythical.
mythologie *f* mythology.

N

nager *vi* to swim.
nageur(euse) *m(f)* swimmer;
  rower.
naissance *f* birth, extraction;
  beginning.
naître *vi* to be born: — il est
  né le 2 Juillet he was born on
  2 July; to arise, spring up.
naïveté *f* naïvety.
narcotique *m* drug, narcotic;
  * *adj* narcotic.
narrateur(trice) *m(f)* narrator.
nasal(e) *adj* nasal.
natalité *f* birth rate.
nation *f* nation.
national(e) *adj* national;
  domestic.
nationaliste *m(f)*, *adj* nationalist.
nationalité *f* nationality.
nature *f* nature; kind, sort;
  temperament.
naturel(le) *adj* natural;
  * ~lement *adv* naturally; of
  course.
nautique *adj* nautical.
navigation *f* navigation.
navire *m* ship, vessel.
ne *adv* no, not.
né(e) *adj* born.
néanmoins *adv* nevertheless.
nécessaire *adj* necessary;
  requisite; indispensable.
nécessité *f* necessity; need;
  inevitability.
nécessiter *vt* to require,
  necessitate.
négatif(ive) *adj* negative.

négligent(e) *adj* negligent.
négliger *vt* to neglect.
négociation *f* negotiation.
négocier *vi* to negotiate, to
  trade; * *vt* to negotiate.
neige *f* snow.
neiger *vi* to snow, be snowing.
néo-zélandais(e) *adj* of *or* from
  New Zealand.
Néo Zélandais(e) *m(f)* person
  from New Zealand.
nerf *m* nerve.
nerveux(euse) *adj* nervous.
net(te) *adj* clean; clear; neat,
  fair.
nettoyage *m* cleaning.
nettoyer *vt* to clean.
neuf (neuve) *adj* new; nine;
  * *m* nine.
neutre *adj* neutral.
neuvième *m(f)*, *adj* ninth.
neveu *m* nephew.
nez *m* nose; flair.
nid *m* nest.
nièce *f* niece.
nier *vt* to deny.
niveau *m* level; standard;
  gauge.
noble *adj* noble, dignified.
noce *f* wedding, wedding feast.
nocif(ive) *adj* noxious, harmful.
nocturne *adj* nocturnal, night.
Noël *m* Christmas.
noeud *m* knot, bow; node.
noir(e) *adj* black, dark; * *m*
  black; darkness.
Noir(e) *m(f)* black person.
noircir *vt* to blacken; * se ~ *vr*
  to darken, grow black.
noix *f* walnut.
nom *m* name; fame; noun.
nombre *m* number, quantity.
nombreux(euse) *adj* numerous,
  frequent.
nominer *vt* to appoint;
  nominate.
non *adv* no; not.

non-sens *m* nonsense.
nonchalant(e) *adj* nonchalant.
nord *m* north, northerly.
nord-américain(e) *adj* North American.
Nord-Américain(e) *m(f)* North American person.
normal(e) *adj* normal, usual; standardised.
norme *f* norm; standard.
Norvège *f* Norway.
norvégien(ne) *adj* Norwegian.
Norvégien(ne) *m(f)* Norwegian person.
nostalgique *adj* nostalgic.
notable *adj* notable; noteworthy.
note *f* note; minute; mark; bill.
noter *vt* to note (down); to notice; to mark.
notice *f* note; directions; instructions.
notion *f* notion, idea.
notoire *adj* notorious; well-known, acknowledged.
notre *adj* (*pl* nos) ours, our own.
nôtre *poss pn* le ~ *m*, la ~ *f*, les ~s *pl* ours, our own (people).
nouer *vt* to tie, knot.
nourrir *vt* to feed, provide for; * se ~ *vr* to feed oneself.
nourriture *f* food; sustenance.
nous *pron* we; us: — c'est à ~ it's ours; it's our turn: ~ mêmes ourselves.
nouveau(velle) *adj* new; recent; additional.
nouvelle *f* piece of news; short story.
Nouvelle-Zélande *f* New Zealand.
novembre *m* November.
novice *m* or *f* novice, beginner.
noyer *vt* to drown; to flood; * se ~ *vr* to drown.

nu(e) *adj* naked, nude; plain.
nuage *m* cloud.
nucléaire *adj* nuclear; * *m* nuclear energy.
nudité *f* nakedness, nudity.
nuire *vi* to harm, injure; to prejudice.
nuisible *adj* harmful; noxious.
nuit *f* night, darkness.
nul(le) *adj* hopeless, useless, non-existent; * ~lement *adv* not at all.
numérique *adj* numerical; digital.
numéro *m* number; issue.
numéroter *vt* to number.
nylon *m* nylon.

O

obéir *vt* to obey, be obedient; to comply.
obéissant(e) *adj* obedient.
obèse *adj* obese.
objecter *vt* to object.
objectif(ive) *adj* objective, unbiased; * *m* objective, target.
objection *f* objection.
objet *m* object, thing; purpose; matter.
obligation *f* obligation, duty; bond.
obligatoire *adj* obligatory, compulsory, inevitable.
obliger *vt* to oblige, require; to bind.
oblitérer *vt* to obliterate; to cancel (stamp).
obscène *adj* obscene.
obscur(e) *adj* obscure, dark, gloomy.
obscurcir *vt* to darken; to obscure; * s'~ *vr* to get dark.
obscurité *f* obscurity; darkness.

observation f observation; remark.

observatoire m observatory.

observer vt to observe.

obsession f obsession.

obstacle m obstacle.

obstination f obstinacy, stubbornness.

obstiné(e) adj obstinate, stubborn.

obstiner vr s'~ to insist, persist.

obtenir vt to obtain.

occasion f occasion, opportunity; bargain: — d'~ second-hand.

occidental(e) adj western.

occupant(e) m(f) occupant, occupier.

occupation f occupation; occupancy.

occuper vt to occupy; * s'~ vr to keep busy.

océan m ocean.

Océanie f Oceania.

océanien(ne) adj Oceanian.

Océanien(ne) m(f) Oceanian person.

octobre m October.

odeur f smell, odour.

odieux(euse) adj hateful, obnoxious.

odorat m smell (sense).

oeil m (pl yeux) eye; look; bud.

oeuf m egg.

oeuvre f work, action, deed; production.

offense f offence; injury.

offenser vt to offend; * s'~ vr to take offence.

offensif(ive) adj offensive.

office m office; duty, function.

officiel(le) adj official.

officier m officer.

officieux(euse) adj unofficial.

offre f offer, bid.

offrir vt to offer.

oie f goose.

oignon m onion; bulb.

oiseau m bird.

oisif(ive) adj idle.

oisiveté f idleness.

olive f olive.

olivier m olive tree.

olympique adj Olympic.

ombre f shade, shadow.

omelette f omelette.

omettre vt to omit.

omission f omission.

omniprésent(e) adj omnipresent.

on pron one; someone, anyone.

once f ounce.

oncle m uncle.

onde f wave.

onduler vi to undulate; to ripple.

onéreux(euse) adj onerous; costly.

ongle m nail.

onze adj eleven; * m eleven.

onzième m or f, adj eleventh.

opaque adj opaque; impenetrable.

opéra m opera.

opération f operation, performance.

opérationnel(le) adj operational.

opérer vt to operate.

opiniâtre adj persistent.

opinion f opinion, view.

opportun(e) adj timely, opportune.

opposant(e) m(f) opponent; * adj opposing.

opposé(e) m adj opposite.

opposer vt to oppose.

opposition f opposition; (cheque) stop.

oppresser vt to oppress.

oppressif(ive) adj oppressive.

optimiste m or f optimist; * adj optimistic.

option *f* option, choice.
optionnel(le) *adj* optional.
opulent(e) *adj* opulent,
  wealthy.
or *m* gold; * *conj* now.
orage *m* storm.
orageux(euse) *adj* stormy.
oral(e) *adj* oral, verbal.
orange *f* orange; * *adj* orange.
orateur(trice) *m(f)* orator.
orbite *f* orbit; socket; sphere.
orchestre *m* orchestra.
ordinaire *adj* ordinary;
  * *m* usual routine.
ordinateur *m* computer.
ordonner *vt* to order.
ordre *m* order, command; class.
ordure *f* filth; rubbish.
oreille *f* ear; hearing:
  — dur d'~ hard of hearing.
oreiller *m* pillow.
organe *m* organ; instrument;
  medium.
organique *adj* organic.
organisateur(trice) *m(f)*
  organiser.
organisation *f* organisation.
organiser *vt* to organise,
  arrange.
orgueil *m* pride, arrogance.
orgueilleux(euse) *adj* proud,
  arrogant.
orient *m* orient, east.
oriental(e) *adj* eastern,
  oriental.
orienter *vt* to orientate.
original(e) *adj* original, novel;
  * *m* original.
originalité *f* originality.
origine *f* origin:
  — à l'~ originally.
originel(le) *adj* original.
orner *vt* to adorn, decorate.
ortie *f* nettle.
orphelin(e) *m(f)* orphan.
orteil *m* toe.
orthodoxe *m* or *f adj* orthodox.

os *m* bone.
oser *vt* to dare.
ossature *f* skeleton; framework.
ostensible *adj* open,
  conspicuous.
otage *m* hostage.
ôter *vt* to take away.
ou *conj* or.
où *adv* where, in which; * *pron*
  where.
oubli *m* forgetfulness; oblivion.
oublier *vt* to forget.
ouest *m adj* west.
oui *adv* yes.
ouïe *f* hearing.
ouragan *m* hurricane,
  whirlwind.
ours(e) *m(f)* bear.
outil *m* tool, implement.
outiller *vt* to equip; to provide
  with tools.
outrage *m* outrage, insult.
ouvert(e) *adj* open; exposed;
  frank.
ouverture *f* opening.
ouvrage *m* work; piece of work.
ouvrier(ière) *m(f)* worker;
  * *adj* labour.
ouvrir *vt* to open.
ovaire *m* ovary.
oxygène *m* oxygen.
ozone *f* ozone.

P

pacifier *vt* to pacify.
pacifique *adj* peaceful.
pacte *m* pact, treaty.
page *f* page; passage.
paiement *m* payment.
paille *f* straw.
pain *m* bread, loaf.
pair(e) *adj* even; * *m* peer;
  * *f* pair (de of).
paisible *adj* peaceful, calm.
paix *f* peace; stillness.

palais *m* palace.
pâle *adj* pale.
pâleur *f* paleness, pallor.
pâlir *vi* to turn pale.
pallier *vt* to palliate, to offset.
palme *f* palm leaf, palm.
palmier *m* palm tree.
palpable *adj* palpable.
palper *vt* to feel, touch.
palpiter *vi* to palpitate; to beat, to race.
panache *m* panache; gallantry.
pancarte *f* sign, notice; placard.
panda *m* panda.
panique *f* panic.
paniquer *vi* to panic.
panne *f* breakdown.
panneau *m*, (*pl* ~x) panel; sign, notice.
pansement *m* dressing, bandage.
panser *vt* to dress, bandage.
pantalon *m* trousers.
pantomime *f* pantomime; mime.
papa *m* dad; daddy.
pape *m* pope.
papeterie *f* stationery.
papier *m* paper.
papillon *m* butterfly.
Pâques *fpl* Easter.
paquet *m* packet, pack.
par *prep* by; with; through; from; along.
parachever *vt* to perfect; to complete.
parachute *m* parachute.
parade *f* parade, show; parry.
paradis *m* paradise.
paradoxal(e) *adj* paradoxical.
paradoxe *m* paradox.
paragraphe *m* paragraph.
paraître *vi* to appear; to seem.
parallèle *adj* parallel.
paralyser *vt* to paralyse.
paralysie *f* paralysis.

paranoïaque *adj* paranoid.
parapente *m* paraglide.
parapluie *m* umbrella.
parasite *m* parasite, sponger.
parasol *m* parasol; sunshade.
parc *m* park; grounds, depot.
parce que *conj* because.
parcelle *f* particle; parcel.
parcourir *vt* to travel through.
pardon *m* pardon, forgiveness.
pardonner *vt* to pardon.
pare-brise *m invar* windscreen.
pare-chocs *m invar* bumper.
pareil(le) *m(f)* equal; match;
  * *adj* like, similar; identical.
parent(e) *m(f)* relative, relation; * *pl* parents.
parental(e) *adj* parental.
parenté *f* relationship, kinship.
paresse *f* laziness.
paresseux(euse) *adj* lazy.
parfaire *vt* to perfect.
parfait(e) *adj* perfect, flawless.
parfois *adv* sometimes.
parfumer *vt* to perfume.
pari *m* bet, wager.
parier *vt* to bet, wager.
parking *m* car park; parking.
parlement *m* Parliament.
parlementaire *adj* parliamentary; * *m* or *f* MP.
parler *vi* to talk, to speak (à to).
parmi *prep* among.
paroi *f* wall; surface.
parole *f* word; speech; voice; lyrics.
parquer *vt* to park.
parrain *m* godfather; patron.
parrainer *vt* to sponsor, propose.
part *f* part; share; portion: — prendre ~ à to participate in: — autre ~ elsewhere: — nulle ~ nowhere.
partage *m* sharing, distribution.

partager *vt* to divide up.
partenaire *m* or *f* partner.
parti *m* party; match.
partial(e) *adj* partial, biased.
participant(e) *m(f)* participant,
member.
participation *f* participation.
participer *vi* to participate.
particulier(ière) *adj* particular,
specific; * *m* person, private
individual.
partie *f* part; subject; party.
partiel(le) *adj* part, partial.
partir *vi* to leave.
partisan(e) *m(f)* partisan.
partout *adv* everywhere.
parvenir *vi* ~ à to reach.
pas *m* step, pace; * *adv* no, not.
passable *adj* passable;
tolerable.
passage *m* passage; transit.
passager(ère) *m(f)* passenger;
* *adj* passing, transitory.
passant(e) *m(f)* passer-by.
passe *f* pass; permit; channel.
passé *m* past.
passe-temps *m invar* pastime.
passeport *m* passport.
passer *vi* to pass; * se ~ *vr* to
take place; se ~ de to do
without.
passion *f* passion.
passionné(e) *adj* passionate.
passionner *vt* to fascinate;
* se (pour) *vr* to have a
passion (for).
passivité *f* passivity.
paternel(le) *adj* paternal,
fatherly.
paternité *f* paternity;
fatherhood.
pathétique *adj* pathetic.
patience *f* patience.
patient(e) *adj* patient.
patin *m* skate.
patiner *vi* to skate; to slip; to
spin.

patineur(euse) *m(f)* skater.
pâtisserie *f* cake shop,
confectioner's.
pâtissier(ière) *m(f)* pastry
cook, confectioner.
patrie *f* homeland, country.
patriotisme *m* patriotism.
patron(ne) *m(f)* owner, boss.
patte *f* leg, paw, foot.
paume *f* palm.
paupière *f* eyelid.
pause *f* pause; half-time.
pauvre *adj* poor; * *m* or *f* pauper.
paye *f* pay, wages.
payer *vt* to pay.
pays *m* country; region.
Pays de Galles *m* Wales.
paysage *m* landscape; scenery.
paysan(ne) *m(f)* countryman
(countrywoman).
péage *m* toll; tollgate.
peau *f* skin.
pêche *f* peach; fishing.
pécher *vi* to sin.
pêcher *vt* to fish, to catch.
pêcheur *m* fisherman.
pédale *f* pedal.
pédaler *vi* to pedal.
pédestre *adj* pedestrian.
peigne *m* comb.
peigner *vr* se ~ to comb one's
hair.
peindre *vt* to paint.
peine *f* effort; pain;
punishment: ~ de mort death
sentence.
peiner *vi* to toil; to struggle.
peintre *m* painter.
peinture *f* painting;
paintwork.
peler *vi* to peel.
pèlerinage *m* pilgrimage.
peloton *m* pack; platoon.
pelouse *f* lawn.
pénaliser *vt* to penalise.
pencher *vi* to lean; * se ~ *vr* to
bend down.

pendant *prep* during; for:
~ que while.
pendre *vi* to hang.
pendule *f* clock; * *m* pendulum.
pénétrer *vi* to enter, penetrate;
* *vt* to penetrate.
pénible *adj* hard, tiresome.
péninsule *f* peninsula.
pénis *m* penis.
pénitencier *m* prison.
pensée *f* thought.
penser *vt* to think, suppose,
believe; * *vi* to think.
pension *f* pension; boarding
house.
pensionnaire *m* or *f* boarder;
lodger.
pente *f* slope; gradient.
Pentecôte *f* Pentecost.
percée *f* opening, breach.
perception *f* perception.
percer *vt* to pierce.
percevoir *vt* to perceive.
percussion *f* percussion.
percuter *vt* to strike.
perdant(e) *m(f)* loser.
perdre *vt* to lose.
père *m* father; sire.
perfection *f* perfection.
perfectionnement *m* perfection.
perfectionner *vt* to perfect.
perfectionniste *adj*, *m* or *f*
perfectionist.
performance *f* performance.
performant(e) *adj* efficient.
péril *m* peril, danger.
périmètre *m* perimeter.
période *f* period; epoch, era.
périodique *adj* periodic.
péripétie *f* event, episode.
périphérie *f* periphery.
périphérique *adj* peripheral.
périple *m* voyage; journey.
périr *vi* to perish, die.
permanence *f* permanence.
permanent(e) *adj* permanent.
perméable *adj* permeable.

permettre *vt* to allow, permit.
permis(e) *adj* allowed,
permitted; * *m* permit, licence.
permission *f* permission;
leave.
permuter *vt* to permutate.
perpendiculaire *adj*
perpendicular.
perpétuel *adj* perpetual.
perpétuité *f* perpetuity.
perplexe *adj* perplexed,
confused.
perplexité *f* perplexity,
confusion.
perquisition *f* search.
perroquet *m* parrot.
persécuter *vt* to persecute.
persécution *f* persecution.
persévérance *f* perseverance.
persévérer *vi* to persevere; to
persist in.
persil *m* parsley.
persistance *f* persistence.
persister *vi* to persist, keep up.
personnage *m* character,
individual.
personnalité *f* personality.
personne *f* person: — en ~ in
person; * *pron* (negative)
nobody, no-one; anyone,
anybody.
personnel(le) *adj* personal.
perspective *f* perspective;
view; angle.
perspicace *adj* perspicacious.
persuader *vt* to persuade; to
convince.
persuasion *f* persuasion;
conviction.
perte *f* loss, losing; ruin.
pertinent(e) *adj* pertinent.
perturber *vt* to disrupt,
disturb.
pervers(e) *adj* perverse;
perverted.
perversité *f* perversity.
pesanteur *f* gravity; heaviness.

peser *vt* to weigh.
pessimisme *m* pessimism.
pessismiste *m* or *f* pessimist;
* *adj* pessimistic.
peste *f* pest, nuisance; plague.
petit(e) *adj* small, tiny; slim;
young.
petit-fils *m* grandson.
petite-fille *f* granddaughter.
petitesse *f* smallness.
pétition *f* petition.
petits-enfants *mpl* grand-
children.
pétrifié(e) *adj* petrified.
pétrole *m* oil, petroleum.
peu *adv* little, not much, few:
— un petit ~ a little bit: ~ de
little, few.
peuple *m* people, nation;
crowd.
peupler *vt* to populate, stock.
peur *f* fear, terror, apprehension: — avoir ~ (de) to be
afraid (of).
peut-être *adv* perhaps.
phare *m* lighthouse; headlight.
pharmaceutique *adj*
pharmaceutical.
pharmacie *f* pharmacy;
pharmacology.
pharmacien(ne) *m(f)*
pharmacist.
phase *f* phase, stage.
phénoménal(e) *adj* phenomenal.
phénomène *m* phenomenon.
philosophe *m* or *f* philosopher.
philosophie *f* philosophy.
philosophique *adj*
philosophical.
phobie *f* phobia.
phonétique *f* phonetics;
* *adj* phonetic.
photo *f* photo.
photocopie *f* photocopy.
photogénique *adj* photogenic.
photographe *m* or *f* photograph.
photographie *f* photography.

photographier *vt* to
photograph.
phrase *f* sentence.
physicien(ne) *m(f)* physicist.
physiologique *adj*
physiological.
physionomie *f* countenance,
physionomy.
physiothérapie *f* physiotherapy.
physique *f* physics; *m* (body)
physique; * *adj* physical.
pianiste *m* or *f* pianist.
piano *m* piano.
pic *m* peak.
pièce *f* piece; room; document.
pied *m* foot: — à ~ on foot.
piège *m* trap; pit; snare.
piéger *vt* to trap, set a trap.
pierre *f* stone.
piété *f* piety.
piéton *m* pedestrian.
pieu *m* post, stake, pile.
pieux(euse) *adj* pious, devout.
pigment *m* pigment.
pile *f* pile; battery.
piler *vt* to crush, pound.
pilier *m* pillar.
pilote *m* pilot, driver.
piloter *vt* to pilot, fly, to drive.
pilule *f* pill.
piment *m* pepper.
pin *m* pine.
pinceau *m* brush, paintbrush.
pincer *vt* to pinch.
pingouin *m* penguin.
pinte *f* pint.
piolet *m* ice axe.
pionnier *m* pioneer.
pipe *f* pipe.
pique-nique *m* picnic.
pique-niquer *vi* to picnic.
piquer *vt* to sting.
piqûre *f* prick; sting; bite.
pirate *m* pirate.
pire *adj* worse: — le ~ the worst.
piscine *f* swimming pool.
piste *f* track; clue.

pistolet *m* pistol, gun.
piteux(euse) *adj* pitiful, pathetic.
pitié *f* pity, mercy.
pittoresque *adj* picturesque.
pivoter *vi* to revolve, pivot.
placard *m* poster, notice.
place *f* place; square; seat: — à la ~ de instead of.
placer *vt* to place; to invest.
placide *adj* placid, calm.
plafond *m* ceiling; roof.
plage *f* beach.
plaider *vt* to plead.
plaie *f* wound, cut.
plaindre *vt* to pity; * se ~ (de) *vr* to complain (of).
plaine *f* plain.
plainte *f* complaint.
plaire *vi* to please; * se ~ *vr* to enjoy.
plaisant(e) *adj* pleasant, agreeable.
plaisanter *vi* to joke, jest (sur about).
plaisir *m* pleasure.
plan *m* plan; plane, level.
planche *f* plank; board: ~ à repasser ironing board: ~ (à roulettes) skateboard: ~ à voile windsurf, sailboard; (sport) windsurfing: ~ de surf surfboard.
plancher *m* floor.
planer *vi* to glide, soar.
planète *f* planet.
planeur *m* glider.
planifier *vt* to plan.
plante *f* plant.
planter *vt* to plant.
plaque *f* sheet, plate; plaque.
plastique *m* plastic; * *adj* plastic.
plat(e) *adj* flat; straight; dull; * *m* plate; course.
plateau *m* tray, turntable; plateau.

plâtre *m* plaster.
plâtrer *vt* to plaster.
plébiscite *m* plebiscite.
plein(e) *adj* full; entire.
pleur *m* tear, sob: — en ~s in tears.
pleurer *vi* to cry, weep.
pleuvoir *vi* to rain.
pli *m* fold; crease.
pliant(e) *adj* folding.
plier *vt* to fold; to bend.
plissement *m* creasing, folding.
plisser *vt* to pleat, fold.
plomb *m* lead; fuse: — (*fig*) de ~ heavy.
plomberie *f* plumbing.
plongée *f* diving, dive.
plongeon *m* dive.
plonger *vi* to dive, to plunge.
plongeur(euse) *m(f)* diver.
pluie *f* rain.
plume *f* feather.
plupart *f* most; majority.
pluriel(le) *m* plural; * *adj* plural.
plus *adv* more, most (que than): ~ grand que bigger than: — de ~ en ~ more and more: — de ~ moreover: — le ~ the most: — (ne) ... ~ no more...: — non ~ neither, not either; * *prep* plus.
plusieurs *adj* several.
plutôt *adv* rather, quite, fairly.
pluvieux(euse) *adj* rainy, wet.
pneu *m* tyre.
pneumonie *f* pneumonia.
poche *f* pocket; pouch; bag.
poêle *m* stove; * *f* frying pan.
poème *m* poem.
poète *m* poet.
poids *m* weight, influence.
poignée *f* handful: ~ de mains handshake.
poil *m* hair; bristle.
poing *m* fist: — coup de ~ punch.

point *m* point; full stop: —
mettre au ~ to finalise; to
perfect: — être sur le ~ de to
be about to: — à ~ medium,
just right: ~ de vue point of
view.
pointe *f* point, head; spike:
— sur la ~ des pieds on tiptoe.
pointu(e) *adj* pointed, sharp.
poire *f* pear.
poireau *m* leek.
pois *m* pea.
poison *m* poison.
poisson *m* fish.
poitrine *f* chest, breast, bosom.
poivre *m* pepper.
poivrer *vt* to pepper.
polaire *adj* polar.
pôle *m* pole; centre.
polémique *f* controversy;
* *adj* controversial.
poli(e) *adj* polite; polished,
smooth.
police *f* police.
policier(ière) *m(f)* policeman,
policewoman.
polir *vt* to polish; to refine.
politesse *f* politeness, courtesy.
politicien(ne) *m(f)* politician.
politique *f* politics; policy;
* *adj* political.
politiser *vt* to politicise.
polluer *vt* to pollute.
pollution *f* pollution.
polyglotte *adj, m or f* polyglot.
pomme *f* apple.
pomme de terre *f* potato.
pompe *f* pump.
pomper *vt* to pump.
pompeux(euse) *adj* pompous;
pretentious.
pompier *m* fireman.
poncer *vt* to sand down, rub
down.
ponctualité *f* punctuality.
ponctuel(le) *adj* punctual.
ponctuer *vt* to punctuate.

pondre *vt* to lay; to produce.
pont *m* bridge; deck; axle.
ponton *m* landing stage.
populaire *adj* popular.
popularité *f* popularity.
population *f* population.
porc *m* pig; pork.
porche *m* porch.
pore *m* pore.
poreux(euse) *adj* porous.
port *m* port; pass; wearing.
portatif(ive) *adj* portable.
porte *f* door; gate; threshold.
porte-avions *m invar* aircraft
carrier.
porte-clefs, porte-clés *m invar*
key-ring.
porte-parole *m invar* spokes-
person.
portée *f* reach, range; significance: — à la ~ de within
reach of: — hors de ~ (de) out
of reach (of).
portefeuille *m* wallet; portfolio.
porter *vt* to carry; to take; to
wear; to bear; * *vi* to fire, to
extend; * se ~ *vr* to be worn: —
se ~ bien (mal) to be well (ill).
porteur(euse) *m(f)* porter;
carrier; * *adj* booster; strong,
buoyant.
portion *f* portion, share.
portrait *m* portrait.
portugais(e) *adj* Portuguese.
Portugais *m or f* Portuguese
person.
Portugal *m* Portugal.
pose *f* pose, posture; setting.
poser *vt* to put; to install; to
lay (down); to pose; * se ~ *vr*
to land, settle.
positif(ive) *adj* positive,
definite.
position *f* position; situation;
state.
positionner *vt* to position,
locate.

posséder *vt* to possess.

possesseur *m* possessor, owner.

possession *f* possession.

possibilité *f* possibility;
potential.

possible *adj* possible; potential;
* *m* faire son ~ to do one's
best.

postal(e) *adj* postal, mail.

poste *f* post office, post;
* *m* position; job.

poster *vt* to post, mail; to
position.

postérieur(e) *adj* subsequent.

postérité *f* posterity;
descendants.

postier(ière) *m(f)* post office
worker.

postuler *vt* to apply for; to
postulate.

posture *f* posture, position.

pot *m* jar; pot; can.

pot-de-vin *m* bribe.

potable *adj* drinkable; passable.

potage *m* soup.

poteau *m* post, stake.

potentiel(elle) *m*, *adj* potential.

poterie *f* pottery.

potier *m* potter.

pou *m*, (*pl* ~x) louse (*pl* lice).

poubelle *f* dustbin.

pouce *m* thumb; inch.

poudre *f* powder, dust.

poudrer *vt* to powder.

poule *f* hen, fowl.

poulet *m* chicken.

pouls *m* pulse.

poumon *m* lung.

poupon *m* baby.

pour *prep* for; to; in favour of:
~ faire quelque chose in order
to do something: ~ que in
order that.

pourboire *m* tip.

pourcentage *m* percentage.

pourquoi *adv* why? ~ pas? why
not? * *m* reason, question.

pourri(e) *adj* rotten.

pourrir *vi* to rot.

pourriture *f* rot, rottenness.

poursuite *f* pursuit;
prosecution.

poursuivre *vt* to pursue; to
prosecute.

pourtant *adv* however, yet,
nevertheless.

pourvoir *vt* to provide, equip.

pourvu *conj* ~ que provided
that; let's hope that.

poussée *f* pressure; thrust.

pousser *vt* to push; * *vi* to
push; to grow.

poussière *f* dust.

poussiéreux(euse) *adj* dusty.

pouvoir *vi* can, be able to;
may; * *m* power; authority.

pragmatique *adj* pragmatic.

prairie *f* meadow, prairie.

praticable *adj* practicable;
passable.

pratique *f* practice; exercise;
observance; * *adj* practical.

pratiquer *vt* to practise,
exercise; to carry out.

pré *m* meadow.

préalable *adj* preliminary.

préavis *m* notice, advance
warning.

précaire *adj* precarious.

précaution *f* precaution; care.

précédent(e) *adj* previous;
* *m* precedent.

précéder *vt* to precede.

précieux(euse) *adj* precious.

précipice *m* precipice.

précipitation *f* haste, violent
hurry.

précipiter *vt* to hasten,
precipitate.

précis(e) *adj* precise, exact.

préciser *vt* to specify;
* se ~ *vr* to become clear.

précision *f* precision.

précoce *adj* precocious.

précurseur *m* precursor.

prédateur *m* predator.

prédécesseur *m* predecessor.

prédiction *f* prediction.

prédire *vt* to predict, foretell.

prédominance *f* predominance.

prédominer *vi* to predominate.

préfabriqué(e) *adj* prefabricated.

préférable *adj* preferable.

préféré(e) *m(f)* favourite.

préférence *f* preference.

préférer *vt* to prefer.

préjudice *m* loss; damage.

préjugé *m* prejudice.

préliminaire *m* preliminary; * *adj* preliminary.

prématuré(e) *adj* premature.

préméditation *f* premeditation.

premier(ière) *m* first; * *adj* first; primary.

prémonition *f* premonition.

prénatal(e) *adj* prenatal.

prendre *vt* to take (à quelqu'un from someone); * se ~ *vr* to be taken, get caught: — se ~ pour ... to think one is ... .

prénom *m* first name, forename.

préoccuper *vt* to preoccupy; * se ~ (de) *vr* to concern oneself (with).

préparation *f* preparation.

préparer *vt* to prepare.

prérogative *f* prerogative.

près *adv* near; almost: ~ de close to: — à peu ~ just about.

prescrire *vt* to prescribe.

présence *f* presence.

présent(e) *adj*, *m* present.

présentation *f* presentation; introduction.

présenter *vt* to introduce; to present.

préservatif *m* condom.

préserver *vt* to preserve.

présidence *f* presidency.

président(e) *m(f)* president.

présider *vt* to preside, chair.

présomption *f* presumption.

présomptueux(euse) *adj* presumptuous.

presque *adv* almost.

presse *f* press.

pressentiment *m* presentiment.

pressentir *vt* to sense (que that).

presser *vt* to press; to hurry up; * se ~ *vr* to hurry.

pression *f* pressure.

pressoir *m* press (wine, cider)

prestation *f* benefit; payment.

prestige *m* prestige.

présumer *vt* to presume.

prêt(e) *adj* ready; prepared; * *m* loan.

prêt-à-porter *m* ready-to-wear.

prétendant(e) *m(f)* candidate.

prétendre *vt* to claim; to want; to intend.

prétendu(e) *adj* so-called, supposed.

prétentieux(euse) *adj* pretentious.

prétention *f* pretension, claim.

prêter *vt* to lend (à to); to attribute.

prétexte *m* pretext, excuse.

prêtre *m* priest.

preuve *f* proof, evidence.

prévaloir *vi* to prevail.

prévenant(e) *adj* considerate.

prévenir *vt* to prevent, to warn.

prévention *f* prevention.

prévisible *adj* foreseeable.

prévision *f* prediction, forecast.

prévoir *vt* to anticipate, to plan.

prévoyance *f* foresight.

prévoyant(e) *adj* provident.

prévu *adj* provided for.
prier *vi* to pray.
prière *f* prayer; entreaty.
primaire *adj* primary.
primate *m* primate.
prime *m* premium, subsidy.
primer *vi* to excel, prevail;
  * *vt* to prevail over.
primitif(ive) *adj* primitive.
primordial(e) *adj* primordial.
prince *m* prince.
princesse *f* princess.
principal(e) *adj* main, principal;
  * *m* principal.
principe *m* principle; origin.
printanier(ière) *adj* spring.
printemps *m* spring.
prioritaire *adj* priority.
priorité *f* priority.
prise *f* hold, grip; catch; plug;
  dose: ~ de sang blood sample:
  ~ de courant plug, power
  point: ~ de conscience
  awareness, realisation.
prison *f* prison; gaol.
prisonnier(ière) *m(f)* prisoner;
  * *adj* captive.
privation *f* deprivation.
privatiser *vt* to privatise.
privé(e) *adj* private; unofficial.
priver *vt* to deprive.
privilège *m* privilege.
privilégié(e) *adj* privileged,
  favoured.
privilégier *vt* to favour.
prix *m* price, cost; prize.
probabilité *f* probability,
  likelihood.
probable *adj* probable, likely.
problématique *adj*
  problematical.
problème *m* problem, issue.
procédé *m* process; behaviour.
procéder *vi* to proceed.
procédure *f* procedure;
  proceedings.
procès *m* proceedings; lawsuit.

procès-verbal *m* minutes;
  report.
procession *f* procession.
prochain(e) *adj* next,
  imminent; * *m* fellow-man.
proche *adj* nearby; close.
proclamer *vt* to proclaim,
  declare.
procurer *vt* to procure.
procureur *m* prosecutor.
prodigieux(euse) *adj* prodigious.
producteur(trice) *m(f)*
  producer.
productif(ive) *adj* productive.
production *f* production.
productivité *f* productivity.
produire *vt* to produce.
produit *m* product: ~s de
  beauté cosmetics.
profane *adj* secular, profane.
professeur *m* teacher, professor.
profession *f* profession;
  occupation.
professionnel(le) *m(f)* professional; skilled worker;
  * *adj* professional.
profil *m* profile, outline.
profiler *vt* to profile.
profit *m* profit; advantage.
profitable *adj* profitable.
profiter *vi* to profit.
profond(e) *adj* deep, profound.
profondeur *f* depth; profundity.
profusion *f* profusion.
programme *m* programme.
programmer *vt* (computer) to
  program.
progrès *m* progress.
progresser *vi* to progress.
progression *f* progress.
prohiber *vt* to prohibit, ban.
proie *f* prey, victim.
projection *f* projection,
  casting.
projet *m* plan; draft.
projeter *vt* to plan; to cast,
  project.

prolétaire *m* or *f* proletarian.
prolifération *f* proliferation.
proliférer *vi* to proliferate.
prolongement *m* continuation, extension.
prolonger *vt* to prolong.
promenade *f* walk, stroll.
promener *vt* to take for a walk or ride; * se ~ *vr* to go for a walk.
promeneur(euse) *m(f)* walker.
promesse *f* promise.
promettre *vt* to promise.
promotion *f* promotion.
promouvoir *vt* to promote.
prompt(e) *adj* prompt.
prononcer *vt* to pronounce.
prononciation *f* pronunciation.
pronostic *m* forecast; prognosis.
propagande *f* propaganda.
propagation *f* propagation.
propager *vt* to propagate.
prophète *m* prophet.
prophétique *adj* prophetic.
prophétiser *vt* to prophesy.
propice *adj* propitious.
proportion *f* proportion, ratio.
proportionnel(le) *adj* proportional.
propos *m* talk, remarks, utterances: — à ~ de about, on the subject of.
proposer *vt* to propose.
proposition *f* proposition.
propre *adj* clean; own; suitable.
propreté *f* cleanliness; tidiness.
propriétaire *m* or *f* owner; landlord.
propriété *f* ownership; suitability.
propulser *vt* to propel.
propulsion *f* propulsion.
prorogation *f* prorogation.
proroger *vt* to prorogue.
proscrire *vt* to proscribe.
prose *f* prose.

prospecter *vt* to prospect.
prospecteur(trice) *m(f)* prospector.
prospectus *m* leaflet; prospectus.
prospère *adj* prosperous.
prospérer *vi* to prosper, flourish.
prospérité *f* prosperity.
prostituée *f* prostitute.
prostitution *f* prostitution.
protagoniste *m* protagonist
protection *f* protection.
protéger *vt* to protect.
protestant(e) *adj*, *m(f)* Protestant.
protestation *f* protest.
protester *vi* to protest.
prototype *m* prototype.
prouesse *f* prowess.
prouver *vt* to prove.
provenir *vi* to come from.
proverbe *m* proverb.
province *f* province.
provincial(e) *adj* provincial.
provision *f* provision; supply.
provisoire *adj* temporary.
provocation *f* provocation.
provoquer *vt* to provoke; to cause.
proximité *f* proximity.
prudence *f* prudence, care.
prudent(e) *adj* prudent, careful.
pseudonyme *m* pseudonym.
psychanalyser *vt* to psycho-analyse.
psychanalyste *m* or *f* psycho-analyst.
psychiatre *m* or *f* psychiatrist.
psychiatrie *f* psychiatry.
psychique *adj* psychic.
psychisme *m* psyche.
psychologie *f* psychology.
psychologique *adj* psychological.
psychologue *m* or *f* psycho-logist; * *adj* psychological.

psychosomatique *adj* psycho-somatic.
puberté *f* puberty.
public (publique) *adj* public; * *m* public, audience.
publicité *f* publicity.
publier *vt* to publish.
puce *f* flea.
pudique *adj* modest; chaste.
puer *vt, vi* (*sl*) to stink.
puéril(e) *adj* puerile.
puérilité *f* puerility.
puis *adv* then, next.
puisque *conj* since; as.
puissance *f* power, strength.
puissant(e) *adj* powerful.
puits *m* well; shaft.
pulmonaire *adj* pulmonary, lung.
pulsation *f* pulsation.
pulvériser *vt* to pulverise; to powder.
punir *vt* to punish.
punition *f* punishment.
pupille *f* pupil; ward.
pupitre *m* desk; console.
pur(e) *adj* pure; neat.
pureté *f* purity, pureness.
purifier *vt* to purify, cleanse.
puritain(e) *adj, m(f)* puritan.
pur-sang *m invar* thorough-bred.
pus *m* pus, matter.
putréfier *vt* to putrefy, rot.
pyjama *m* pyjamas.
pylône *m* pylon.
pyramide *f* pyramid.

Q

quai *m* quay, wharf, platform.
qualificatif(ive) *adj* qualifying.
qualification *f* qualification.
qualifier *vt* to describe; to qualify.
qualitatif(ive) *adj* qualitative.

qualité *f* quality; skill; position.
quand *conj* when, while.
quant *prep*: ~ à lui as for him.
quantifier *vt* to quantify.
quantitatif(ive) *adj* quantitative.
quantité *f* quantity, amount.
quarante *adj, m inv* forty.
quarantième *adj, m or f* fortieth.
quart *m* quarter; watch.
quartier *m* district; quarter.
quasi *adv* almost, nearly.
quatorze *adj, m* fourteen.
quatorzième *adj, m or f* fourteenth.
quatre *adj, m* four.
quatre-vingt(s) *adj, m* eighty.
quatre-vingt-dix *adj, m* ninety.
quatre-vingtième *adj, m or f* eightieth.
quatrième *adj, m or f* fourth.
que (qu' before a or mute h) * *conj* that; than: — (ne) ... ~ only; * *pron* that, whom; what; which; then.
quel(le) *adj* who, what, which.
quelconque *adj* some, any; least, indifferent.
quelqu'un(e) *pron* someone; quelques-uns, ~unes *pl* some.
quelque *adj* some: ~ part somewhere.
quelque chose *pron* something.
quelquefois *adv* sometimes.
querelle *f* quarrel; row; debate.
quereller *vr* se ~ to quarrel.
question *f* question; issue.
questionnaire *m* questionnaire.
questionner *vt* to question.
quête *m* quest, search.
queue *f* tail; stalk; queue.
qui *pron* who, whom; which.
quiconque *pron* whoever, whosoever.

quiétude *f* quiet; peace.
quincaillerie *f* hardware,
  ironmongery.
quinzaine *f* about fifteen;
  fortnight.
quinze *adj*, *m* fifteen.
quinzième *adj*, *m* or *f* fifteenth.
quitter *vt* to leave, take off;
  * se ~ *vr* to part, say goodbye.
quoi *pron* what.
quoique *conj* although, though.
quotidien(ne) *adj* daily;
  * *m* everyday life.

R

rabais *m* reduction, discount.
rabaisser *vt* to humble.
rabattre *vt* to close, pull
  (down).
rabbin *m* rabbi.
raccommoder *vt* to mend,
  repair.
raccord *m* join; link; pointing.
raccorder *vi* to link up.
raccourci *m* shortcut.
raccourcir *vt* to shorten.
raccrocher *vt* to ring off,
  hang up.
race *f* race, stock, breed.
rachat *m* repurchase, purchase.
racheter *vt* to repurchase.
racial(e) *adj* racial.
racine *f* root: ~ carrée square
  root.
raciste *adj*, *m* or *f* racist.
raconter *vt* to tell, recount.
radar *m* radar.
radiateur *m* radiator; heater.
radiation *f* radiation.
radical(e) *adj* radical.
radieux(euse) *adj* radiant,
  beaming.
radio *f* radio; X-ray.
radio-taxi *m* radio taxi.
radioactif(ive) *adj* radioactive.

radiodiffuser *vt* to broadcast
  (radio).
radiographie *f* radiography;
  X-ray photography.
radiologue *m* or *f* radiologist.
radis *m* radish.
radoucir *vt* to soften.
rafale *f* gust, squall; hail.
raffermir *vt* to harden.
raffinage *m* refining.
raffiné(e) *adj* refined,
  sophisticated.
raffiner *vt* to refine.
raffoler *vi* ~ de to be crazy
  about.
rafraîchir *vt* to cool, freshen.
rafraîchissant(e) *adj*
  refreshing.
rage *f* rage, fury; mania; rabies.
raid *m* raid; trek.
raide *adj* stiff; steep; broke.
raideur *f* stiffness; steepness.
raidir *vt* to stiffen.
raie *f* line; furrow; scratch.
rail *m* rail; railway.
raisin *m* grape.
raison *f* reason; motive; ratio:
  — avoir ~ to be right: — en ~
  de because of: — se faire une
  ~ to resign oneself.
raisonnable *adj* reasonable,
  sensible.
raisonnement *m* reasoning.
raisonner *vi* to reason; to
  argue.
rajeunir *vt* to rejuvenate.
rajuster *vt* to readjust.
ralenti(e) *adj* slow; * *m* slow-
  motion: — au ~ ticking over,
  idling.
ralentir *vi* to slow down.
ralentissement *m* slowing
  down.
râler *vi* to groan, moan.
rallumer *vt* to relight.
ramadan *m* Ramadan.
ramassage *m* gathering.

ramasser *vt* to collect, gather.
rame *f* oar; underground train.
rameau *m* branch.
ramener *vt* to bring back,
 restore.
ramer *vi* to row.
rameur(euse) *m(f)* rower.
ramollir *vr* se ~ to soften.
ramoner *vt* to sweep.
rampe *f* ramp, slope; gradient.
ramper *vi* to crawl, slither.
rance *adj* rancid, rank.
rançon *f* ransom.
rancune *f* grudge, rancour.
randonnée *f* drive; ride, ramble.
randonneur(euse) *m(f)* hiker,
 rambler.
rang *m* row, line; rank; class.
rangée *f* row, range, tier.
ranger *vt* to arrange.
ranimer *vt* to reanimate.
rapatriement *m* repatriation.
rapatrier *vt* to repatriate.
rapide *adj* rapid, quick.
rapidité *f* rapidity, quickness.
rapiécer *vt* to patch up.
rappel *m* recall; reminder
rappeler *vt* to call back,
 recall, remind; * se ~ *vr* to
 remember.
rapport *m* report; relation;
 reference.
rapporter *vt* to report; to
 bring back.
rapporteur(euse) *m(f)* reporter;
 telltale; * *m* protractor.
rapprochement *m* reconciliation, parallel.
rapprocher *vr* se ~ (de) to get
 closer (to).
raquette *f* racket.
rare *adj* rare; odd.
raréfier *vr* se ~ to rarify.
rareté *f* rarity; scarcity.
ras(e) *adj* close-shaven, shorn.
raser *vt* to shave off; to raze;
 * se ~ *vr* to shave.

rasoir *m* razor.
rassemblement *m* assembling;
 crowd.
rassembler *vt* to gather
 (together), assemble; to
 summon up; * se ~ *vr* to
 gather, assemble.
rasseoir *vr* se ~ to sit down
 again.
rassurant(e) *adj* reassuring,
 comforting.
rassurer *vt* to reassure.
rat *m* rat.
rate *f* spleen.
raté(e) *m(f)* failure; * *m* misfire.
rater *vt* to miss; to fail; to
 ruin; * *vi* to fail.
ratification *f* ratification.
ratifier *vt* to ratify, confirm.
ration *f* ration, allowance.
rationnel(le) *adj* rational.
rationner *vt* to ration.
rattacher *vt* to refasten; to
 attach; to link.
rattraper *vt* to catch again, to
 recover.
rature *f* deletion, erasure.
raturer *vt* to delete, erase.
rauque *adj* hoarse, raucous.
ravage *m* havoc; devastation.
ravager *vt* to ravage; devastate.
ravin *m* ravine, gully.
ravir *vt* to delight.
raviser *vr* se ~ to change one's
 mind.
ravissant(e) *adj* ravishing,
 delightful.
ravitaillement *m*
 revictualling.
ravitailler *vt* to revictual.
raviver *vi* to revive.
rayer *vt* to scratch; to cross out.
rayon *m* ray, beam; spoke; shelf.
rayonnement *m* radiance.
rayonner *vi* to radiate, shine.
rayure *f* stripe; streak;
 groove.

ré *m* (music) D.
réacteur *m* reactor; jet-engine.
réaction *f* reaction.
réactionnaire *adj*, *m* or *f*
  reactionary.
réagir *vi* to react.
réalisateur(trice) *m(f)* director,
  film-maker.
réalisation *f* realisation.
réaliser *vt* to carry out,
  realise; to fulfil; to make;
  * se ~ *vr* to come true; to
  materialise.
réalisme *m* realism.
réalité *f* reality.
réanimation-*f* resuscitation.
réanimer *vt* to reanimate.
réapparaître *vi* to reappear.
rebelle *m* or *f* rebel;
  * *adj* rebel, rebellious.
rebeller *vr* se ~ to rebel.
rébellion *f* rebellion.
reboiser *vt* to reafforest.
rebondir *vi* to rebound.
rebondissement *m* rebound.
rebut *m* scrap; repulse, rebuff.
récent(e) *adj* recent; new.
réceptif(ive) *adj* receptive.
réception *f* reception, welcome.
réceptionniste *m* or *f* recep-
  tionist.
récession *f* recession.
recette *f* recipe; formula;
  receipt.
receveur(euse) *m(f)* recipient;
  collector.
recevoir *vt* to receive.
rechange *m* spare.
recharge *f* reloading.
rechargeable *adj* reloadable.
recharger *vt* to reload.
réchauffer *vt* to reheat.
rêche *adj* rough, harsh.
recherche *f* search; research.
rechercher *vi* to seek; to
  investigate.
rechute *f* relapse; lapse.

récidiver *vi* to reoffend; to
  recur.
récif *m* reef.
récipient *m* container,
  receptacle.
réciproque *adj* reciprocal,
  mutual.
récit *m* account, story.
récitation *f* recitation.
réciter *vt* to recite.
réclamation *f* complaint,
  claim.
réclamer *vt* to claim.
réclusion *f* reclusion.
récolte *f* harvest; crop.
récolter *vt* to harvest; to
  collect.
recommendation *f* recommendation.
recommander *vt* to recommend; to register (letter).
recommencement *m* renewal.
recommencer *vi* to begin
  again.
récompense *f* reward; award.
réconciliation *f* reconciliation.
réconcilier *vt* to reconcile.
réconfort *m* comfort.
réconfortant(e) *adj* comforting;
  fortifying.
réconforter *vt* to comfort.
reconnaissance *f* recognition.
reconnaissant(e) *adj* grateful.
reconnaître *vt* to recognise; to
  acknowledge; to be grateful;
  * se ~ *vr* to find one's bearings.
reconsidérer *vt* to reconsider.
reconstituer *vt* to reconstitute.
reconstitution *f* reconstitution.
reconstruire *vt* to rebuild.
record *m* record.
recourbé(e) *adj* curved,
  hooked.
recourir *vi* ~ à to resort to.
recours *m* recourse; appeal.
récréatif(ive) *adj* recreative.
récréation *f* recreation.

récrimination *f* recrimination.
récriminer *vi* to recriminate.
recrue *f* recruit.
recrutement *m* recruitment.
recruter *vt* to recruit.
rectangle *m* rectangle.
rectangulaire *adj* rectangular.
rectification *f* rectification.
rectifier *vt* to rectify.
rectiligne *adj* rectilinear.
reçu *past participle* of recevoir
  accepted, successful;
  * *m* receipt.
recueil *m* collection,
  miscellany.
recueillir *vt* to gather; * se ~
  vr to collect one's thoughts.
reculer *vi* to fall back.
récupération *f* recovery.
récupérer *vt* to recover.
recycler *vt* to recycle.
rédacteur(trice) *m(f)* editor.
rédaction *f* drafting, drawing
  up.
rédemption *f* redemption.
redevance *f* tax.
rédiger *vt* to compile; to draft.
redire *vt* to repeat.
redoutable *adj* fearsome.
redouter *vt* to dread, fear.
redresser *vt* to rectify.
réduction *f* reduction.
réduire *vt* to reduce.
réduit(e) *adj* reduced, limited;
  * *m* retreat, recess.
rééducation *f* re-education.
rééduquer *vt* to re-educate.
réel(le) *adj* real, genuine.
réélire *vt* to re-elect.
refaire *vt* to redo; to remake.
réfectoire *m* refectory.
référence *f* reference.
référendum *m* referendum.
réfléchir *vi* to think, reflect.
reflet *m* reflection.
refléter *vt* to reflect, mirror.
réflexe *m* reflex.

réflexion *f* thought, reflection.
réforme *f* reform.
réformer *vt* to reform.
réfraction *f* refraction.
refréner *vt* to curb.
réfrigérateur *m* refrigerator.
réfrigérer *vt* to refrigerate.
refroidir *vt* to cool; * *vi* to get
  colder.
refuge *m* refuge.
réfugié(e) *m(f)* refugee;
  * *adj* refugee.
réfugier *vr* se ~ to take refuge.
refus *m* refusal.
refuser *vt* to refuse.
réfuter *vt* to refute.
regagner *vt* to regain.
régaler *vt* to regale.
regard *m* look; glance.
regarder *vt* to look at.
régénération *f* regeneration.
régénérer *vt* to regenerate.
régie *f* administration.
régime *m* system, régime.
région *f* region, area.
régional(e) *adj* regional.
régir *vt* to govern, rule.
registre *m* register, record.
règle *f* rule, order.
règlement *m* regulation, rules;
  payment.
réglementation *f* regulations;
  control.
réglementer *vt* to regulate.
régler *vt* to pay; to regulate.
règne *m* reign.
régner *vi* to reign.
régresser *vi* to regress.
régression *f* regression.
regret *m* regret.
regretter *vt* to regret, be
  sorry; to miss.
regroupement *m* reassembly.
regrouper *vt* to reassemble;
  * se ~ *vr* to assemble.
régulariser *vt* to regularise.
régularité *f* regularity.

régulier(ière) *adj* regular; consistent.

réhabilitation *f* rehabilitation.

réabiliter *vt* to rehabilitate.

réhabituer *vr* se ~ to reaccustom oneself (à to).

rein *m* kidney.

réincarnation *f* reincarnation.

reine *f* queen.

réinsertion *f* reinsertion.

réintégrer *vt* to reinstate.

réitérer *vt* to reiterate.

rejet *m* rejection.

rejeter *vt* to reject.

rejoindre *vt* to rejoin.

rejouer *vt* to replay.

réjouir *vt* to delight; * se ~ *vr* to rejoice (de at, about).

réjouissance *f* rejoicing.

relâche *f* intermission, respite.

relâchement *m* relaxation.

relâcher *vr* se ~ to slacken; to get lax.

relais *m* relay.

relatif(ive) *adj* relative.

relation *f* relation; reference.

relaxation *f* relaxation.

relaxer *vr* se ~ to relax.

relayer *vt* to relay.

relecture *f* rereading.

reléguer *vt* to relegate.

relève *f* relief.

relevé *m* statement; bill.

relever *vt* to raise again; to rebuild; * se ~ *vr* to get up.

relief *m* relief; contours; depth.

relier *vt* to link up; to bind.

religieux(euse) *m(f)* monk (nun); * *adj* religious.

religion *f* religion.

relire *vt* to re-read.

reluire *vi* to gleam, shine.

remaniement *m* recasting; revision.

remanier *vt* to recast; to amend.

remarquable *adj* remarkable.

remarque *f* remark, comment.

remarquer *vt* to remark; to notice.

remboursement *m* reimbursement.

rembourser *vt* to reimburse.

remède *m* remedy, cure.

remédier *vi* ~ à to remedy, cure.

remerciement *m* thanks; thanking.

remercier *vt* to thank.

remettre *vt* to replace; * se ~ *vr* to recover (de from).

réminiscence *f* reminiscence.

remise *f* delivery; remittance; reduction: ~ en état repairing: ~ à neuf restoration: ~ en question *or* ~ en cause calling into question.

remmener *vt* to take back.

remonter *vi* to go up again; * *vt* to take up.

remorque *f* trailer; tow-rope.

remorquer *vt* to tow.

remorqueur *m* tug(boat).

rempart *m* rampart; defence.

remplaçant(e) *m(f)* replacement.

remplacer *vt* to replace.

remplir *vt* to fill.

remporter *vt* to take away.

remue-ménage *m invar* commotion.

remuer *vi* to move; to fidget.

rémunération *f* remuneration.

rémunérer *vt* to remunerate, pay.

renaissance *f* rebirth; * R~ *f* Renaissance.

renaître *vi* to be reborn.

renard *m* fox.

rencontre *f* meeting, encounter.

rencontrer *vt* to meet.

rendement *m* yield; output.

rendez-vous *m* appointment, date; meeting place.

rendre *vt* to render; to give back; * se ~ *vr* to surrender.
renfermer *vt* to contain, hold.
renflouer *vt* to refloat.
renforcer *vt* to strengthen.
renfort *m* reinforcement.
renifler *vt*, *vi* to sniff.
renom *m* renown, fame.
renommé(e) *adj* renowned; * *n*, *f* fame.
renoncement *m* renouncement.
renoncer *vi* to renounce.
renonciation *f* renunciation.
renouer *vt* to tie again.
renouveau *m* spring.
renouveler *vt* to renew.
renouvellement *m* renewal.
rénovation *f* renovation.
rénover *vt* to renovate.
renseignement *m* information.
renseigner *vt* to inform.
rentable *adj* profitable.
rente *f* profit.
rentrer *vi* to re-enter; to go back.
renversement *m* reversal.
renverser *vt* to reverse; to overturn.
renvoi *m* sending back; dismissal.
renvoyer *vt* to send back; to dismiss.
réorganisation *f* reorganisation.
réorganiser *vt* to reorganise.
répandre *vt* to pour out.
répandu(e) *adj* widespread.
réparation *f* repairing; restoration.
réparer *vt* to repair; to restore.
repartir *vi* to set off again.
répartir *vt* to share out.
répartition *f* sharing out.
repas *m* meal.
repeindre *vi* to repaint.
repentir *m* repentance; * se ~ *vr* to repent, rue.

répercussion *f* repercussion.
répercuter *vr* se ~ to reverberate; to echo.
repère *m* line, mark.
repérer *vt* to spot, pick out.
répertorier *vt* to itemise; to index.
répéter *vt* to repeat.
répétitif(ive) *adj* repetitive.
répétition *f* repetition; rehearsal.
répit *m* respite, rest.
repli *m* fold, coil.
replier *vt* to fold up.
réplique *f* reply, retort.
répliquer *vt* to reply.
répondeur *m* answering machine.
répondre *vt* to answer, reply.
réponse *f* response, reply.
report *m* postponement, transfer.
reporter *vt* to take back; * *m* reporter.
repos *m* rest; landing.
reposer *vt* to put back; * se ~ *vr* to rest oneself.
repoussant(e) *adj* repulsive; repellent.
repousser *vt* to repel.
reprendre *vt* to retake, recapture.
représentant *m* representative.
représentation *f* representation; performance.
représenter *vt* to represent.
répressif(ive) *adj* repressive.
répression *f* repression.
réprimander *vt* to reprimand.
réprimer *vt* to suppress, repress.
reprise *f* resumption: — à plusieurs ~s several times.
reproche *m* reproach.
reprocher *vt* to reproach, blame.
reproduction *f* reproduction.

reproduire *vt* to reproduce.

reptile *m* reptile.

républicain(e) *adj, m(f)* republican.

république *f* republic.

répudier *vt* to repudiate.

répugnance *f* repugnance.

répugnant(e) *adj* repugnant.

réputation *f* reputation.

réputé(e) *adj* renowned (pour for).

requérir *vt* to request.

requête *f* request.

réquisition *f* requisition.

réseau *m* network, net.

réservation *f* reservation.

réserve *f* reserve; reservation.

réservé *f* reserved.

réserver *vt* to reserve, book.

réservoir *m* tank; reservoir.

résidence *f* residence.

résidentiel(le) *adj* residential

résider *vi* to reside.

résignation *f* resignation.

résistance *f* resistance.

résistant(e) *adj* resistant.

résister *vi* to resist, withstand.

résolu(e) *adj* resolved, determined: ~ à faire resolved to do.

résolution *f* resolution; decision.

résonner *vi* to resonate.

résoudre *vt* to solve; to resolve.

respect *m* respect, regard.

respectable *adj* respectable.

respecter *vt* to respect.

respectif(ive) *adj* respective.

respectueux(euse) *adj* respectful.

respiration *f* respiration.

respiratoire *adj* respiratory.

respirer *vi* to breathe, respire.

responsabilité *f* responsibility.

responsable *adj* responsible (de quelque chose for something); liable; * *m* or *f* official; manager.

ressemblance *f* resemblance.

ressembler *vi* to resemble.

ressentiment *m* resentment.

ressentir *vt* to feel, experience.

resserrement *m* contraction.

resserrer *vt* to tighten.

ressort *m* spring.

ressortissant(e) *m(f)* national.

ressource *f* resource; resort.

ressusciter *vi* to reawaken.

restant *m* rest, remainder.

restaurant *m* restaurant.

restauration *f* restoration; catering.

restaurer *vt* to restore.

reste *m* rest, remainder.

rester *vi* to stay, remain; to be left.

restituer *vt* to return; to refund.

restitution *f* restitution.

restreindre *vt* to restrict.

restrictif(ive) *adj* restrictive.

restriction *f* restriction.

résultat *m* result.

résulter *vi* ~ de to result from.

résumé *m* summary.

résumer *vt* to sum up.

résurrection *f* resurrection.

rétablir *vt* to re-establish, restore.

rétablissement *m* re-establishment, restoration, restoring.

retard *m* lateness; delay.

retardé(e) *adj* backward.

retarder *vt* to delay.

retenir *vt* to hold back, retain.

réticence *f* reticence.

réticent(e) *adj* reticent.

retirer *vr* se ~ to retire, withdraw.

rétorquer *vt* to retort.

retour *m* return, recurrence.

retourner *vi* to turn over, return, go back; to turn inside out; * se ~ *vr* to turn around.

rétracter *vt* to retract.

retrait *m* retreat; withdrawal.
retraite *f* retreat; retirement.
retraité(e) *m(f)* pensioner;
 * *adj* retired.
rétrécir *vt* to narrow, take in;
 * *vi* to shrink.
rétribuer *vt* to remunerate.
rétribution *f* retribution.
rétroactif(ive) *adj* retroactive.
rétroaction *f* retroaction.
rétrograde *adj* reactionary.
rétrograder *vi* to go backward.
rétrospectif(ive) *adj* retro-
 spective.
retrouver *vt* to find again; to
 recover; * se ~ *vr* to meet up.
réunifier *vt* to reunify.
réunir *vt* to collect, gather; to
 call together; * se ~ *vr* to
 meet; to assemble.
réussir *vi* to succeed.
réussite *f* success.
revanche *f* revenge.
rêve *m* dream, dreaming;
 illusion.
réveil *m* awaking; alarm clock.
réveiller *vt* to wake; * se ~ *vr*
 to awaken.
réveillon *m* midnight supper
 (Christmas or New Year's).
révélation *f* revelation.
révéler *vt* to reveal.
revendeur(euse) *m(f)* retailer.
revendiquer *vt* to claim; to
 demand.
revendre *vt* to resell.
revenir *vi* to come back,
 reappear.
revenu *m* income, revenue.
rêver *vi* to dream; to muse.
révérer *vt* to revere.
revers *m* back, reverse.
réversible *adj* reversible.
rêveur(euse) *m(f)* dreamer;
 * *adj* dreamy.
revirement *m* reversal,
 turnaround.

réviser *vt* to review; to revise.
révision *f* revision.
revivre *vt* to relive; * *vi* to live
 again.
révocation *f* removal,
 revocation.
revoir *vt* to see again.
révolte *f* revolt, rebellion.
révolter *vr* se ~ to rebel, revolt.
révolu(e) *adj* past, bygone.
révolution *f* revolution.
révolutionnaire *m* or *f*, *adv*
 revolutionary.
révoquer *vt* to revoke.
revue *f* review.
rez-de-chaussée *m invar*
 ground floor.
rhabiller *vr* se ~ to dress again.
rhétorique *f* rhetoric.
rhinocéros *m* rhinoceros.
rhum *m* rum.
rhume *m* cold.
riant(e) *adj* smiling; cheerful.
riche *adj* rich, wealthy.
richesse *f* richness; wealth.
ride *f* wrinkle; ripple; ridge.
rideau *m* curtain.
ridicule *adj* ridiculous.
ridiculiser *vt* to ridicule.
rien *pron* nothing:
 —de ~ don't mention it;
 * *m* nothingness.
rieur(euse) *adj* cheerful;
 laughing.
rigide *adj* rigid.
rigidité *f* rigidity.
rigoureux(euse) *adj* rigorous,
 harsh.
rigueur *f* rigour; harshness.
rime *f* rhyme.
rimer *vi* to rhyme.
rincer *vt* to rinse out; to rinse.
riposter *vi* to answer back.
rire *vi* to laugh (de at); to
 smile; * *m* laughter, laugh.
risée *f* laugh; ridicule.
risible *adj* laughable.

risque *m* risk, hazard.
risquer *vt* to risk; to venture.
rivage *m* shore.
rival(e) *m(f)* (*pl* ~aux) rival;
 * *adj* rival.
rivaliser *vi* to rival.
rivalité *f* rivalry.
rive *f* shore, bank.
riverain(e) *adj* riverside,
 lakeside.
rivière *f* river.
riz *m* rice.
robe *f* dress; gown: ~ de
 chambre dressing gown.
robinet *m* tap.
robot *m* robot.
robuste *adj* robust.
roc *m* rock.
rocher *m* rock, boulder.
roder *vt* to grind.
rôder *vi* to roam; to prowl.
rôdeur(euse) *m(f)* prowler.
rognon *m* kidney.
roi *m* king.
rôle *m* role, character, roll,
 catalogue.
roman *m* novel; romance.
romancier(ière) *m(f)* novelist.
romantique *adj* romantic.
rompre *vt* to break; * *vi* to
 break (up).
rond *m* circle, ring; slice;
 round; * *adj* round; chubby,
 plump.
rond-point *m* roundabout.
ronde *f* patrol; round; beat.
ronflement *m* snore, hum.
ronfler *vi* to snore.
ronronner *vi* to purr.
rose *f* rose; * *m adj* pink.
rosée *f* dew.
rossignol *m* nightingale.
rotation *f* rotation; turnover.
rôti *m* joint, roast.
rôtir *vt* to roast.
roue *f* wheel.
rouge *adj* red; * *m* red.

rouge-gorge *m* robin.
rougeur *f* redness, blushing;
 ~s rash, red spots.
rougir *vi* to blush, go red;
 * *vt* to redden.
rouille *f* rust: — sauce ~ garlic
 sauce for fish soup.
rouiller *vi* to rust.
roulement *m* rotation;
 movement.
rouler *vt* to wheel; * *vi* to drive.
roulotte *f* caravan.
route *f* road; way; direction.
routier(ière) *m* lorry driver;
 transport café.
routine *f* routine.
routinier *adj* humdrum,
 routine.
roux (rousse) *m(f)* redhead;
 * *adj* red, auburn.
royal(e) *adj* royal, regal.
royaume *m* kingdom.
Royaume-Uni *m* United
 Kingdom.
ruban *m* ribbon; tape.
rubis *m* ruby.
rubrique *f* column; rubric.
rude *adj* rough; hard;
 unrefined.
rudesse *f* harshness.
rudiments *mpl* rudiments.
rudimentaire *adj* rudimentary.
rue *f* street.
ruelle *f* alley.
rugir *vi* to roar.
rugissement *m* roar, roaring.
ruine *f* ruin; wreck.
ruiner *vt* to ruin.
ruineux(euse) *adj* ruinous;
 ruinously expensive.
ruisseau *m* stream, brook.
ruisseler *vi* to stream (de with).
rumeur *f* rumour; murmur.
rupture *f* break, rupture.
rural(e) *adj* rural, country.
ruse *f* cunning, slyness.
rusé(e) *adj* cunning, crafty.

rustique *adj* rustic.

rythme *m* rhythm; rate, tempo.

rythmique *adj* rhythmic.

S

sable *m* sand.

sablé(e) *adj* sandy, sanded.

sabotage *m* sabotage.

saboter *vt* to sabotage.

saboteur(euse) *m(f)* saboteur.

sac *m* bag: ~ à main handbag: ~ à dos rucksack: ~ de couchage sleeping bag.

saccade *f* jerk, jolt.

saccharine *f* saccharin.

sachet *m* bag; sachet; packet.

sacré(e) *adj* sacred.

sacrifice *m* sacrifice.

sacrifier *vt* to sacrifice.

sacrilège *m* sacrilege.

sadique *adj* sadistic; * *m* or *f* sadist.

safran *m* saffron.

saga *f* saga.

sagace *adj* sagacious, shrewd.

sage *adj* good, well-behaved; * *m* sage, wise man.

sage-femme *f* midwife.

sagesse *f* wisdom; good behaviour; moderation.

saignant(e) *adj* bleeding.

saigner *vi* to bleed.

saillant(e) *adj* protruding.

sain(e) *adj* healthy; sound; sane; wholesome.

saint(e) *m(f)* saint; * *adj* holy, saintly.

sainteté *f* saintliness; holiness.

saisie *f* seizure.

saisir *vt* to seize.

saison *f* season.

saisonnier(ière) *adj* seasonal.

salade *f* salad.

salaire *m* salary, wage(s).

salarié(e) *m(f)* wage earner; * *adj* wage-earning.

sale *adj* dirty, filthy, nasty.

salé *adj* salty, salted.

saler *vt* to salt, add salt.

saleté *f* dirt, rubbish, filthiness.

salière *f* salt-cellar.

salir *vt* to make dirty; * se ~ *vr* to get dirty.

salive *f* saliva.

salle *f* room; hall: ~ de séjour living room: ~ à manger dining room: ~ de bain bathroom.

salon *m* lounge; exhibition.

salubre *adj* healthy, salubrious.

saluer *vt* to greet; to salute.

saint *m* safety; welfare; salute.

salutation *f* salutation, greeting.

samedi *m* Saturday.

sanctifier *vt* to sanctify.

sanction *f* sanction; approval.

sanctionner *vt* to punish; to sanction.

sanctuaire *m* sanctuary.

sandale *f* sandal.

sang *m* blood; race; kindred.

sanglant(e) *adj* bloody, scathing.

sanglot *m* sob.

sangloter *vi* to sob.

sanguinaire *adj* bloodthirsty.

sanitaire *adj* health, sanitary.

sans-abris *m* or *f invar* homeless person.

santé *f* health.

saper *vt* to undermine, sap.

sapeur-pompier *m* fireman.

sapin *m* fir tree, fir.

sarcasme *m* sarcasm.

sarcastique *adj* sarcastic.

sardine *f* sardine.

satellite *m* satellite.

satiété *f* satiety.

satin *m* satin.

satire *f* satire.

satirique *adj* satirical.
satisfaction *f* satisfaction.
satisfaire *vt* to satisfy.
satisfaisant(e) *adj* satisfying.
saturation *f* saturation.
saturé(e) *adj* saturated.
saturer *vt* to saturate.
sauce *f* sauce, dressing.
saucisse *f* sausage.
sauf *prep* except; unless.
sauf (sauve) *adj* safe, unhurt.
saumon *m* salmon.
saut *m* jump, bound; waterfall.
sauter *vi* to jump; to blow up.
sauvage *adj* savage; unsociable.
sauvegarde *f* safeguard;
  backup.
sauvegarder *vt* to safeguard.
sauver *vt* to save.
sauvetage *m* rescue; salvage.
sauveteur *m* rescuer.
savant(e) *adj* learned; expert;
  * *m* scientist, scholar.
saveur *f* flavour; savour.
savoir *vt* to know; to be able;
  * *m* learning, knowledge.
savoir-faire *m* know-how.
savon *m* soap.
savonner *vt* to wash with soap.
savoureux(euse) *adj* tasty,
  savoury.
scandale *m* scandal.
scandaleux(euse) *adj*
  scandalous.
scandaliser *vt* to scandalise.
scandinave *adj* Scandinavian.
Scandinave *m* or *f*
  Scandinavian person.
Scandinavie *f* Scandinavia.
scaphandre *m* diving suit.
sceau *m* seal.
sceller *vt* to seal.
scénario *m* scenario;
  screenplay.
scénariste *m* or *f* scriptwriter.
scène *f* stage; scenery, scene.
scepticisme *m* scepticism.

sceptique *adj* sceptical;
  * *m* or *f* sceptic.
schéma *m* diagram, sketch;
  outline.
schizophrène *adj*, *m* or *f*
  schizophrenic.
schizophrénie *f* schizophrenia.
scie *f* saw, bore.
sciemment *adv* knowingly, on
  purpose.
science *f* science; skill;
  knowledge.
science-fiction *f* science
  fiction.
scientifique *adj* scientific.
scintiller *vi* to sparkle, glitter.
scolaire *adj* school; academic.
scolarité *f* schooling.
scooter *m* scooter: ~ des mers
  wet bike, jet ski.
score *m* score.
scout *m* scout, boy scout.
script *m* printing; script.
scrupule *m* scruple, doubt.
scrupuleux(euse) *adj* scrupulous.
sculpter *vt* to sculpt; to carve.
sculpteur *m* sculptor.
sculpture *f* sculpture.
se (s' before vowel or mute h)
  pron (to) oneself, (to) himself, (to) herself, (to) itself,
  (to) themselves; (to) each
  other, (to) one another.
séance *f* meeting, session;
  seat.
seau *m* bucket.
sec (sèche) *adj* dry, arid.
séchage *m* drying; seasoning.
sèche-cheveux *m invar* hair-
  drier.
sécher *vi* to dry.
sécheresse *f* drought.
second(e) *adj* second.
secondaire *adj* secondary.
secouer *vt* to shake (off).
secourir *vt* to help, assist.

secouriste *m* or *f* first-aid
worker.
secours *m* help, assistance;
rescue.
secousse *f* jolt, jerk; shock;
tremor.
secret(ète) *adj m* secret.
secrétaire *m* or *f* secretary;
* *m* writing desk.
sécrétion *f* secretion.
secte *f* sect.
secteur *m* sector, section.
section *f* section, division;
branch.
séculaire *adj* secular.
sécurité *f* security; safety.
sédatif(ive) *adj m* sedative.
sédiment *m* sediment.
séduction *f* seduction;
captivation.
séduire *vt* to seduce; to charm,
captivate.
segment *m* segment.
segmenter *vt* to segment.
ségrégation *f* segregation.
seigneur *m* lord.
sein *m* breast, bosom; womb.
séisme *m* earthquake, seism.
seize *adj, m* sixteen.
seizième *adj, m* or *f* sixteenth.
séjour *m* stay.
séjourner *vi* to stay.
sel *m* salt.
sélectif(ive) *adj* selective.
sélection *f* choosing, selection.
sélectionner *vt* to select, pick.
selle *f* saddle.
selon *prep* according to.
semaine *f* week.
semblable *adj* like, similar
(à to).
semblant *m* appearance, look.
sembler *vi* to seem, appear.
semence *f* seed.
semer *vt* to sow.
semestre *m* half-year; semester.
semestriel(le) *adj* half-yearly.

séminaire *m* seminary;
seminar.
sénat *m* senate.
sénateur *m* senator.
sénile *adj* senile.
sénilité *f* senility.
sens *m* sense; * judgment;
meaning; direction.
sensation *f* sensation, feeling.
sensationnel(ele) *adj* sensa-
tional.
sensé(e) *adj* sensible.
sensibiliser *vt* to make
sensitive to.
sensibilité *f* sensitivity.
sensible *adj* sensitive;
perceptive.
sensualité *f* sensuality.
sensuel(le) *adj* sensual.
sentence *f* sentence.
sentier *m* path, track.
sentiment *m* sentiment;
feeling.
sentimental(e) *adj* sentimental.
sentir *vt* to feel; to perceive.
séparation *f* separation.
séparer *vt* to separate;
* se ~ *vr* to separate.
sept *adj, m* seven.
septembre *m* September.
septième *adj, m* or *f* seventh.
sépulture *f* sepulture, burial.
séquence *f* sequence.
serein(e) *adj* serene.
sérénité *f* serenity.
sergent *m* sergeant.
série *f* series.
sérieux(euse) *adj* serious.
seringue *f* syringe.
serment *m* oath.
séropositif(ive) *adj* HIV
positive, seropositive.
serpent *m* serpent, snake.
serpenter *vi* to meander.
serre *f* greenhouse; claw.
serrer *vt* to tighten.
serrure *f* lock.

sérum *m* serum.

servante *f* servant.

serveur(euse) *m(f)* waiter, waitress.

service *m* service, function.

serviette *f* towel; serviette.

servile *adj* servile, slavish.

servilité *f* servility.

servir *vi* to be of use; * *vt* to serve; * se ~ de *vr* to make use of.

servitude *f* servitude.

session *f* session.

seuil *m* threshold.

seul(e) *adj* alone; single.

sévère *adj* severe, strict.

sévérité *f* severity; strictness.

sexe *m* sex.

sexiste *m* or *f* sexist; * *adj* sexist.

sexualité *f* sexuality.

sexuel(le) *adj* sexual.

sexy *adj* sexy.

short *m* shorts.

si *m* (music) B.

si *adv* so, so much; yes; * *conj* if; whether.

SIDA *m* AIDS.

sidérurgiste *m* or *f* steel worker.

siècle *m* century.

siège *m* seat; head office.

siéger *vi* to sit; to be located.

sien(ne) *pron*: — le ~ *m* his, its, his own, its own: — la sienne *f* her, its, her own, its own: — les ~s *mpl*, les siennes *fpl* theirs, their own.

siffler *vi* to whistle; to hiss.

sigle *m* abbreviation; acronym.

signal *m* signal, sign.

signaler *vt* to signal.

signature *f* signature; signing.

signe *m* sign; mark.

signer *vt* to sign.

significatif(ive) *adj* significant.

signification *f* significance.

signifier *vt* to mean, signify.

silence *m* silence.

silencieux(euse) *adj* silent.

silhouette *f* silhouette.

similaire *adj* similar.

similarité *f* similarity.

simple *adj* simple; single.

simplicité *f* simplicity.

simplification *f* simplification.

simplifier *vt* to simplify.

simulation *f* simulation.

simuler *vt* to simulate.

simultané(e) *adj* simultaneous.

sincère *adj* sincere.

sincérité *f* sincerity.

singe *m* monkey.

singularité *f* singularity.

singulier(ière) *adj* peculiar, odd.

sinistre *m* disaster; accident; * *adj* sinister.

sinistré(e) *m(f)* disaster victim.

sinon *conj* otherwise, if not; except.

sinueux(euse) *adj* winding.

site *m* setting.

sitôt *adv* as soon: ~ que as soon as.

situation *f* situation, position.

situer *vt* to site, situate.

six *adj*, *m* six.

sixième *adj*, *m* or *f* sixth.

ski *m* ski: — faire du ~ to ski: ~ de fond cross-country skiing: ~ alpin downhill skiing: ~ nautique water-skiing.

skier *vi* to ski.

skieur(euse) *m(f)* skier.

slip *m* briefs; panties.

snob *adj* snobbish.

snobisme *m* snobbishness.

sobre *adj* sober.

sobriété *f* sobriety.

sociable *adj* sociable.

social(e) *adj* social.

socialiste *adj*, *m* or *f* socialist.

société *f* society; company.

sociologique *adj* sociological.

sociologue *m* or *f* sociologist.

soeur *f* sister; nun.

sofa *m* sofa.

soi *pron* one(self); self: ~-même oneself, himself, herself, itself.

soie *f* silk.

soif *f* thirst.

soigner *vt* to look after.

soigneux(euse) *adj* neat; careful.

soin *m* care.

soir *m* evening; night.

soit *conj* either; or; whether; * *adv* granted; that is to say.

soixante *adj*, *m* sixty.

soixantième *adj*, *m* or *f* sixtieth.

sol *m* ground; floor; soil; (music) G.

soldat *m* soldier.

solde *f* pay; * *m* balance.

solder *vt* to pay; to settle.

soleil *m* sun, sunshine; sunflower.

solennel(le) *adj* solemn.

solidarité *f* solidarity.

solide *adj* solid; sound.

solidifier *vt* to solidify.

solitaire *m* or *f* recluse; * *adj* solitary, * *f* solitude; loneliness.

solution *f* solution.

solvable *adj* solvent.

sombre *f* dark; gloomy.

sommaire *m* summary; * *adj* basic, summary.

sommeil *m* sleep; sleepiness.

sommeiller *vi* to slumber.

sommet *m* summit; crest.

somnambule *m* or *f* sleep-walker; * *adj* sleepwalking.

somnifère *m* sleeping pill.

somnnoler *vi* to doze.

somptueux(euse) *adj* sumptuous, lavish.

son *m* sound; * *adj* sa *f*, ses *pl* his, her, its.

songe *m* dream.

songer *vt* to dream.

sonner *vi* to ring.

sonore *adj* resonant, deep-toned.

sophistiqué(e) *adj* sophisticated.

sordide *adj* sordid, squalid.

sort *m* fate, destiny, lot.

sorte *f* sort, kind.

sortie *f* exit, way out; trip; sortie.

sortir *vi* to go out.

sot(te) *adj* silly, foolish.

sottise *f* stupidity; stupid remark.

souci *m* worry; concern.

soucier *vr* se ~ de to care about.

soucieux(euse) *adj* concerned, worried.

soudain(e) *adj* sudden, unexpected.

souder *vt* to solder; to weld.

souffle *m* blow, puff, breath.

souffler *vi* to blow, to breathe.

souffrance *f* suffering; pain.

souffrir *vi* to suffer.

souhait *m* wish.

souhaiter *vt* to wish for, desire.

soulagement *m* relief.

soulager *vt* to relieve, soothe.

soulever *vt* to lift; * se ~ *vr* to rise; to revolt.

soulier *m* shoe.

souligner *vt* to underline.

soumettre *vt* to subdue.

soumission *f* submission.

soupape *f* valve.

soupçon *m* suspicion.

soupçonner *vt* to suspect.

soupçonneux(euse) *adj* suspicious.

soupe *f* soup.

soupir *m* sigh; gasp.

soupirer *vi* to sigh; to gasp.

souple *adj* supple; pliable.
souplesse *f* suppleness.
source *f* source.
sourcil *m* eyebrow.
sourd(e) *m(f)* deaf person;
* *adj* deaf; muted.
sourd-muet(te) *m(f)* deaf-
mute; * *adj* deaf and dumb.
souriant(e) *adj* smiling,
cheerful.
sourire *m* smile, grin.
souris *f* mouse.
sournois(e) *adj* deceitful.
sous *prep* under, beneath,
below.
sous-alimenté(e) *adj* under-
nourished.
sous-développé(e) *adj* underdeveloped.
sous-entendre *vt* to imply.
sous-estimer *vt* to underestimate.
sous-marin(e) *m* submarine;
* *adj* underwater.
sous-titre *m* subtitle.
sous-titrer *vt* to subtitle.
sous-traitant *m* subcontractor.
sous-traiter *vt* to subcontract.
souscrire *vi* to subscribe.
soustraction *f* subtraction.
soustraire *vt* to subtract
soute *f* hold; baggage hold.
soutenir *vt* to sustain.
souterrain(e) *adj* underground.
soutien *m* support.
soutien-gorge *m* bra.
souvenir *m* memory;
recollection.
souvenir *vr* se ~ to remember.
souvent *adv* often, frequently.
souverain(e) *adj, m(f)* sovereign.
spacieux(euse) *adj* spacious,
roomy.
spaghettis *mpl* spaghetti.
spasme *m* spasm.
spécial(e) *adj* special.
spécialiser *vt* to specialise.

spécifier *vt* to specify.
spécifique *adj* specific.
spécimen *m* specimen.
spectacle *m* spectacle, scene.
spectaculaire *adj* spectacular.
spectateur(trice) *m(f)* spectator.
spectre *m* ghost.
spéculateur(trice) *m(f)*
speculator.
spéculer *vi* to speculate.
sphère *f* sphere.
spiritualité *f* spirituality.
spirituel(le) *adj* spiritual.
splendeur *f* splendour.
splendide *adj* splendid.
spontané(e) *adj* spontaneous.
sport *m* sport.
sportif(ive) *m(f)* sportsman,
sportswoman; * *adj* sports.
square *m* square.
squelette *m* skeleton.
stabiliser *vt* to stabilise.
stabilité *f* stability.
stable *adj* stable.
stade *m* stadium.
stage *m* training course.
stagiaire *m* or *f* trainee.
standard *adj* standard.
star *f* star.
starter *m* choke; starter.
station *f* station; stage.
stationnaire *adj* stationary.
stationnement *m* parking.
stationner *vi* to park.
station-service *f* service
station.
statique *adj* static.
statistique *f* statistics;
* *adj* statistical.
statue *f* statue.
statuer *vt* to rule.
statut *m* statute.
statutaire *adj* statutory.
stencil *m* stencil.
sténodactylo *m* or *f* shorthand
typist.
sténographie *f* shorthand.

stéréotype m stereotype.
stérile adj sterile, infertile.
stériliser vt to sterilise.
stérilité f sterility.
stimulant(e) adj stimulating;
  * m stimulant.
stimulation f stimulation.
stimuler vt to stimulate.
stipuler vt to stipulate.
stock m stock, supply.
stocker vt to stock, stockpile.
stoïque adj stoical.
stop m stop; stop sign.
stopper vt to stop.
store m blind, shade.
stratégie f strategy.
stratégique adj strategic.
stress m stress.
stressant(e) adj stessful.
strict(e) adj strict.
strident(e) adj strident, shrill.
structural(e) adj structural.
structure f structure.
studieux(euse) adj studious.
studio m studio; film theatre.
stupéfier vt to stupefy; to
  astound.
stupeur f amazement; stupor.
stupide adj stupid.
stupidité f stupidity.
style m style; stylus.
styliste m or f designer; stylist.
stylo m pen.
suave adj suave, smooth.
subconscient(e) adj m sub-
  conscious.
subir vt to sustain; to undergo.
subit(e) adj sudden.
subjectif(ive) adj subjective.
subjectivité f subjectivity.
subjuguer vt to subjugate.
sublime adj sublime.
submerger vt to submerge.
subséquent(e) adj subsequent.
subside m grant.
subsistance f subsistence.
subsister vi to subsist.

substance f substance.
substantiel(le) adj substantial.
substantif m noun, substantive.
substituer vt to substitute.
substitut m substitute.
substitution f substitution.
subtil(e) adj subtle.
subtilité f subtlety.
subvention f grant, subsidy.
subventionner vt to subsidise.
subversif(ive) adj subversive.
succéder vi ~ à to succeed,
  follow.
succès m success.
successeur m successor.
succession f succession.
succinct(e) adj succinct.
succomber vi to succumb.
succulent(e) adj succulent.
succursale f branch.
sucer vt to suck.
sucre m sugar.
sud m south.
sud-américain(e) adj South
  American.
Sud-Américain(e) m(f) South
  American person.
Suède f Sweden.
suédois(e) adj Swedish.
Suédois(e) m(f) Swedish
  person.
suer vi to sweat: — se faire ~
  (fam) to be bored stiff.
sueur f sweat.
suffire vi to suffice.
suffisant(e) adj sufficient,
  adequate; conceited.
suffoquer vi to choke, suffocate.
suffrage m suffrage; vote.
suggérer vt to suggest.
suggestion f suggestion.
suicide m suicide.
suicider vr se ~ to commit
  suicide.
suisse adj Swiss.
Suisse f Switzerland; * m Swiss
  man.

Suissesse f Swiss woman.

suite f continuation; series:
— tout de ~ at once.

suivant(e) adj following, next;
* prep according to.

suivi m follow-up.

suivre vt to follow: ~ son cours
to take its course: — à ~ to be
continued.

sujet m subject, topic;
* adj subject.

super adj ultra, super.

superbe adj superb.

superficie f area, surface.

superficiel(le) adj superficial.

superflu(e) adj superfluous.

supérieur(e) adj upper;
superior.

supériorité f superiority.

superlatif(ive) adj m superlative.

superstitieux(euse) adj
superstitious.

superstition f superstition.

superviser vt to supervise.

supplanter vt to supplant.

supplément m supplement.

supplémentaire adj supplementary.

support m support, prop; stand.

supporter vt to support; to
endure.

supposer vt to suppose.

suppression f suppression.

supprimer vt to suppress.

suprématie f supremacy.

suprême adj supreme.

sur prep on; over, above; into;
out of, from.

sûr(e) adj sure, certain;
secure: ~ de soi self-assured:
— bien ~ of course.

surabondance f overabundance.

surcharge f surcharge.

surdité f deafness.

surélever vt to raise, heighten.

surestimer vt to overestimate.

sûreté f safety; guarantee.

surf m surfing: — faire du ~ to
go surfing.

surface f surface.

surgeler vt to deep-freeze.

surgir vi to appear.

surlendemain m: — le ~ two
days later: — le ~ de two days
after.

surmonter vt to surmount.

surnaturel(le) adj super-
natural.

surnom m nickname.

surnommer vt to nickname.

surpasser vt to surpass, outdo.

surplomber vt to overhang.

surplus m surplus.

surpopulation f overpopula-
tion.

surprenant(e) adj surprising.

surprendre vt to surprise.

surprise f surprise.

sursaut m start, jump.

sursauter vi to start, jump.

surtaxe f surcharge.

surtout adv especially; above
all.

surveillance f watch,
supervision; surveillance.

surveiller vt to watch; to
supervise.

survenir vi to take place, occur.

survie f survival.

survivant(e) m(f) survivor;
* adj surviving.

survivre vi to survive.

survoler vt to fly over.

susceptible adj susceptible:
— être ~ de to be likely to.

susciter vt to arouse, incite.

suspect(e) m(f) suspect.

suspecter vt to suspect.

suspendre vt to hang up; to
suspend.

suspension f suspension.

suspicieux(euse) adj suspicious.

suspicion f suspicion.

susurrer *vt* to whisper.
svelte *adj* svelte, slim.
syllabe *f* syllable.
symbole *m* symbol.
symbolique *adj* symbolic;
  token.
symboliser *vt* to symbolise.
symétrie *f* symmetry.
symétrique *adj* symmetrical.
sympathie *f* liking; sympathy.
sympathique *adj* nice,
  friendly.
symphonie *f* symphony.
symptôme *m* symptom.
synagogue *f* synagogue.
synchroniser *vt* to synchronise.
syndical(e) *adj* trade-union.
syndicaliste *m* or *f* trade
  unionist; * *adj* trade union.
syndicat *m* trade union;
  association.
synonyme *m* synonym;
  * *adj* synonymous.
synthèse *f* synthesis.
synthétique *adj* synthetic.
systématique *adj* systematic.
système *m* system.

T

tabac *m* tobacco.
table *f* table.
tableau *m* table; chart.
tablette *f* bar; shelf.
tablier *m* apron.
tabouret *m* stool.
tache *f* mark; stain.
tâche *f* task, assignment; work.
tacite *adj* tacit.
taciturne *adj* taciturn.
tact *m* tact.
tactile *adj* tactile.
tactique *f* tactics;
  * *adj* tactical.
taille *f* height, stature, size.
tailler *vt* to cut; to carve.

taire *vt* to say nothing about;
  * faire ~ quelqu'un *vi* to
  silence someone; * se ~ *vr* to
  be quiet.
talent *m* talent, ability.
talentueux(euse) *adj* talented.
talon *m* heel; crust; stub.
tambour *m* drum, barrel.
tamis *m* sieve; riddle.
tamiser *vt* to sieve; to sift.
tampon *m* stopper, plug;
  tampon.
tandem *m* tandem; duo.
tandis *conj* ~ que while;
  whereas.
tangible *adj* tangible.
tank *m* tank.
tanner *vt* to tan, weather.
tant *adv* so much: ~ que as
  long as: ~ mieux that's a
  good job. ~ pis too bad.
tante *f* aunt.
tape *f* slap.
taper *vt* to beat, to slap; to type.
tapis *m* carpet; rug.
tapisser *vt* to wallpaper.
tapisserie *f* tapestry.
taquin(e) *adj* teasing.
taquiner *vt* to tease.
tard *adv* late.
tarder *vi* to delay, put off.
tarif *m* tariff; rate; fare;
  price-list.
tarir *vr* se ~ to dry up.
tarte *f* tart, flan.
tartre *m* tartar; fur, scale.
tas *m* heap, pile.
tasse *f* cup; coffee cup.
tassement *m* settling; sinking.
tasser *vt* to heap up;
  * se ~ *vr* to sink; subside.
tâter *vt* to feel, sound out;
  * *vi* ~ de to have a taste of.
tatonner *vi* to feel one's way.
tatouer *vt* to tattoo.
taudis *m* hovel, slum.
taureau *m* bull.

taux *m* rate; ratio: ~ de change exchange rate.

taverne *f* tavern.

taxation *f* taxation, taxing.

taxe *f* tax; duty; rate.

taxer *vt* to tax

taxi *m* taxi.

te *pron* you, yourself.

technicien(ne) *m(f)* technician.

technique *f* technique; * *adj* technical.

technologie *f* technology.

technologique *adj* technological.

teindre *vt* to dye; * se ~ (les cheveux) to dye (one's hair).

teint *m* complexion, colouring.

teinter *vt* to tint; to stain.

teinture *f* dye; dyeing.

tel(le) *adj* such; like, similar: ~ quel such as it is: — rien de ~ nothing like it.

télé *f* TV, telly.

télécommande *f* remote control.

télécopie *f* facsimile transmission; fax.

télégramme *m* telegram; cable.

télégraphier *vt* to telegraph, cable.

télépathie *f* telepathy.

téléphérique *m* cableway, cable-car.

téléphone *m* telephone.

téléphoner *vi* to telephone.

télescope *m* telescope.

télescopique *adj* telescopic.

téléviseur *m* television set.

télévision *f* television.

télex *m* telex.

tellement *adj* so, so much: ~ de so many, so much.

téméraire *adj* rash, reckless.

témoignage *m* testimony.

témoigner *vi* to testify.

témoin *m* witness.

témpérament *m* temperament.

température *f* temperature.

tempête *f* tempest.

temple *m* temple.

temporaire *adj* temporary.

temps *m* time; while; tense; beat; weather: — de ~ en ~ from time to time.

tenace *adj* tenacious, stubborn.

ténacité *f* tenacity; stubbornness.

tenailles *fpl* pincers.

tendance *f* tendency; trend.

tendancieux(euse) *adj* tendentious.

tendon *m* tendon, sinew.

tendre *adj* tender, soft; delicate.

tendresse *f* tenderness; fondness.

tendu(e) *adj* tight; stretched.

ténébreux(euse) *adj* dark, gloomy.

teneur *f* terms; content; grade.

tenir *vt* to hold, keep; ~ à to value, care about.

tennis *m* tennis: ~ de table table tennis.

tentation *f* temptation.

tentative *f* attempt, bid.

tente *f* tent.

tenter *vt* to tempt.

tenue *f* holding; dress, appearance.

terme *m* term; termination, end; word.

terminaison *f* ending.

terminal(e) *adj* terminal; * *m* terminal.

terminer *vt* to finish off; * se ~ *vr* to terminate.

terminologie *f* terminology.

terne *adj* colourless; drab, dull.

terrain *m* ground, earth; site; field.

terrasse *f* terrace.

terre f earth; ground, land:
— mettre pied à ~ to land.
terrestre adj terrestrial.
terreur f terror, dread.
terrible adj terrible, dreadful;
terrific, great.
terrier m burrow; earth;
terrier.
terrifiant(e) adj terrifying,
fearsome.
terrifier vt to terrify.
territoire m territory, area.
territorial(e) adj land,
territorial.
terroir m soil.
terroriser vt to terrorise.
terroriste adj, m or f terrorist.
test m test.
testament m will, testament.
tester vt to test.
tête f head; top; sense: — tenir
~ to cope: — être en ~ to
head; * m invar ~ à ~ private
conversation.
tétine f teat; nipple; dummy.
téton m breast.
têtu(e) adj stubborn.
texte m text.
textile adj textile.
textuel(le) adj literal.
texture f texture.
thé m tea.
théâtral(e) adj theatrical,
dramatic.
théâtre m theatre; drama.
thème m theme.
théologie f theology.
théorie f theory.
théorique adj theoretical.
thérapeute m or f therapist.
thérapie f therapy.
thermique adj thermal;
thermic.
thermomètre m thermometer.
thermos m or f thermos flask.
thèse f thesis.
thym m thyme.

ticket m ticket.
tiède adj lukewarm, tepid;
mild; half-hearted.
tien poss pron: — le ~ m, la ~ne
f, les ~(ne)s pl yours.
tiers adj third: — Le ~-Monde
the Third World; * m third;
third party.
tigre m tiger.
timbre m stamp; postmark; bell.
timbrer vt to stamp, to
postmark.
timide adj timid, shy.
timidité f timidity, shyness.
tir m shooting; shot: ~ à l'arc
archery.
tirailler vt to tug; to pester.
tire-bouchon m corkscrew.
tirelire f money-box.
tirer vt to pull; to draw.
tiret m dash; hyphen.
tireur(euse) m(f) gunner;
drawer.
tiroir m drawer.
tisser vt to weave.
tissu m texture, fabric.
titre m title; heading; right;
deed: — à ~ de by right of.
tituber vi to stagger.
titulaire m or f incumbent,
holder; * adj tenured.
toi pron you: ~-même yourself: — c'est à ~ it's yours;
it's your turn.
toile f cloth; canvas; linen.
toilette f cleaning:
— faire sa ~ to wash oneself:
— les ~s the toilet(s).
toit m roof, home.
tolérable adj tolerable,
bearable.
tolérant(e) adj tolerant.
tolérer vt to tolerate.
tomate f tomato.
tombe f tomb; grave.
tomber vi to fall: — laisser ~
to drop.

tome *m* book, volume.

ton *adj m* ta *f* tes *pl* your;
 * *m* tone; pitch; shade.

tondre *vt* to shear, mow.

tonifiant *m* tonic.

tonifier *vt* to tone up.

tonique *adj* tonic; fortifying;
 * *m* tonic.

tonne *f* ton, tonne.

tonneau *m*, (*pl* ~x) barrel,
 cask; roll: — faire des ~x
 (car) to roll over.

tonnerre *m* thunder.

topographie *f* topography.

torche *f* torch.

torcher *vt* to botch, skimp; to
 wipe (*fam*).

torchon *m* cloth; duster.

tordre *vt* to twist, contort.

tordu(e) *adj* twisted, crooked.

torpeur *f* torpor.

torrent *m* torrent.

torrentiel(elle) *adj* torrential.

torride *adj* torrid; scorching.

torse *m* chest; torso.

torsion *f* twisting; torsion.

tort *m* fault; wrong; prejudice:
 — avoir ~ to be wrong:
 — faire du ~ to harm.

tortiller *vt* to twist;
 * se ~ *vr* to wriggle.

tortionnaire *m* or *f* torturer.

tortue *f* tortoise.

tortueux(euse) *adj* tortuous,
 winding.

torture *f* torture.

torturer *vt* to torture.

tôt *adv* early; soon:
 — au plus ~ as soon as possible:
 — plus ~ sooner.

total(e) *adj* total.

totalitaire *adj* totalitarian.

totalité *f* totality.

touche *f* touch.

toucher *vt* to touch.

touffe *f* tuft, clump.

toujours *adv* always, still.

tour *f* tower; * *m* turn, round;
 circuit; tour; trick.

tourbillon *m* whirlwind.

tourbillonner *vi* to whirl, eddy.

tourisme *m* tourism.

touriste *m* or *f* tourist.

touristique *adj* tourist.

tourment *m* torment, agony.

tourmenter *vt* to torment.

tournant(e) *adj* revolving;
 * *m* bend; turning point.

tournée *f* tour; round.

tourner *vi* to turn;
 * se ~ *vr* to turn round.

tournesol *m* sunflower.

tournevis *m* screwdriver.

tournoi *m* tournament.

tournure *f* turn; turn of phrase.

tousser *vi* to cough.

tout(e) *adj* (*pl* tous, toutes)
 all; whole; every:
 ~ le monde everybody;
 * *pron* everything; all;
 * *m* whole; * *adv* entirely, quite.

toutefois *adv* however.

toux *f* cough.

toxicomane *m* or *f* drug addict.

toxique *adj* toxic.

trac *m* nerves, stage fright.

tracasser *vt* to worry;
 * se ~ *vr* to worry.

trace *f* track; outline, trace.

tracer *vt* to trace.

tract *m* leaflet, tract.

tracteur *m* tractor.

tradition *f* tradition.

traditionnel(le) *adj* traditional.

traducteur(trice) *m(f)* translator.

traduction *f* translation.

traduire *vt* to translate.

trafic *m* traffic; trade.

trafiquer *vi* to traffic, trade.

tragédie *f* tragedy.

tragique *adj* tragic.

trahir *vt* to betray.

trahison *f* betrayal, treason.

train m train; pace, rate.
traîneau m sleigh, sledge.
traînée f trail, track; drag.
traîner vi to drag on, lag.
traire vt to milk.
trait m trait, feature; relation.
traite f trade, draft, bill;
milking.
traité m treaty; treatise, tract.
traitement m treatment.
traiter vt to treat; to process.
traiteur m caterer.
traître m traitor.
traîtrise f treachery.
trajet m trip, journey; distance;
course.
tramer vt to plot; to weave.
trampoline m trampoline.
tranche f slice; edge; section.
trancher vt to cut, sever.
tranquille adj quiet, tranquil.
tranquilliser vt to reassure.
tranquillité f tranquillity.
transaction f transaction.
transatlantique adj
transatlantic.
transcription f transcription.
transcrire vt to transcribe.
transe f trance.
tranférer vt to transfer.
transfert m transfer.
transformateur m transformer.
transformation f trans-
formation.
transformer vt to transform.
transfusion f transfusion.
transgresser vt to transgress.
transgression f transgression.
transistor m transistor.
transiter vi to send in transit.
transition f transition.
transitoire adj transitory.
transmettre vt to transmit.
transmissible adj trans-
missible.
transmission f transmission.
transparence f transparency.

transparent(e) adj transparent.
transpercer vt to pierce.
transplanter vt to transplant.
transport m carrying;
transport.
transporter vt to transport.
transporteur m haulier;
carrier.
transposer vt to transpose.
transversal(e) adj transverse.
trapèze m trapeze.
trapéziste m or f trapeze artist.
trappe f trap door.
trappeur m trapper.
traquer vt to track; to hunt
down.
traumatiser vt to traumatise.
travail m (pl travaux) work,
labour.
travailler vi to work.
travailleur(euse) m(f) worker;
* adj hard-working.
travers m breadth:
— à ~ through, across.
traversée f crossing; traverse.
traverser vt to cross, traverse.
trébucher vi to stumble.
trèfle m clover.
treillis m trellis; wire mesh.
treize adj, m thirteen.
treizième adj, m or f thirteenth.
tremblement m trembling:
~ de terre earthquake.
trembler vi to tremble, shake.
trémousser vr se ~ to wriggle.
tremper vt to soak.
tremplin m springboard.
trentaine f about thirty.
trente adj, m thirty.
trentième adj m or f thirtieth.
trépidant(e) adj pulsating,
quivering.
trépigner vi to stamp one's
feet.
très adv very.
trésor m treasure.
trésorier(ière) m(f) treasurer.

tressaillir *vi* to thrill; to shudder.

tresse *f* plait, braid.

tresser *vt* to plait, braid.

trêve *f* respite.

tri *m* sorting out; grading.

triangle *m* triangle.

triangulaire *adj* triangular.

tribal(e) *adj* tribal.

tribu *f* tribe.

tribunal *m* court, tribunal.

tribune *f* gallery; rostrum.

tribut *m* tribute.

tricher *vi* to cheat.

tricheur(euse) *m(f)* cheater.

tricolore *adj* three-coloured; red, white and blue; * *m* the French flag.

tricoter *vt* to knit.

tridimensionnel(le) *adj* three-dimensional.

trier *vi* to sort out.

trilingue *adj* trilingual.

trimestre *m* quarter; term.

trimestriel(le) *adj* quarterly.

trinquer *vi* to chink glasses.

triomphal(e) *adj* triumphal.

triomphe *m* triumph, victory.

triompher *vi* to triumph.

triple *adj* triple, treble.

tripler *vi* to triple.

triste *adj* sad, melancholy.

tristesse *f* sadness.

trivial(e) *adj* coarse, vulgar.

trivialité *f* coarseness, vulgarity.

troc *m* exchange; barter.

trois *adj*, *m* three.

troisième *adj*, *m* or *f* third.

trombe *f* (weather forecast) waterspout.

trompe *f* trumpet; trunk.

tromper *vt* to deceive, trick; to be unfaithful to; * se ~ *vr* to be mistaken.

tromperie *f* deception, deceit.

trompette *f* trumpet.

trompeur(euse) *adj* deceitful, deceptive.

tronc *m* trunk, shaft.

trône *m* throne.

tronquer *vt* to truncate, curtail.

trop *adv* too; too much; * *m* excess.

trophée *m* trophy.

tropical(e) *adj* tropical.

tropique *m* tropic.

troquer *vt* to barter, swap.

trotter *vi* to trot; to toddle.

trottinette *f* scooter.

trottoir *m* pavement.

trou *m* hole; gap; cavity.

troublant(e) *adj* disturbing.

trouble *adj* cloudy, blurred; * *m* trouble, distress.

troubler *vt* to trouble, disturb.

trouer *vt* to make a hole in.

troupe *f* troupe; troop.

troupeau *m* herd, flock.

trousse *f* case, kit; wallet.

trouver *vt* to find.

truc *m* (*fam*) trick; gadget.

truite *f* trout.

truquage *m* rigging, special effect.

truquer *vt* to rig, fiddle.

tu *pron* you.

tube *m* tube, pipe; duct.

tuer *vt* to kill.

tuerie *f* slaughter.

tueur(euse) *m(f)* killer.

tuile *f* tile: — (*sl*) quelle ~! what a blow!

tulipe *f* tulip.

tumeur *f* tumour.

tumulte *m* tumult, commotion.

tumultueux(euse) *adj* tumultuous.

tunnel *m* tunnel.

turbine *f* turbine.

turbulence *f* turbulence.

turbulent(e) *adj* turbulent.

turc (turque) *adj* Turkish.

Turc (Turque) *adj* Turk.
Turquie *f* Turkey.
tutelle *f* guardianship.
tuteur (tutrice) *m(f)* guardian;
  * *m* stake, prop.
tutoyer *vt* to address someone
  as tu.
tuyau *m* pipe.
type *m* type; model; bloke, chap.
typhon *m* typhoon.
typique *adj* typical.
tyran *m* tyrant.
tyrannique *adj* tyrannical.

U

ulcère *m* ulcer.
ULM *m* microlight.
ultérieur(e) *adj* subsequent;
  * ~ement *adv* later.
ultimatum *m* ultimatum.
ultime *adj* ultimate, final.
un(e) *indef art* a, an; one.
unanime *adj* unanimous.
unification *f* unification.
unifier *vt* to unify.
uniforme *adj* uniform.
uniformité *f* uniformity;
  regularity.
unilatéral(e) *adj* unilateral.
union *f* union.
unique *adj* only; single; unique;
  * ~ment *adv* only, solely.
unir *vt* to unite.
unisson *m* unison.
unité *f* unity; unit.
univers *m* universe; world.
universel(le) *adj* universal.
universitaire *adj* university:
  — restaurant ~ university
  restaurant; * *m* or *f* academic.
université *f* university.
urbain(e) *adj* urban, city.
urbanisme *m* town planning.
urgence *f* urgency: — les ~s
  casualty dept.

urgent(e) *adj* urgent.
urne *f* ballot box; urn.
usage *m* use, custom.
usager(ère) *m(f)* user.
usé(e) *adj* worn; banal, trite.
user *vt* to use.
usine *f* factory.
ustensile *m* implement;
  utensil.
usuel(le) *adj* ordinary;
  everyday.
usurper *vt* to usurp.
utérus *m* uterus.
utile *adj* useful.
utilisateur(trice) *m(f)* user.
utiliser *vt* to use, utilise.
utilité *f* usefulness; use; profit.
utopie *f* utopia.
utopique *adj* utopian.

V

vacances *fpl* holiday, vacation.
vacancier(ière) *m(f)* holiday-
  maker.
vacant(e) *adj* vacant.
vacarme *m* racket, row.
vaccin *m* vaccine.
vache *f* cow.
vagabond(e) *m(f)* tramp,
  vagabond.
vagin *m* vagina.
vague *adj* vague; * *m* vagueness;
  * *f* wave.
vaguer *vi* to wander, roam.
vaillant(e) *adj* brave,
  courageous.
vain(e) *adj* vain; shallow.
vaincre *vt* to defeat, overcome.
vainqueur *m* conqueror.
vaisseau *m* vessel; ship.
vaisselle *f* crockery; dishes.
valable *adj* valid; worthwhile.
valeur *f* value, worth.
valider *vt* to validate.
valise *f* suitcase.

vallée *f* valley.
valoir *vt* to be worth.
valser *vi* to waltz.
vandale *m* or *f* vandal.
vanité *f* vanity, conceit.
vaniteux(euse) *adj* vain,
  conceited.
vantard(e) *adj* boastful,
  braggart.
vanter *vt* to praise; * se ~ *vr* to
  boast.
vapeur *f* haze, vapour.
vaporiser *vt* to spray.
variable *adj* variable.
variation *f* variation.
varié(e) *adj* varied.
varier *vi* to vary.
variété *f* variety.
vaste *adj* vast, huge.
vautrer *vr* se ~ to wallow in.
veau *m* calf, veal.
vedette *f* star; leading light.
végétal(e) *adj* vegetable.
végétarien(ne) *adj*, *m(f)*
  vegetarian.
végétatif(ive) *adj* vegetative.
véhémence *f* vehemence.
véhément(e) *adj* vehement.
véhicule *m* vehicle.
veille *f* wakefulness; watch; eve.
veiller *vi* to stay up, sit up.
veine *f* vein; inspiration; luck.
vélo *m* bicycle.
vélodrome *m* velodrome.
velours *m* velvet.
vendanges *fpl* wine harvest;
  vintage: — faire les ~ to pick
  the grapes.
vendangeur(euse) *m(f)* grape-
  picker.
vendeur(euse) *m(f)* seller,
  salesperson.
vendre *vt* to sell.
vendredi *m* Friday.
vénéneux(euse) *adj* poisonous.
vénérable *adj* venerable.
vénérer *vt* to venerate.

vengeance *f* vengeance.
venger *vt* to avenge.
venin *m* venom.
venir *vi* to come (de from):
  ~ de faire quelque chose to
  have just done something.
vent *m* wind; breath; vanity.
vente *f* sale; selling.
ventre *m* stomach, belly; womb.
ventriloque *m* or *f* ventriloquist.
venue *f* coming.
ver *m* worm: ~ de terre
  earthworm: ~ luisant glow-
  worm: ~ à soie silkworm.
véracité *f* veracity;
  truthfulness.
verbal(e) *adj* verbal.
verbe *m* verb; word.
verdict *m* verdict.
verdure *f* greenery.
verger *m* orchard.
vérification *f* check;
  verification.
vérifier *vt* to verify; to audit.
véritable *adj* real, genuine.
vérité *f* truth.
vermine *f* vermin.
verni(e) *adj* varnished.
vernis *m* varnish; glaze.
verre *m* glass; lens; drink.
verrou *m* bolt.
verrouiller *vt* to bolt; to lock.
vers *prep* towards; around;
  * *m* line, verse.
versatile *adj* versatile.
verser *vt* to pour.
version *f* version.
vert(e) *adj*, *m* green.
vertèbre *f* vertebra.
vertical(e) *adj* vertical.
vertu *f* virtue.
vertueux(euse) *adj* virtuous.
verve *f* verve, vigour.
veste *f* jacket.
vestiaire *m* cloakroom.
vestibule *m* hall.
veston *m* jacket.

vêtement *m* garment.

veto *m* veto.

veuf (veuve) *adj* widowed;
  * *m* widower (*f* widow).

vexer *vt* to annoy, to hurt.

viable *adj* viable.

viande *f* meat.

vice *m* vice; fault, defect.

victime *f* victim, casualty.

victoire *f* victory.

victorieux(euse) *adj* victorious.

vide *adj* empty, vacant;
  * *m* vacuum.

vidéo *f* video; * *adj invar* video.

vidéocassette *f* videocassette.

vider *vt* to empty.

vie *f* life: — être en ~ to be alive.

vieillard *m* old man.

vieillesse *f* old age.

vieillir *vi* to get old.

vierge *f* virgin; * *adj* virgin;
  blank; unexposed.

vieux (vieille) *adj* old, obsolete.

vif (vive) *adj* lively; quick.

vigilant(e) *adj* vigilant.

vigne *f* vine; vineyard.

vigneron(ne) *m(f)* wine grower.

vignoble *m* vineyard.

vigoureux(euse) *adj* vigorous.

vigueur *f* vigour, strength.

vil(e) *adj* vile; lowly.

villa *f* villa, detached house.

village *m* village.

villageois(e) *m(f)* village,
  rustic.

ville *f* town, city.

vin *m* wine.

vinaigre *m* vinegar.

vindicatif(ive) *adj* vindictive.

vingt *adj*, *m* twenty.

vingtaine *f* about twenty.

vingtième *adj*, *m* or *f* twentieth.

vinicole *adj* wine, wine-growing.

viol *m* rape.

violation *f* violation.

violence *f* violence; force.

violent(e) *adj* violent.

violer *vt* to violate; to rape.

violet(te) *adj*, *m* violet.

violeur *m* rapist.

violon *m* violin.

violoniste *m* or *f* violinist.

vipère *f* viper, adder.

virage *m* turn, bend.

virer *vt* to transfer (*bank*); to
  kick out (*fam*); * *vi* to turn.

virginité *f* virginity.

viril(e) *adj* virile.

virilité *f* virility.

virtuel(le) *adj* virtual.

virulence *f* virulence.

virulent(e) *adj* virulent.

virus *m* virus.

vis *f* screw.

visa *m* stamp, visa.

visage *m* face; expression.

viser *vt* to aim, target.

viseur *m* sights; viewfinder.

visibilité *f* visibility.

visible *adj* visible; evident.

vision *f* eyesight; vision.

visionnaire *adj*, *m* or *f* visionary.

visite *f* visit; inspection.

visiter *vt* to visit.

visiteur(euse) *m(f)* visitor.

visqueux(euse) *adj* viscous.

visser *vt* to screw on.

visuel(le) *adj* visual.

vital(e) *adj* vital.

vitalité *f* energy, vitality.

vitamine *f* vitamin.

vite *adv* quickly, fast.

vitesse *f* speed, swiftness; gear.

viticulteur *m* wine grower.

vitrail *m* stained-glass window.

vitre *f* pane, window.

vitreux(euse) *adj* glassy,
  vitreous.

vitrier *m* glazier.

vitrine *f* shop window.

vivace *adj* hardy, perennial.

vivacité *f* vivacity, liveliness.

vivant(e) *adj* alive, living,
  lively.

vivement adv quickly; keenly.
vivifiant(e) adj refreshing.
vivifier vt to enliven.
vivre vi to live.
vivres mpl victuals, supplies.
vocabulaire m vocabulary.
vocal(e) adj vocal.
vocation f vocation, calling.
voeu m vow; wish.
vogue f fashion: — en ~ in
fashion.
voici prep here is, here are;
ago, past.
voie f way; road: ~ ferrée
railway.
voilà prep there is, there are;
ago.
voile f sail; * m veil.
voiler vt to veil; to hide.
voir vt to see.
voisin(e) m(f) neighbour;
* adj neighbouring.
voisinage m neighbourhood.
voiture f car; carriage; cart.
voix f voice; vote.
vol m flight: — à ~ d'oiseau as
the crow flies; robbery.
volant(e) m steering wheel;
* adj flying.
volatile adj volatile.
volcan m volcano.
volcanique adj volcanic.
volée f flight.
voler vi to fly; * vt to steal,
to rob.
volet m shutter, flap, paddle.
voleur(euse) m(f) thief.
volontaire adj voluntary.
volonté f will, willpower.
volontiers adv willingly.
volubile adj voluble.
volume m volume.
volumineux(euse) adj
voluminous.
volupté f voluptuousness.
voluptueux(euse) adj
voluptuous.

vomir vi to vomit.
vorace adj voracious.
voracité f voracity.
vos = pl votre.
vote m vote; voting.
voter vi to vote.
votre adj (pl vos) your, your
own.
vôtre poss pron: — le (la) ~
m(f), les ~s pl yours.
vouer vt to vow.
vouloir vt to want, wish.
voulu(e) adj required;
deliberate.
vous pron you, yourself.
voûte f vault.
vouvoyer vi to address
someone as vous.
voyage m journey, trip;
travelling.
voyager vi to travel, journey.
voyageur(euse) m(f) traveller,
passenger.
voyelle f vowel.
vrac adv: — en ~ in bulk.
vrai(e) adj true, genuine.
vraisemblable adj likely,
probable.
vrille f tendril; spiral.
vu(e) adj seen; * prep in view
of.
vue f sight, eyesight.
vulgaire adj vulgar.
vulgarité f vulgarity,
coarseness.
vulnérable adj vulnerable.

W

wagon m wagon, truck.
wagon-restaurant m restaurant
car.
W-C mpl lavatory.
week-end m weekend.
whisky m whisky.

X

xénophobe *m* or *f* xenophobe;
  * *adj* xenophobic.
xénophobie *f* xenophobia.
xylophone *m* xylophone.

Y

y *adv* there; in it, in them:
  — il ~ a there is / are.
yacht *m* yacht.
yaourt *m* yoghurt.
yeux = *pl* oeil.
yoga *m* yoga.
yoghurt *m* yoghurt.
yogi *m* yogi.
yo-yo *m* yoyo.

Z

zapper *vi* to flick channels on TV.
zèle *m* zeal.
zélé(e) *adj* zealous.
zénith *m* zenith.
zéro *m* zero, nought.
zézayer *vi* to lisp.
zigzag *m* zigzag.
zigzaguer *vi* to zigzag.
zodiaque *m* zodiac.
zone *f* zone, area.
zoo *m* zoo.
zoologie *f* zoology.
zoologiste *m* or *f* zoologist.
zut *interj* damn!, heck!

ENGLISH FRENCH
ANGLAIS FRANÇAIS

A

a, an *indef art* un(e): — 3 times ~ day 3 jours par semaine.
A *n* (music) la *m*.
abacus *n* boulier *m*.
abandon *vi* abandonner, laisser.
abash *vt* couvrir de honte.
abate *vi* s'apaiser; se calmer.
abbey *n* abbaye *f*.
abbreviate *vt* abréger.
abbreviation *n* abréviation *f*.
abdicate *vi* abdiquer; renoncer à.
abdomen *n* abdomen *m*.
abduct *vi* kidnapper; enlever.
abeyance *n*: — in ~ en suspens.
abhor *vi* abhorrer, exécrer.
abhorrent *adj* exécrable.
abide *vt* supporter, souffrir.
ability *n* capacité *f*, aptitude *f*.
abject *adj* misérable; abject(e).
able *adj* capable: — to be ~ to do something pouvoir faire quelque chose.
abnegation *n* renoncement *m*.
abnormal *adj* anormal(e).
abnormality *n* anomalie *f*.
aboard *adv* à bord.
abode *n* domicile *m*.
abolish *vi* abolir, supprimer.
abolition *n* abolition *f*.
abominable *adj* abominable.
aboriginal *adj* aborigène.
abort *vi* avorter.
abortion *n* avortement *m*.
abound *vi* abonder.
about *prep* au sujet de; vers;
* *adv* çà et là: — to be ~ to être sur le point de.
above *prep* au-dessus de;
* *adv* au-dessus: ~ all surtout, principalement.
abrasion *n* écorchure *f*.
abrasive *adj* abrasif(ive).
abroad *adv* à l'étranger.

abrupt *adj* abrupt(e); brusque.
abscess *n* abcès *m*.
absence *n* absence *f*.
absent *adj* absent(e):
* *vi* s'absenter.
absent-minded *adj* distrait(e).
absolute *adj* absolu(e).
absolve *vt* absoudre.
absorb *vt* absorber.
absorption *n* absorption *f*.
abstain *vi* s'abstenir.
abstinence *n* abstinence *f*.
abstinent *adj* abstinent(e).
abstract *adj* abstrait(e);
* *n* abrégé *m*.
abstraction *n* abstraction *f*.
absurd *adj* absurde.
absurdity *n* absurdité *f*.
abundance *n* abondance *f*.
abundant *adj* abondant(e).
abuse *vt* abuser de; * *n* abus *m*.
abyss *n* abîme *m*.
academic *adj* universitaire; scolaire; théorique.
academy *n* académie *f*.
accelerate *vt* accélérer.
acceleration *n* accélération *f*.
accelerator *n* accélérateur *m*.
accent *n* accent *m*;
* *vt* accentuer.
accept *vt* accepter.
acceptable *adj* acceptable.
acceptance *n* acceptation *f*.
access *n* accès *m*.
accessible *adj* accessible.
accident *n* accident *m*.
accidental *adj* accidentel(le).
acclaim *vt* acclamer.
accommodate *vt* loger; accommoder.
accommodation *n* logement *m*.
accompany *vt* accompagner.
accomplice *n* complice *m* or *f*.
accomplish *vt* accomplir.
accomplishment *n* accomplissement *m*.
accord *n* accord *m*: — of one's

own ~ de son propre chef.

accordance n: in ~ with
conformément à.

according prep: ~ to selon.

accordingly adv en conséquence.

accost vt accoster.

account n compte m: — on no
~ en aucun cas: — on ~ of en
raison de; * vt to ~ for expliquer.

accountability n responsabilité f.

accountancy n comptabilité f.

accountant n comptable m or f.

accumulate vt accumuler;
* vi s'accumuler.

accumulation n accumulation f.

accuracy n exactitude f.

accurate adj exact(e).

accusation n accusation f.

accuse vt accuser.

accused n accusé(e) m(f).

accustom vt accoutumer.

ace n as m.

ache n douleur f; * vi faire mal.

achieve vt réaliser; obtenir.

achievement n réalisation f.

acid adj acide; * n acide m.

acknowledge vt reconnaître.

acknowledgment n reconnaissance f.

acoustics n acoustique f.

acquaint vt: — to ~ somebody
with something informer
quelqu'un de quelque chose:
— to be ~ed with connaître.

acquaintance n connaissance f.

acquiesce vi acquiescer,
consentir.

acquiescent adj consentant(e).

acquire vt acquérir.

acquisition n acquisition f.

acquit vt acquitter.

acrimonious adj
acrimonieux(euse).

across adv en travers;
* prep à travers.

act vt jouer; * vi agir; jouer la
comédie; * n acte m.

action n action f.

activate vt activer.

active adj actif(ive).

activity n activité f.

actor n acteur m.

actress n actrice f.

actual adj réel(le); concret(ète).

acute adj aigu(ë); perspicace.

adamant adj inflexible.

adapt vi adapter, ajuster.

adaptable adj adaptable.

adaptation n adaptation f.

add vi ajouter.

addict n intoxiqué(e) m(f).

addiction n dépendance f.

addition n addition f.

additional adj additionnel(le).

address vt adresser.

adept adj adroit(e).

adequate adj adéquat(e),
suffisant(e).

adhere vi adhérer.

adhesion n adhésion f.

adhesive adj adhésif(ive).

adjacent adj adjacent(e),
contigu(ë).

adjective n adjectif m.

adjoin vt jouxter.

adjourn vt reporter, remettre.

adjournment n ajournement m.

adjust vt ajuster, adapter.

adjustable adj ajustable.

adjustment n ajustement m,
réglage m.

ad-lib vi improviser; * ad lib
adj volonté.

administer vi administrer.

administration n adminis-
tration f.

administrative adj
administratif(ive).

admirable adj admirable.

admiral n amiral m.

admiration n admiration f.

admire vi admirer.

admirer n admirateur(trice)
m(f).

admission *n* admission *f*,
  entrée *f*.
admit *vt* admettre: — to ~ to
  reconnaître.
admonish *vt* admonester.
admonition *n* admonestation.
adolescence *n* adolescence *f*.
adopt *vt* adopter.
adoption *n* adoption *f*.
adoptive *adj* adoptif(ive).
adorable *adj* adorable.
adore *vi* adorer.
adorn *vt* orner.
adrift *adv* à la dérive.
adroit *adj* adroit(e), habile.
adulation *n* adulation *f*.
adult *adj* adulte; * *n* adulte *m* or *f*.
adultery *n* adultère *m*.
advance *vt* avancer;
  * *vi* avancer; * *n* avance *f*.
advantage *n* avantage *m*:
  — to take ~ of profiter de.
advantageous *adj*
  avantageux(euse).
a.m. (morning) *adv* du matin.
adventure *n* aventure *f*.
adventurous *adj*
  aventureux(euse).
adversary *n* adversaire *m* or *f*.
adverse *adj* défavorable.
adversity *n* adversité *f*.
advertise *vt*, *vi* faire de la
  publicité (pour).
advertisement *n* publicité *f*;
  annonce *f*.
advice *n* conseil *m*; avis *m*.
advise *vt* conseiller; aviser.
advisory *adj* consultatif(ive).
advocacy *n* plaidoyer *m*.
advocate *n* avocat *m*;
  * *vt* plaider pour.
aerial *n* antenne *f*.
aerobics *npl* aérobic *m*.
aeroplane *n* avion *m*.
aerosol *n* aérosol *m*.
aesthetic *adj* esthétique.
affability *n* affabilité *f*.

affable *adj* affable.
affair *n* affaire *f*.
affect *vt* toucher; affecter.
affection *n* affection *f*.
affectionate *adj* affectueux(euse).
affiliate *vt* affilier.
affinity *n* affinité *f*.
affirm *vt* affirmer, déclarer.
affirmative *adj* affirmatif(ive).
afflict *vi* affliger.
affluent *adj* riche; abondant(e).
afford *vt* avoir les moyens
  d'acheter *or* d'entretenir;
  se permettre.
affront *n* affront *m*, injure *f*;
  * *vt* affronter; insulter.
afloat *adv* à flot.
afraid *adj* effrayé(e).
Africa *n* Afrique *f*.
African *adj* africain(e);
  * *n* Africain(e) *m(f)*.
after *prep* après; * *adv* après:
  ~ all après tout.
afterbirth *n* placenta *m*.
aftermath *n* conséquences *fpl*.
afternoon *n* après-midi *m* or *f*.
afterwards *adv* ensuite.
again *adv* à nouveau.
against *prep* contre.
age *n* âge *m*; * *vt*, *vi* vieillir.
agency *n* agence *f*.
agenda *n* ordre *m* du jour.
agent *n* agent *m*.
aggravate *vi* aggraver; énerver.
aggravation *n* aggravation *f*.
aggression *n* agression *f*.
aggressive *adj* agressif(ive).
aggressor *n* agresseur *m*.
agile *adj* agile; adroit(e).
agility *n* agilité *f*, adresse *f*.
agitate *vt* agiter.
agitation *n* agitation *f*.
ago *adv*: — how long ~? il y a
  combien de temps?
agony *n* agonie *f*.
agree *vt* convenir; * *vi* être
  d'accord.

agreeable *adj* agréable.
agreed *adj* convenu(e).
agreement *n* accord *m*.
agricultural *adj* agricole.
agriculture *n* agriculture *f*.
ahead *adv* en avant.
aid *vt* aider, secourir; * *n* aide *f*.
AIDS *n* SIDA *m*.
ailment *n* maladie *f*.
aim *n* but *m*; * to ~ something
   at *vt* pointer quelque chose
   vers; * to ~ at *vi* viser.
air *n* air *m*.
air-conditioned *adj* climatisé(e).
air-conditioning *n*
   climatisation *f*.
aircraft *n* avion *m*.
airline *n* ligne *f* aérienne.
airmail *n*: — by ~ par avion.
airport *n* aéroport *m*.
airsick *adj*: — to be ~ avoir le
   mal de l'air.
air terminal *n* aérogare *f*.
airtight *adj* hermétique.
aisle *n* nef *f* d'église; couloir *m*.
ajar *adj* entrouvert(e).
akin *adj* ressemblant(e).
alarm bell *n* sonnette *f* d'alarme.
alarm *n* alarme *f*;
   * *vt* alarmer; inquiéter.
alarmist *n* alarmiste *m* or *f*.
album *n* album *m*.
alcohol *n* alcool *m*.
alcoholic *adj* alcoolisé(e);
   * *n* alcoolique *m* or *f*.
ale *n* bière *f*.
alert *adj* vigilant(e); * *n* alerte *f*.
alertness *n* vigilance *f*.
A-levels *npl* baccalauréat *m*.
alien *adj* étranger(ère);
   * *n* extra-terrestre *m* or *f*.
alienate *vt* aliéner.
alight *vi* mettre pied à terre;
   * *adj* en feu.
alike *adj* semblable, égal(e);
   * *adv* de la même façon.
alimentation *n* alimentation *f*.

alive *adj* en vie, vivant(e);
   actif(ive).
all *adj* tout(e); * *adv* totalement:
   ~ the same cependant:
   ~ the better tant mieux:
   — not at ~! pas du tout!
   * *n* tout *m*.
allege *vt* alléguer.
allegiance *n* loyauté *f*, fidélité *f*.
allergy *n* allergie *f*.
alley *n* ruelle *f*.
alliance *n* alliance *f*.
allocate *vt* allouer.
allocation *n* allocation *f*.
allot *vt* assigner.
allow *vt* permettre; accorder.
allowance *n* allocation *f*;
   concession *f*.
allude *vi* faire allusion à.
allure *n* charme *m*, attrait *m*.
allusion *n* allusion *f*.
allusive *adj* allusif(ive).
ally *n* allié(e); * *vt* allier.
almost *adv* presque.
alone *adj* seul(e); * *adv* seul.
along *adv* le long (de).
alongside *prep* au côté de;
   * *adv* bord à bord.
aloud *adv* à voix haute.
alphabet *n* alphabet *m*.
alphabetical *adj* alphabétique.
already *adv* déjà.
also *adv* aussi.
altar *n* autel *m*.
alter *vt* modifier.
alteration *n* modification *f*.
alternate *adj* alterné(e);
   * *vt* alterner.
alternation *n* alternance *f*.
alternative *n* alternative *f*;
   * *adj* alternatif(ive).
alternatively *adv* sinon.
although *conj* bien que, malgré.
altitude *n* altitude *f*.
always *adv* toujours.
amalgamate *vt* amalgamer;
   * *vi* s'amalgamer.

amass *vt* accumuler, amasser.
amateur *n* amateur *m*.
amaze *vt* stupéfier.
amazement *n* stupéfaction *f*.
ambassador *n* ambassadeur *m*.
ambidextrous *adj* ambidextre.
ambiguity *n* ambiguïté *f*.
ambiguous *adj* ambigu(ë).
ambition *n* ambition *f*.
ambitious *adj* ambitieux(euse).
ambulance *n* ambulance *f*.
ambush *n* embuscade *f*;
  * *vt* tendre une embuscade à.
ameliorate *vi* améliorer.
amelioration *n* amélioration *f*.
amend *vt* modifier; amender.
amendment *n* amendement *m*.
amenities *npl* commodités *fpl*.
America *n* Amérique *f*.
American *adj* américain(e);
  * *n* Américain(e) *m(f)*.
amiability *n* amabilité *f*.
amiable *adj* aimable.
amicable *adj* amical(e).
amid(st) *prep* entre, parmi.
ammunition *n* munitions *fpl*.
amnesia *n* amnésie *f*.
amnesty *n* amnistie *f*.
among(st) *prep* entre, parmi.
amorous *adj* amoureux(euse).
amount *n* montant *m*;
  * *vi* se monter.
amphibian *n* amphibie *m*.
amplify *vt* amplifier.
amplitude *n* amplitude *f*.
amputate *vt* amputer.
amputation *n* amputation *f*.
amuse *vt* distraire, divertir.
amusement *n* distraction *f*.
amusing *adj* divertissant(e).
an *art see* a.
anachronism *n* anachronisme *m*.
anaemic *adj* (medical)
  anémique.
anaesthetic *n* anesthésique *m*.
analogy *n* analogie *f*.
analysis *n* analyse *f*.

analytical *adj* analytique.
analyse *vt* analyser.
anarchic *adj* anarchique.
anarchy *n* anarchie *f*.
anatomical *adj* anatomique.
anatomy *n* anatomie *f*.
ancestor *n* ancêtre *m* or *f*.
anchor *n* ancre *f*.
ancient *adj* ancien(ne), antique
and *conj* et.
anecdote *n* anecdote *f*.
angel *n* ange *m*.
anger *n* colère *f*; * *vt* irriter.
angle *n* angle *m*;
  * to ~ for *vi* pêcher à la ligne.
angler *n* pêcheur *m* à la ligne.
angry *adj* en colère, irrité(e).
anguish *n* angoisse *f*.
angular *adj* angulaire.
animal *n*, *adj* animal *m*.
animate *vt* animer;
  * *adj* vivant(e).
animation *n* animation *f*.
animosity *n* animosité *f*.
ankle *n* cheville *f*.
annex *vt* annexer; * *n* annexe *f*
annihilate *vt* annihiler,
  anéantir.
anniversary *n* anniversaire *m*.
annotate *vt* annoter.
annotation *n* annotation *f*.
announce *vt* annoncer.
announcement *n* annonce *f*.
annoy *vt* ennuyer.
annoyance *n* ennui *m*.
annual *adj* annuel(elle).
annul *vt* annuler.
anomaly *n* anomalie *f*.
anonymity *n* anonymat *m*.
anonymous *adj* anonyme.
another *adj* un autre:
  — one ~ l'un l'autre.
answer *vt* répondre à;
  * *n* réponse *f*.
ant *n* fourmi *f*.
antagonism *n* antagonisme *m*.
antagonise *vt* provoquer.

Antarctic *adj* antarctique;
* *n* Antarctique *m*.
antenna *n* antenne *f*.
anterior *adj* antérieur(e).
anthem *n* hymne *m*.
anthology *n* anthologie *f*.
anthropology *n*
anthropologie *f*.
antibiotic *n* antibiotique *m*.
anticipate *vt* prévoir.
anticipation *n* attente *f*.
antidote *n* antidote *m*.
antipathy *n* antipathie *f*.
antiquarian *n* antiquaire *m* or *f*.
antique *n* antiquité *f*;
* *adj* ancien(ne).
antiquity *n* antiquité *f*.
antithesis *n* antithèse *f*.
antler *n* ramure *f*.
anxiety *n* anxiété *f*; désir *m*.
anxious *adj* anxieux(euse).
any *adj* du, de l', de la; des;
n'importe quel(le), quelconque;
tout(e); * *pron* en; n'importe
lequel(laquelle) n'importe
qui; * do you want ~ more?
adv vous en voulez encore?
anybody *pron* quelqu'un;
n'importe qui; personne.
anyone = anybody.
anything *pron* quelque chose;
n'importe quoi; rien.
apart *adv* séparément.
apartment *n* appartement *m*.
apathetic *adj* apathique.
apathy *n* apathie *f*.
aperture *n* ouverture *f*.
apex *n* sommet *m*; apex *m*.
apologise *vi* s'excuser (for de)
(to auprès de).
apology *n* apologie *f*, défense *f*.
apostle *n* apôtre *m*.
appal *vt* horrifier, atterrer.
apparatus *n* appareil *m*.
apparent *adj* apparent(e).
apparition *n* apparition *f*,
vision *f*.

appeal *vi* faire appel; * *n* (law)
appel *m*.
appear *vi* paraître.
appearance *n* apparence *f*.
append *vt* annexer.
appetite *n* appétit *m*.
appetising *adj* appétissant(e).
applaud *vt*, *vi* applaudir.
applause *n*
applaudissements *mpl*.
apple *n* pomme *f*.
apple tree *n* pommier *m*.
appliance *n* appareil *m*.
applicable *adj* applicable.
applicant *n* candidat(e) *m(f)*.
application *n* application *f*.
apply *vt* appliquer;
* *vi* s'adresser.
appoint *vt* nommer.
appointment *n* rendez-vous *m*;
nomination *f*.
apportion *vt* répartir.
appraisal *n* estimation *f*.
appraise *vi* évaluer.
appreciate *vi* apprécier.
appreciation *n* appréciation *f*.
appreciative *adj*
reconnaissant(e).
apprehend *vt* appréhender.
apprehension *n* appréhension *f*.
apprentice *n* apprenti(e) *m(f)*.
approach *vi* (s')approcher;
* *n* approche *f*.
appropriate *adj* approprié(e),
adéquat(e).
approval *n* approbation *f*.
approve (of) *vt* approuver.
approximate *adj*
approximatif(ive).
approximation *n* approximation *f*.
April *n* avril *m*.
apron *n* tablier *m*.
apt *adj* approprié(e); doué(e).
aqualung *n* scaphandre *m*
autonome.
aquarium *n* aquarium *m*.

aquatic *adj* aquatique.
arable *adj* arable.
arbiter *n* arbitre *m*.
arbitrary *adj* arbitraire.
arbitrate *vt* arbitrer.
arbitration *n* arbitrage *m*.
arcade *n* galerie *f*; arcade *f*.
arch *n* arc *m*.
archbishop *n* archevêque *m*.
archeological *adj* archéologique.
archeology *n* archéologie *f*.
architect *n* architecte *m* or *f*.
architecture *n* architecture *f*.
archives *npl* archives *fpl*.
Arctic *adj* arctique;
   * *n* Arctique *m*.
ardent *adj* ardent(e).
ardour *n* ardeur *f*.
area *n* région *f*; domaine *m*.
argue *vi* se disputer.
argument *n* argument *m*;
   dispute *f*.
argumentative *adj*
   raisonneur(euse).
arid *adj* aride.
aridity *n* aridité *f*.
arise *vi* se lever; survenir.
aristocracy *n* aristocratie *f*.
aristocrat *n* aristocrate *m* or *f*.
arithmetic *n* arithmétique *f*.
arm *n* bras *m*; * *vt* armer;
   * *vi* (s')armer.
arms *npl* armes *fpl*.
armament *n* armement *m*.
armchair *n* fauteuil *m*.
armful *n* brassée *f*.
armistice *n* armistice *m*.
armour *n* armure *f*.
armpit *n* aisselle *f*.
army *n* armée *f*.
aroma *n* arôme *m*.
aromatic *adj* aromatique.
around *prep* autour de;
   * *adv* autour.
arouse *vt* éveiller; exciter.
arrange *vt* arranger, organiser.
arrangement *n* arrangement *m*.

array *n* déploiement *m*,
   étalage *m*; tableau *m*.
arrest *n* arrestation *f*;
   * *vt* arrêter.
arrival *n* arrivée *f*.
arrive *vi* arriver.
arrogance *n* arrogance *f*.
arrogant *adj* arrogant(e).
arrow *n* flèche *f*.
arsenal *n* (military) arsenal *m*.
art gallery *n* musée *m* d'art.
art *n* art *m*.
artery *n* artère *f*.
artful *adj* malin(e),
   astucieux(euse).
article *n* article *m*.
articulate *vt* articuler.
articulation *n* articulation *f*.
artificial *adj* artificiel(le).
artillery *n* artillerie *f*.
artisan *n* artisan *m*.
artist *n* artiste *m* or *f*.
artistry *n* habileté *f*.
as *conj* comme, pendant que,
   aussi, puisque: ~ for, ~ to
   quant à; * *prep* en tant que.
ascend *vi* monter.
ascension *n* ascension *f*.
ascent *n* montée *f*.
ascertain *vt* établir.
ascetic *adj* ascétique;
   * *n* ascète *m* or *f*.
ash *n* (botany) frêne *m*; cendre *f*.
ashamed *adj* honteux(euse).
ashore *adv* à terre;
   to go ~ débarquer.
ashtray *n* cendrier *m*.
Asia *n* Asie *f*.
Asian *adj* asiatique;
   * *n* Asiatique *m* or *f*.
aside *adv* de côté.
ask *vi* demander.
asleep *adj* endormi(e):
   — to fall ~ s'endormir.
aspect *n* aspect *m*.
aspersion *n* calomnie *f*.
asphyxiate *vi* asphyxier.

asphyxiation *n* asphyxie *f*.
aspirant *n* aspirant(e) *m(f)*.
aspiration *n* aspiration *f*.
aspire *vi* aspirer, désirer.
aspirin *n* aspirine *f*.
assail *vt* assaillir, attaquer.
assailant *n* assaillant(e) *m(f)*.
assassin *n* assassin *m*.
assassinate *vt* assassiner.
assault *n* assaut *m*;
* *vt* agresser.
assemble *vi* assembler;
* *vi* s'assembler.
assembly *n* assemblée *f*.
assent *n* assentiment *m*;
* *vi* donner son assentiment.
assert *vt* soutenir; affirmer.
assertion *n* assertion *f*.
assess *vi* évaluer.
assessment *n* évaluation *f*.
assets *npl* biens *mpl*.
assign *vt* assigner.
assignment *n* allocation *f*.
assimilate *vt* assimiler.
assist *vt* assister, aider.
assistance *n* assistance *f*, aide *f*.
assistant *n* aide *m* or *f*.
associate *vt* associer;
* *adj* associé(e); * *n* associé(e).
association *n* association *f*.
assortment *n* assortiment *m*.
assume *vt* assumer; supposer.
assumption *n* supposition *f*.
assurance *n* assurance *f*.
assure *vt* assurer.
asthma *n* asthme *m*.
asthmatic *adj* asthmatique.
astonish *vt* surprendre.
astonishment *n* surprise *f*.
astound *vt* ébahir.
astrologer *n* astrologue *m* or *f*.
astrology *n* astrologie *f*.
astronomer *n* astronome *m* or *f*.
astronomy *n* astronomie *f*.
astute *adj* malin(e).
asylum *n* asile *m*, refuge *m*.
at *prep* à, au; en.

atheist *n* athée *m* or *f*.
athlete *n* athlète *m* or *f*.
athletic *adj* athlétique.
atlas *n* atlas *m*.
atmosphere *n* atmosphère *f*.
atom *n* atome *m*.
atomic *adj* atomique.
atrocious *adj* atroce.
atrocity *n* atrocité *f*,
énormité *f*.
attach *vt* joindre.
attachment *n* attachement *m*.
attack *vt* attaquer; * *n* attaque *f*.
attacker *n* attaquant(e) *m(f)*.
attain *vt* atteindre, obtenir.
attempt *vt* essayer; * *n* essai *m*,
tentative *f*.
attend *vt* servir; assister à.
attendance *n* service *m*;
assistance *f*.
attention *n* attention *f*; soin *m*.
attentive *adj* attentif(ive).
attentively *adv* attentivement.
attic *n* grenier *m*.
attitude *n* attitude *f*.
attract *vt* attirer.
attraction *n* attraction *f*;
attrait *m*.
attractive *adj* attrayant(e).
attribute *vt* attribuer;
* *n* attribut *m*.
auction *n* vente *f* aux enchères.
audacious *adj* audacieux(euse).
audacity *n* audace *f*, témérité *f*.
audible *adj* audible.
audience *n* audience *f*.
audit *n* audit *m*; * *vt* vérifier.
auditor *n* auditeur(trice) *m(f)*.
augment *vt*, *vi* augmenter.
August *n* août *m*.
aunt *n* tante *f*.
auspicious *adj* favorable, propice.
austere *adj* austère, sévère.
Australia *n* Australie *f*.
Australian *adj* australien(ne);
* *n* Australien(ne) *m(f)*.
Austria *n* Autriche *f*.

Austrian *adj* autrichienn(ne);
  * *n* Autrichien(ne) *m(f)*.
authentic *adj* authentique.
authenticity *n* authenticité *f*.
author *n* auteur *m*.
authoritarian *adj* autoritaire.
authority *n* autorité *f*.
authorisation *n*
  autorisation *f*.
authorise *vt* autoriser.
autocrat *n* autocrate *m* or *f*.
autocratic *adj* autocratique.
autograph *n* autographe *m*.
automatic *adj* automatique.
autonomy *n* autonomie *f*.
autopsy *n* autopsie *f*.
autumn *n* automne *m*.
auxiliary *adj* auxiliaire.
available *adj* disponible.
avalanche *n* avalanche *f*.
avarice *n* avarice *f*.
avenge *vt* venger.
avenue *n* avenue *f*.
average *n* moyenne *f*, moyen
  terme *m*.
aversion *n* aversion *f*,
  dégoût *m*.
avert *vi* détourner, écarter.
avoid *vt* éviter; échapper à.
await *vt* attendre.
awake *vt* réveiller; * *vi* se
  réveiller; * *adj* éveillé(e).
award *vt* attribuer; * *n* prix *m*;
  décision *f*.
aware *adj* conscient(e); au
  courant.
awareness *n* conscience *f*.
away *adv* absent(e); (au) loin.
awe *n* peur *f*, crainte *f*.
awful *adj* horrible, terrible.
awkward *adj* gauche,
  maladroit(e).
axe *n* hache *f*.
axis *n* axe *m*.
axe *n* axe *m*.

B

B *n* (music) si *m*.
babble *vi* bavarder.
baby *n* bébé *m*.
babyhood *n* petite enfance *f*.
babyish *adj* enfantin(e);
  puéril(e).
bachelor *n* célibataire *m*:
  — B ~ of Arts (Science)
  licencié(e) en lettres (sciences).
back *n* dos *m*; * *adv* en arrière,
  à l'arrière; * *vt* soutenir;
  * *vi* reculer; * *adj* de derrière,
  à l'arrière.
backache *n* mal *m* de dos.
backbone *n* colonne *f* vertébrale.
backdate *vt* antidater.
backer *n* partisan(e) *m(f)*.
background *n* fond *m*.
backpack *n* sac *m* à dos.
back pay *n* rappel *m* de salaire.
backside *n* derrière *m*.
backward *adj* rétrograde,
  arriéré(e).
backwards *adv* en arrière.
bacon *n* lard *m*.
bad *adj* mauvais(e), de mauvaise
  qualité; méchant(e).
badly *adv* mal.
badge *n* insigne *m*, badge *m*.
badness *n* mauvaise qualité *f*;
  méchanceté *f*.
baffle *vt* déconcerter, confondre.
bag *n* sac *m*.
baggage *n* bagages *mpl*,
  équipement *m*.
bait *vt* appâter; * *n* appât *m*.
bake *vi* faire cuire au four.
bakery *n* boulangerie *f*.
baker *n* boulanger(ère) *m(f)*.
baking *n* cuisson *f*; fournée *f*.
balance *n* balance *f*; équilibre
  m; * *vt* équilibrer.
balcony *n* balcon *m*.
bald *adj* chauve.

baldness n calvitie f.
ball n balle f; boule f, ballon m.
ballad n ballade f.
ballerina n ballerine f.
ballet n ballet m.
balloon n aérostat m.
ballot n scrutin m.
balm, balsam n baume m.
bamboo n bambou m.
ban n interdiction f;
  * vt interdire.
banal adj banal(e).
banana n banane f.
band n bande f; orchestre m.
bandage n bande f, bandage m;
  * vt bander.
bang n claquement m,
  détonation f; * vt frapper
  violemment; claquer.
bangle n bracelet m.
banish vt bannir.
bank n rive f; banque f; banc m.
banker n banquier(ière) m(f).
banknote n billet m de banque.
bankrupt adj failli(e).
bankruptcy n faillite f.
banquet n banquet m.
baptism n baptême m.
baptise vt baptiser.
bar n bar m; barre f, obstacle m;
  * vt interdire; exclure.
barbarian n barbare m or f;
  * adj barbare, cruel(le).
barbarity n barbarie f,
  atrocité f.
barbecue n barbecue m.
barber n coiffeur (pour
  hommes) m.
bare adj nu(e); pur(e);
  * vt dénuder, découvrir.
barefoot adj, adv nu-pieds.
barely adv à peine, tout juste.
bareness n nudité f.
bargain n affaire f; contrat m;
  * vi conclure un marché.
bark n écorce f; aboiement m;
  * vi aboyer.

barn n grange f, étable f.
barometer n baromètre m.
barracks npl caserne f.
barrage n barrage m.
barrel n tonneau m, fût m.
barren adj stérile, infertile.
barricade n barricade f;
  * vt barricader.
barrier n barrière f; obstacle m.
barring adv excepté, sauf.
bartender n barman m.
barter vi faire du troc;
  * vt troquer, échanger.
base n base f; partie f
  inférieure; * vt fonder sur;
  * adj vil(e), abject(e).
basement n sous-sol m.
bashful adj timide, modeste.
basic adj fondamental(e), de base.
basin n cuvette f; lavabo m.
basis n base f; fondement m.
basket n panier m, corbeille f.
bass n (music) contrebasse f.
bastard n bâtard m;
  * adj bâtard(e).
baste vt arroser.
bat n chauve-souris f.
batch n fournée f.
bath n bain m.
bathe vt (vi) (se) baigner.
bathing suit n maillot m de bain.
bathroom n salle f de bain.
baths npl piscine f.
bathtub n baignoire f.
batter vt battre; * n pâte f à
  frire.
battery n pile f, batterie f.
battle n bataille f; * vi se battre.
battlefield n champ m de
  bataille.
bawdy adj (fam) paillard(e).
bawl vi brailler, (sl) gueuler.
bay n baie f; laurier m.
bazaar n bazar m.
be vt être: — how are you?
  comment allez-vous?: — he is
  3 (years old) il a 3 ans; * vi

être, exister; * *impersonal vb* faire: — it's hot il fait chaud.

beach *n* plage *f*.

beacon *n* phare *m*.

bead *n* perle *f*.

beak *n* bec *m*.

beaker *n* gobelet *m*.

beam *n* rayon *m*; poutre *f*; * *vi* rayonner.

bean *n* haricot *m*.

bear *n* ours *m*.

bear *vt* porter, supporter.

bearable *adj* supportable.

beard *n* barbe *f*.

bearded *adj* barbu(e).

bearer *n* porteur(euse) *m(f)*.

beast *n* bête *f*; brute *f*.

beat *vt* battre; * *vi* battre; * *n* battement *m*; pulsation *f*.

beating *n* raclée *f*; battement *m*.

beautiful *adj* beau (belle).

beautify *vt* embellir; décorer.

beauty *n* beauté *f*.

because *conj* parce que; * *prep* ~ of en raison de.

become *vi* devenir, se faire.

becoming *adj* convenable, seyant(e).

bed *n* lit *m*.

bedclothes *npl* couvertures et draps *mpl*.

bedroom *n* chambre *f*.

bedspread *n* dessus-de-lit *m invar*.

bee *n* abeille *f*.

beef *n* boeuf (viande) *m*.

beefsteak *n* bifteck *m*.

beeline *n* ligne *f* droite.

beer *n* bière *f*.

before *adv, prep* avant; devant; * *conj* avant de, avant que.

beforehand *adv* à l'avance, au préalable.

beg *vt* mendier.

beggar *n* mendiant(e).

begin *vt, vi* commencer.

beginner *n* débutant(e) *m(f)*.

beginning *n* commencement *m*.

behave *vi* se comporter, se conduire.

behaviour *n* conduite *f*.

behead *vt* décapiter.

behind *prep* derrière; * *adv* derrière, par-derrière, en arrière.

behold *vt* voir; contempler.

being *n* existence *f*; être *m*.

belated *adj* tardif(ive).

belch *vi* roter, avoir un renvoi; * *n* rot *m*.

Belgian *adj* belge; * *n* Belge *m(f)*.

Belgium *n* Belgique *f*.

belie *vi* démentir, tromper.

belief *n* foi *f*, croyance *f*.

believable *adj* croyable.

believe *vt* croire; * *vi* penser, croire.

believer *n* croyant(e) *m(f)*.

belittle *vt* rabaisser.

bell *n* cloche *f*.

belligerent *adj* belligérant(e).

bellow *vi* beugler, mugir.

belly *n* ventre *m*.

belong *vi* appartenir (to à).

beloved *adj* chéri(e), bien-aimé(e).

below *adv* en dessous, en bas; * *prep* sous, au-dessous de.

belt *n* ceinture *f*.

bench *n* banc *m*.

bend *vt* courber; * *vi* se courber; * *n* courbe *f*.

beneath *adv* au-dessous; * *prep* sous, au-dessous de.

benefactor *n* bienfaiteur(trice) *m(f)*.

beneficial *adj* profitable, salutaire, utile.

beneficiary *n* bénéficiaire *m* or *f*.

benefit *n* profit *m*; bienfait *m*; * *vi* bénéficier.

benevolence *n* bienveillance *f*.

benevolent *adj* bienveillant(e).

benign *adj* bienveillant(e), doux (douce); bénin(igne).

bequeath *vt* léguer.

bequest *n* legs *m*.

bereavement *n* perte *f*, deuil *m*.

beret *n* béret *m*.

berserk *adj*: — to go ~ être pris d'une rage incontrôlable.

beseech *vt* supplier, implorer.

beset *vt* assaillir.

beside *prep* à côté de.

besides *adv* de plus, en outre; * *prep* en plus de; excepté.

besiege *vt* assiéger.

best *adj* le (la) meilleur(e); * *adv* le mieux; * *n* le meilleur *m*, le mieux *m*.

bestial *adj* bestial(e), brutal(e).

bestiality *n* bestialité *f*, brutalité *f*.

bestow *vt* accorder, conférer.

bet *n* pari *m*; * *vt* parier.

betray *vt* trahir.

betrayal *n* trahison *f*.

better *adj* meilleur(e); * *adv* mieux; * *vt* améliorer.

between *prep* entre; * *adv* au milieu.

beverage *n* boisson *f*.

bewilder *vt* déconcerter.

bewilderment *n* perplexité *f*.

beyond *prep* au-delà de; * *adv* au delà, plus loin.

bias *n* préjugé *m*; inclination *f*.

Bible *n* Bible *f*.

bibliography *n* bibliographie *f*.

bicycle *n* bicyclette *f*.

bid *vt* ordonner; offrir; * *n* offre *f*, tentative *f*.

bide *vt* attendre, supporter.

biennial *adj* biennal(e), bisannuel(le); * *n* biennale *f*.

big *adj* grand(e), gros(se); important(e).

bigot *n* fanatique *m* or *f*.

bigoted *adj* fanatique.

bike *n* vélo *m*.

bikini *n* bikini *m*.

bilingual *adj* bilingue.

bill *n* bec (d'oiseau) *m*, addition *f*; billet *m*.

billion *n* (UK) billion; (US) milliard *m*.

bin *n* coffre *m*; boîte *f*; poubelle *f*.

bind *vt* attacher; lier.

biochemistry *n* biochimie *f*.

binoculars *npl* jumelles *fpl*.

biographer *n* biographe *m* or *f*.

biography *n* biographie *f*.

biological *adj* biologique.

biology *n* biologie *f*.

bird *n* oiseau *m*.

birth *n* naissance *f*.

birth certificate *n* extrait *m* de naissance.

birth control *n* limitation *f* des naissances.

birthday *n* anniversaire *m*.

biscuit *n* biscuit *m*.

bishop *n* évêque *m*.

bit *n* morceau *m*; peu *m*: — a ~ of un peu de.

bite *vt* mordre; * *n* morsure *f*.

bitter *adj* amer(ère), âpre; acerbe.

bitterness *n* amertume *f*.

bizarre *adj* étrange, bizarre.

black *adj* noir(e), obscur(e); * *n* noir *m*.

blackboard *n* tableau (noir) *m*.

blacken *vt* noircir, ternir.

blackmail *n* chantage *m*; * *vi* faire chanter.

blackness *n* noirceur *f*.

blacksmith *n* forgeron *m*.

bladder *n* vessie *f*.

blade *n* lame *f*.

blame *vt* blâmer; * *n* faute *f*.

blameless *adj* irréprochable.

blanch *vt* blanchir.

bland *adj* affable, suave.

blank *adj* blanc; vide; * *n* blanc *m*.

blanket *n* couverture *f*.

blare *vi* retentir.

blaspheme *vt* blasphémer.

blasphemy *n* blasphème *m*.

blast *n* souffle d'air *m*;
  explosion *f*; * *vt* faire sauter.
blatant *adj* flagrant(e).
blaze *n* flamme *f*; * *vi* flamber.
bleach *vt* blanchir.
bleak *adj* morne, lugubre.
bleakness *n* froid *m*; austérité *f*.
bleat *n* bêlement *m*; * *vi* bêler.
bleed *vt*, *vi* saigner.
bleeding *n* saignement *m*.
bleep *n* top *m*, bip *m*;
  * *vi* émettre des signaux;
  * *vt* appeler.
blemish *n* tache *f*; défaut *m*.
blend *vt* mélanger.
bless *vt* bénir.
blessing *n* bénédiction *f*;
  bienfait *m*.
blight *vt* détruire; * *n* rouille *f*.
blind *adj* aveugle;
  * *vt* aveugler, éblouir.
blindly *adv* à l'aveuglette,
  aveuglément.
blindness *n* cécité *f*.
blink *vi* clignoter.
bliss *n* bonheur *m* extrême.
blissful *adj* heureux(euse);
  béat(e).
blister *n* ampoule *f*.
blizzard *n* tempête *f* de neige.
bloated *adj* gonflé(e).
blob *n* goutte *f*, tache *f*.
bloc *n* bloc *m*.
block *n* bloc *m*; pâté *m* de
  maisons.
block up *vt* bloquer.
blockade *n* blocus *m*;
  * *vt* bloquer.
blond *n* *adj* blond(e).
blood *n* sang *m*.
blood donor *n* donneur(euse)
  m(f) de sang.
blood group *n* groupe *m*
  sanguin.
bloodiness *n* (*fig*) cruauté *f*.
blood pressure *n* pression *f*
  artérielle.

bloodstream *n* système *m*
  sanguin.
bloodthirsty *adj* sanguinaire.
blood transfusion *n*
  transfusion *f* sanguine.
blood vessel *n* vaisseau *m*
  sanguin.
bloody *adj* sanglant(e),
  ensanglanté(e).
blossom *n* fleur *f*.
blot *vt* tacher; sécher;
  * *n* tache *f*.
blouse *n* chemisier *m*.
blow *vi* souffler; sonner;
  * *vt* souffler; * *n* coup *m*.
blubber *n* blanc *m* de baleine;
  * *vi* pleurnicher.
blue *adj* bleu(e).
blueprint *n* (*fig*) projet *m*.
bluff *n* bluff *f*; * *vt* bluffer.
bluish *adj* bleuâtre.
blunder *n* gaffe *f*; * *vi* faire une
  gaffe.
blunt *adj* émoussé(e);
  * *vt* émousser.
blur *n* tache *f*; * *vt* tacher.
blush *n* rougeur *f*; * *vi* rougir.
board *n* planche *f*; table *f*; conseil
  m; * *vi* monter à bord de.
boarder *n* pensionnaire *m* or *f*.
boarding house *n* internat *m*;
  pension (de famille) *f*.
boast *vi* se vanter;
  * *n* vantardise *f*.
boastful *adj* vantard(e).
boat *n* bateau *m*, canot *m*.
boating *n* canotage *m*.
bobsleigh *n* bob *m*.
bodily *adj* corporel(le),
  physique; * *adv* dans ses bras.
body *n* corps *m*, cadavre *m*.
bodywork *n* (*auto*) carrosserie *f*.
bog *n* marécage *m*.
bogus *adj* bidon.
boil *vi* bouillir; * *n* furoncle *m*.
boiler *n* casserole *f*,
  chaudière *f*.

boisterous *adj* bruyant(e); turbulent(e).

bold *adj* audacieux(euse), marqué(e).

bold type *n* caractère *m* gras.

boldness *n* audace *f*.

bolt *n* verrou *m*; * *vt* verrouiller.

bomb *n* bombe *f*.

bombard *vt* bombarder.

bombardment *n* bombardement *m*.

bond *n* lien *m*; engagement *m*.

bone *n* os *m*; * *vt* désosser.

bonnet *n* bonnet *m*.

bonus *n* prime *f*.

bony *adj* osseux(euse).

boo *vi* huer.

book *n* livre *m*.

bookcase *n* bibliothèque *f*.

bookkeeper *n* comptable *m* or *f*.

bookkeeping *n* comptabilité *f*.

bookseller *n* libraire *m* or *f*.

bookstore *n* librairie *f*.

bookworm *n* rat *m* de bibliothèque.

boom *n* essor *m*, boom *m*.

boot *n* botte *f*; coffre *m*; * *vt* (computer) lancer, mettre en route.

booth *n* cabine *f*, baraque *f*.

border *n* bord *m*; frontière *f*; * *vi* border, avoisiner.

bore *vt* forer; ennuyer; * *n* raseur(euse) *m(f)*.

boredom *n* ennui *m*.

boring *adj* ennuyeux(euse).

born *adj* né(e): — I was ~ in '74 je suis né(e) en '74.

borrow *vi* emprunter.

borrower *n* emprunteur(euse) *m(f)*.

bosom *n* sein *m*, poitrine *f*.

boss *n* chef *m*; patron(ne) *m(f)*.

botanical *adj* botanique.

botany *n* botanique *f*.

botch *vt* bâcler.

both *pron* tou(te)s les deux,

l'un(e) et l'autre; * *adj* les deux.

bother *vt* ennuyer.

bottle *n* bouteille *f*.

bottleneck *n* embouteillage *m*.

bottle-opener *n* ouvre-bouteille *m invar*.

bottom *n* fond *m*; * *adj* du bas; dernier(ière).

bough *n* branche *f*; rameau *m*.

bounce *vi* rebondir, bondir.

bound *n* limite *f*; saut *m*; * *vi* bondir; * to be ~ to do something *adj* être obligé(e) de faire quelque chose: — he's ~ to fail son échec est inévitable.

boundary *n* limite *f*; frontière *f*.

bourgeois *adj* bourgeois(e).

bout *n* attaque *f*; combat *m*.

bow *vi* se courber; * *n* salut *m*.

bow *n* arc *m*; noeud *m*.

bowels *npl* entrailles *fpl*.

bowl *n* bol *m*; boule *f*.

bowling *n* boules *fpl*.

bow tie *n* noeud *m* papillon.

box *n* boîte *f*, caisse *f*, loge *f*; * *vt* mettre en boîte; * *vi* boxer.

boxer *n* boxeur *m*.

box office *n* guichet *m*.

boy *n* garçon *m*.

boycott *vt* boycotter; * *n* boycottage *m*.

boyfriend *n* petit ami *m*.

bra *n* soutien-gorge *m*.

bracelet *n* bracelet *m*.

bracket *n* tranche *f*, parenthèse *f*, crochet *m*.

brag *vi* se vanter.

braid *n* tresse *f*; * *vt* tresser.

brain *n* cerveau *m*; tête *f*.

brainwave *n* idée *f* lumineuse.

brainy *adj* intelligent(e).

brake *n* frein *m*; * *vi* freiner.

brake light *n* feu *m* de stop.

branch *n* branche *f*; * *vi* se ramifier.

brand *n* marque *f*.

brandy *n* cognac *m*.
brash *adj* grossier(ière);
  impertinent(e).
brat *n* môme, gosse *m* or *f*.
brave *adj* courageux(euse), brave.
bravery *n* bravoure *f*; courage *m*.
brawl *n* bagarre *f*; * *vi* se
  bagarrer.
Brazil *n* Brésil *m*.
Brazilian *adj* brésilien(ne);
  * *n* Brésilien(ne) *m(f)*.
breach *n* brèche *f*; violation *f*.
bread *n* pain *m*:
  — brown ~ pain *m* bis.
breadth *n* largeur *f*.
break *vt* casser; briser; * *vi* se
  casser; * *n* cassure *f*, rupture
  f, interruption *f*.
breakdown *n* panne *f*,
  dépression *f* nerveuse.
breakfast *n* petit déjeuner *m*;
  * *vi* déjeuner.
breast *n* poitrine *f*, sein *m*.
breaststroke *n* brasse *f*.
breath *n* haleine *f*, respiration *f*.
breathe *vt*, *vi* respirer, exhaler.
breathtaking *adj* stupéfiant(e).
breed *n* race *f*, espèce *f*;
  * *vt* élever; * *vi* se reproduire.
breeder *n* éleveur(euse) *m(f)*.
breeze *n* brise *f*.
brevity *n* brièveté *f*; concision *f*.
brew *vt* brasser.
brewer *n* brasseur *m*.
brewery *n* brasserie *f*.
bribe *n* pot-de-vin *m*;
  * *vt* soudoyer.
brick *n* brique *f*.
bricklayer *n* maçon *m*.
bride *n* mariée *f*.
bridegroom *n* marié *m*.
bridge *n* pont *m*.
bridle *n* bride *f*; * *vt* brider.
brief *adj* bref(ève), concis(e);
  * *n* résumé *m*.
briefcase *n* serviette *f*.
bright *adj* clair(e), brillant(e).

brighten *vt* faire briller;
  * *vi* s'éclaircir.
brilliance *n* éclat *m*.
brilliant *adj* éclatant(e);
  génial(e).
bring *vt* apporter; amener.
brisk *adj* vif (vive), rapide,
  frais (fraîche).
bristle *n* poil *m*; * *vi* se hérisser.
British *adj* britannique;
  * *n* Britannique *m* or *f*.
brittle *adj* cassant(e), fragile.
broad *adj* large.
broadcast *n* émission *f*;
  * *vt*, *vi* diffuser.
broaden *vt* élargir; * *vi* s'élargir.
broadness *n* largeur *f*.
broccoli *n* brocoli *m*.
brochure *n* brochure *f*,
  dépliant *m*.
broken *adj* cassé(e);
  interrompu(e).
broker *n* courtier *m*.
bronze *n* bronze *m*.
brooch *n* broche *f*.
brood *vi* couver; ruminer.
broom *n* genêt *m*; balai *m*.
brother *n* frère *m*.
brother-in-law *n* beau-frère *m*.
brow *n* sourcil *m*; front *m*.
brown *adj* marron; brun(e);
  * *n* marron *m*; * *vt* brunir.
browse *vi* bouquiner; paître.
bruise *n* bleu *m*, ecchymose *f*.
brush *n* brosse *f*, pinceau *m*.
brutal *adj* brutal(e).
brutality *n* brutalité *f*.
brute *n* brute *f*; * *adj* bestial(e).
bubble *n* bulle *f*;
  * *vi* bouillonner; pétiller.
bucket *n* seau *m*.
buckle *n* boucle *f*; * *vt* boucler;
  * *vi* se déformer.
budge *vi* bouger; * *vt* faire bouger.
budget *n* budget *m*.
buffet *n* buffet *m*; * *vt* gifler.
bug *n* punaise *f*.

build *vt* construire, bâtir.
builder *n* constructeur *m*.
building *n* bâtiment *m*;
immeuble *m*, édifice *m*.
bulb *n* bulbe *m*; oignon *m*.
bulge *vi* faire saillie;
* *n* renflement *m*.
bulk *n* masse *f*; volume *m*.
bulky *adj* volumineux(euse).
bull *n* taureau *m*.
bullet *n* balle *f*.
bulletproof *adj* pare-balles,
blindé(e).
bully *n* tyran *m*; * *vt* tyraniser.
bump *n* heurt *m*; bosse *f*;
* *vt* heurter.
bumpy *adj* cahoteux(euse),
bosselé(e).
bun *n* petit pain *m*; chignon *m*.
bunch *n* botte *f*, groupe *m*.
bundle *n* paquet *m*, liasse *f*;
* *vt* empaqueter.
bungle *vt* bâcler.
bunk *n* couchette *f*.
buoy *n* (marine) bouée *f*.
buoyancy *n* flottabilité *f*.
buoyant *adj* flottable; gai(e),
enjoué(e).
burden *n* charge *f*; * *vt* charger.
bureau *n* commode *f*; bureau *m*.
bureaucrat *n* bureaucrate *m* or *f*.
burial *n* enterrement *m*;
obsèques *fpl*.
burly *adj* robuste.
burn *vt, vi* brûler; * *n* brûlure *f*.
burning *adj* brûlant(e).
burst *vi* éclater: — to ~ out
laughing éclater de rire.
bury *vt* enterrer, inhumer.
bus *n* (auto)bus *m*.
bush *n* buisson *m*, taillis *m*.
business *n* entreprise *f*,
commerce *m*.
businessman *n* homme *m*
d'affaires.
businesswoman *n* femme *f*
d'affaires.

bus-stop *n* arrêt *m* d'autobus.
busy *adj* occupé(e); actif(ive).
but *conj* mais; sauf, excepté,
seulement.
butcher *n* boucher(ère);
* *vt* abattre, massacrer.
butchery *n* boucherie *f*.
butter *n* beurre *m*; * *vt* beurrer.
butterfly *n* papillon *m*.
button *n* bouton *m*;
* *vt* boutonner.
buy *vt* acheter.
buyer *n* acheteur(euse) *m(f)*.
buzz *n* bourdonnement *m*;
* *vi* bourdonner.
by *prep* à côté de, près de; par.
bypass *n* (route *f* de)
contournement *m*.
by-product *n* sous-produit *m*.
by-road *n* chemin *m* de traverse.
byte *n* (computer) octet *m*.

C

C *n* (music) do *m*.
cabbage *n* chou *m*.
cabin *n* cabine *f*, cabane *f*.
cabinet *n* meuble *m* de
rangement; console *f*; cabinet *m*.
cable *n* câble *m*.
cache *n* cachette *f*.
cackle *vi* caqueter, jacasser.
cafe *n* café *m*.
cafeteria *n* cafétéria *f*.
caffeine *n* caféine *f*.
cage *n* cage *f*; * *vt* mettre en cage.
cake *n* gâteau *m*.
calamity *n* calamité *f*,
désastre *m*.
calculate *vt* calculer, compter.
calculation *n* calcul *m*.
calendar *n* calendrier *m*.
calf *n* veau *m*.
calibre *n* calibre *m*.
call *vt* appeler; convoquer;
* *n* appel *m*; cri *m*.

calligraphy *n* calligraphie *f*.
calling *n* profession *f*, vocation *f*.
callous *adj* dur(e); insensible.
calm *n* calme *m*; * *adj* calme;
  * *vt* calmer.
calorie *n* calorie *f*.
camera *n* caméra *f*.
camouflage *n* camouflage *m*.
camp *n* camp *m*; * *vi* camper.
campaign *n* campagne *f*.
camper *n* campeur(euse) *m(f)*.
camping *n* camping *m*.
campsite *n* camping *m*.
campus *n* campus *m*.
can *vt aux* pouvoir; savoir;
  * *n* boîte *f* de conserve.
Canada *n* Canada *m*.
Canadian *adj* canadien(ne);
  * *n* Canadien(ne) *m(f)*.
canal *n* conduit *m*; canal *m*.
cancel *vt* annuler.
cancer *n* cancer *m*.
cancerous *adj* cancéreux(euse).
candid *adj* candide, simple.
candidate *n* candidat(e) *m(f)*.
candle *n* bougie *f*, cierge *m*.
candour *n* candeur *f*, sincérité *f*.
cane *n* canne *f*; bâton *m*.
cannon *n* canon *m*.
canoe *n* canoë *m*.
canon *n* canon *m*; règle *f*.
can opener *n* ouvre-boîte *m*.
canopy *n* baldaquin *m*.
cantankerous *adj* acariâtre.
canteen *n* cantine *f*.
canvas *n* toile *f*.
canvass *vt* sonder.
canvasser *n* prospecteur(trice)
  m(f).
cap *n* casquette *f*.
capability *n* capacité *f*,
  aptitude *f*.
capable *adj* capable.
capacity *n* capacité *f*;
  potentiel *m*.
cape *n* cap *m*, promontoire *m*.
capital *adj* capital(e):

~ punishment *n* peine *f* de
mort; * *n* capital *m*; capitale *f*
capitalist *n* capitaliste *m* or *f*.
capitalise *vt* capitaliser.
capitulate *vi* capituler.
capitulation *n* capitulation *f*.
capricious *adj* capricieux(euse).
capsize *vt* (marine) chavirer.
capsule *n* capsule *f*.
captain *n* capitaine *m*.
captivate *vt* captiver.
captivation *n* fascination *f*.
captive *n, adj* captif(ive) *m(f)*.
captivity *n* captivité *f*.
capture *n* capture *f*;
  * *vt* capturer.
car *n* voiture *f*: — by ~ en
voiture.
caravan *n* caravane *f*.
carbohydrates *npl* hydrates de
carbone *mpl*.
carcass *n* carcasse *f*.
card *n* carte *f*: — to play ~s
jouer aux cartes.
cardboard *n* carton *m*.
cardiac *adj* cardiaque.
cardinal *adj* cardinal(e);
  * *n* cardinal *m*.
care *n* soin *m*; attention *f*;
  souci *m*; * to ~ about *vi* se
  soucier de, s'intéresser à:
  — I don't ~ ça m'est égal;
  * to take ~ of *vt* s'occuper de.
career *n* carrière *f*.
careful *adj* soigneux(euse),
  prudent(e): — be ~! fais
  attention!
careless *adj* insouciant(e),
  négligent(e).
carelessness *n* négligence *f*.
caress *n* caresse *f*; * *vt* caresser.
caretaker *n* concierge *m* or *f*;
  gardien(ne) *m(f)*.
cargo *n* cargaison *f*,
  chargement *m*.
caricature *n* caricature *f*;
  * *vt* caricaturer.

carnage *n* carnage *m*.

carnal *adj* charnel(le); sexuel(le).

carnival *n* carnaval *m*.

carnivorous *adj* carnivore.

car park *n* parking *m*.

carpenter *n* charpentier *m*.

carpentry *n* charpenterie *f*.

carpet *n* tapis *m*; * *vt* recouvrir (d'un tapis).

carriage *n* port *m*; voiture *f*; (of goods) transport *m*.

carrier *n* camionneur *m*, transporteur *m*; (medical) porteur(euse) *m(f)*.

carrion *n* charogne *f*.

carrot *n* carotte *f*.

carry *vt* porter, transporter: ~ out exécuter, effectuer; * *vi* porter: ~ on with doing (something) continuer (quelque chose) à faire.

cart *n* charrette *f*; * *vi* transporter.

cartel *n* cartel *m*.

cartilage *n* cartilage *m*.

cartoon *n* (film, TV) dessin animé *m*; (satirical) caricature *f*.

cartridge *n* cartouche *f*.

carve *vt* tailler, sculpter.

carving *n* sculpture *f*.

case *n* cas *m*; boîte *f*, étui *m*: — in ~ of en cas de: — in ~ he au cas où il.

cash *n* argent (liquide) *m*; * *vt* encaisser: — to pay ~ payer en espèces / liquide.

cash dispenser *n* distributeur *m* automatique de billets.

cashier *n* caissier(ère) *m(f)*.

casino *n* casino *m*.

cask *n* tonneau *m*.

casserole *n* cocotte *f*.

cassette *n* cassette *f*.

cassette player *n* magnétophone *m*.

cast *vt* jeter; perdre; couler; * *n* distribution *f*; moule *m*.

caste *n* caste *f*.

castle *n* château *m*.

castrate *vt* castrer.

castration *n* castration *f*.

casual *adj* de hasard, fortuit(e); temporaire.

casualty *n* accidenté(e), blessé(e); victime.

cat *n* chat(te) *m(f)*.

catalogue *n* catalogue *m*; * *vt* cataloguer.

catalytic converter *n* pot *m* catalytique.

catapult *n* catapulte *f*, lance-pierres *m*.

cataract *n* cataracte *f*.

catastrophe *n* catastrophe *f*.

catch *vt* attraper, surprendre, saisir; * *vi* prendre, s'accrocher: ~ on prendre, saisir: ~ up se rattraper; * *n* prise *f*, capture *f*.

catchphrase *n* slogan *m*.

catechism *n* catéchisme *m*.

categorical *adj* catégorique.

category *n* catégorie *f*.

cater *vi* to ~ (for) préparer des repas (pour); * *vt* to ~ for satisfaire.

caterer *n* fournisseur *m*, traiteur *m*.

catering *n* restauration *f*.

caterpillar *n* chenille *f*.

cathedral *n* cathédrale *f*.

catholic *adj* universel(le), libéral(e); * C~ *adj, n* catholique *m* or *f*.

cattle *n* bétail *m*, bestiaux *mpl*.

catwalk *n* passerelle *f*.

cauliflower *n* chou-fleur *m*.

cause *n* cause *f*, raison *f*; * *vt* causer.

cauterise *vt* cautériser.

caution *n* prudence *f*, précaution *f*; * *vt* avertir.

cautious *adj* prudent(e), circonspect(e).

cavalier *adj* cavalier(ière); * *n* cavalier *m*.

cavalry *n* cavalerie *f*.

cave *n* grotte *f*, caverne *f*; * to go caving *vi* faire de la spéléo(logie).

cavern *n* caverne *f*.

cavity *n* cavité *f*.

CD (compact disc) *n* CD *m*.

CD player *n* platine *f* laser.

cease *vt* cesser, arrêter.

ceaseless *adj* incessant(e), continuel(le).

cede *vt* céder.

ceiling *n* plafond *m*.

celebrate *vt* célébrer, fêter.

celebration *n* fête *f*.

celibacy *n* célibat *m*.

cell *n* cellule *f*.

cellar *n* cave *f*.

cello *n* violoncelle *m*.

Celsius *adj invar* Celsius.

Celt *n* Celte *m or f*.

cement *n* ciment *m*; * *vt* cimenter.

cemetery *n* cimetière *m*.

censor *n* censeur *m*; * *vt* censurer.

censorship *n* censure *f*.

censure *vt* blâmer, critiquer.

census *n* recensement *m*.

centenary *n* centenaire *m*.

centigrade *adj* centigrade.

centimetre *n* centimètre *m*.

central *adj* central(e).

Central America *n* Amérique Centrale *f*.

Central American *adj, n* de l'Amérique Centrale *m or f*.

centralise *vt* centraliser.

centre *n* centre *m*; * *vt* centrer (on sur).

century *n* siècle *m*.

cereal *n* céréale *f*.

ceremonial *n* cérémonial *m*; rituel *m*.

ceremony *n* cérémonie *f*.

certain *adj* certain(e), sûr(e).

certainly *adv* sûrement.

certainty *n* certitude *f*.

certificate *n* certificat *m*.

certification *n* authentification *f*.

certify *vt* certifier, assurer.

cessation *n* cessation *f*.

chafe *vt* irriter, frotter contre; * to ~ against *vi* se rebiffer contre.

chagrin *n* contrariété *f*.

chain *n* chaîne *f*; * *vt* enchaîner.

chair *n* chaise *f*; * *vt* présider.

chairman *n* président *m*.

chalk *n* craie *f*.

challenge *n* défi *m*; * *vt* défier.

chamber *n* chambre *f*.

champagne *n* champagne *m*.

champion *n* champion(ne); * *vt* défendre.

championship *n* championnat *m*.

chance *n* hasard *m*, occasion *f*, possibilité *f*; chance *f*; * to ~ it *vt* risquer, essayer; * *adj* fortuit(e), de hasard.

chancellor *n* chancelier *m*.

change *vt* changer (de); * *vi* changer, se changer, se transformer (into en); * *n* modification *f*; monnaie *f*.

changeable *adj* changeant(e), variable.

channel *n* canal *m*; * *vt* canaliser.

chant *n* chant *m*.

chaotic *adj* chaotique.

chap *n* (*sl*) type *m*; * *vt* gercer.

chapel *n* chapelle *f*.

chapter *n* chapitre *m*.

character *n* caractère *m*; personnage *m*.

characteristic *adj* caractéristique.

charcoal *n* charbon *m* de bois.

charge *vt* charger; accuser; inculper (with de); * *n* charge *f*, accusation *f*, responsabilité *f*; prix *m*; ~s frais.

charitable *adj* charitable.

charity *n* charité *f*.

charm *n* charme *m*; * *vt* charmer.

chart *n* (marine) carte *f*, diagramme *m*, tableau *m*, graphique *m*; * *vt* dresser la carte de.

charter *n* charte *f*; * *vt* affréter.

chase *vt* poursuivre; * *n* chasse *f*.

chaste *adj* chaste; pur(e).

chastise *vt* châtier, punir.

chastity *n* chasteté *f*.

chat *vi* bavarder; * *n* conversation *f*.

chatter *vi* bavarder, papoter.

chauffeur *n* chauffeur *m*.

chauvinist *n* macho *m*, chauvin(e).

cheap *adj* bon marché, pas cher (chère); * *adv* à bon marché, pour pas cher; ~er moins cher (chère).

cheapen *vt* baisser le prix de.

cheat *vt* tromper, frauder; * *n* tricheur(euse) *m(f)*.

check *vt* vérifier; contrôler, réprimer, enrayer; stopper; enregistrer; * *n* contrôle *m*.

check-in *n* enregistrement *m*.

check-up *n* bilan de santé *m*.

cheek *n* joue *f*.

cheer *n* applaudissement *m*; * *vt* réconforter; acclamer.

cheerful *adj* gai(e), joyeux(euse).

cheerfulness *n* gaieté *f*, bonne humeur *f*.

cheese *n* fromage *m*.

chef *n* chef (cuisinier) *m*.

chemical *adj* chimique; * *n* produit *m* chimique.

chemist *n* chimiste *m* or *f*; pharmacien(ne) *m(f)*.

chemistry *n* chimie *f*.

chemotherapy *n* chimio(thérapie) *f*.

cheque *n* chèque *m*.

cherish *vt* chérir, entretenir.

chess *n* échecs *mpl*.

chest *n* poitrine *f*; coffre *m*, caisse *f*: ~ of drawers commode *f*.

chew *vt* mâcher, mastiquer.

chick *n* poussin *m*.

chicken *n* poulet *m*.

chief *adj* principal(e), en chef; * *n* chef *m*.

child *n* enfant *m*.

childbirth *n* accouchement *m*.

childhood *n* enfance *f*.

childish *adj* enfantin(e), puéril(e).

children *n* (*pl* of child) enfants *mpl*.

chill *n* froid *m*; * *vt* refroidir.

chilli *n* piment *m* rouge.

chilly *adj* froid(e), très frais (fraîche).

chime *n* carillon; * *vi* carillonner, sonner.

chimney *n* cheminée *f*.

chin *n* menton *m*.

China *n* Chine *f*.

Chinese *adj* chinois(e); * *n* Chinois(e).

chip *vt* ébrécher; * *n* frite *f*; fragment *m*, éclat *m*.

chips *n* frites *fpl*.

chip shop *n* friterie *f*.

chisel *n* ciseau *m*.

chivalrous *adj* chevaleresque.

chivalry *n* chevalerie *f*.

chlorine *n* chlore *m*.

chocolate *n* chocolat *m*.

choice *n* choix *m*, préférence *f*.

choir *n* chœur *m*.

choke *vt* étrangler; étouffer.

choose *vt* choisir (between entre).

chop *vt* trancher, hacher; * *n* côtelette *f*; coup *m*.

chore *n* corvée *f*, travail *m* routinier.

chorus *n* chœur *m*.

christen *vt* baptiser.

christening *n* baptême *m*.

Christian *adj*, *n* chrétien(ne).

Christmas *n* Noël *m* or *f*.

Christmas Day *n* jour *m* de Noël.

Christmas Eve *n* veille *f* de Noël.

chronic *adj* chronique.

chronicle *n* chronique *f*.

chronological *adj* chronologique.

chronology *n* chronologie *f*.

chuckle *vi* glousser.

church *n* église *f*: — the C~ of England l'Eglise *f* anglicane.

cider *n* cidre *m*.

cigar *n* cigare *m*.

cigarette *n* cigarette *f*.

cinema *n* cinéma *m*.

circle *n* cercle *m*; groupe *m*; * *vt* encercler.

circuit *n* circuit *m*; tour *m*; tournée *f*.

circular *adj* circulaire; * *n* circulaire *f*.

circulate *vi* circuler.

circulation *n* circulation *f*.

circumcise *vt* circoncire.

circumference *n* circonférence *f*.

circumspect *adj* circonspect(e).

circumspection *n* circonspection *f*.

circumstance *n* circonstance *f*, situation *f*.

circus *n* cirque *m*.

citation *n* citation *f*.

cite *vt* citer.

citizen *n* citoyen(ne).

city *n* ville *f*, cité *f*.

civic *adj* civique.

civil *adj* civil(e), courtois(e).

civilian *adj*, *n* civil(e) *m(f)*.

civilisation *n* civilisation *f*.

civilise *vt* civiliser.

claim *vt* revendiquer, réclamer; * *n* demande *f*, réclamation *f*.

claimant *n* demandeur *m*.

clamour *n* clameur *f*.

clamp *n* étau *m*; agrafe *f*; * *vt* serrer.

clandestine *adj* clandestin.

clap *vi* applaudir; * to ~ one's hands *vt* battre des mains.

clapping *n* applaudissements *mpl*.

clarification *n* clarification *f*, éclaircissement *m*.

clarify *vt* clarifier, éclaircir.

clarity *n* clarté *f*.

clash *vi* se heurter; * *n* choc *m*, fracas *m*; conflit *m*.

clasp *n* fermoir *m*; * *vt* serrer, étreindre.

class *n* classe *f*, catégorie *f*; * *vt* classer.

classic(al) *adj* classique.

classification *n* classification *f*.

classify *vt* classifier.

classroom *n* (salle *f* de) classe *f*.

clatter *vi* cliqueter; * *n* cliquetis *m*.

claw *n* griffe *f*, serre *f*; * *vt* griffer; déchirer.

clean *adj* propre; net(te); * *vt* nettoyer.

cleaner *n* nettoyeur(euse) *m(f)*; femme *f* de ménage.

cleaning *n* nettoyage *m*: — dry ~ nettoyage à sec.

cleanliness *n* propreté *f*, pureté *f*.

cleanse *vt* nettoyer.

clear *adj* clair(e); net(te); * ~ of *adv* à distance de; * *vt* clarifier.

clear off *vi* (*fam*) dégager.

clear up *vi* s'éclaircir; * *vt* ranger.

cleft *n* fissure *f*, crevasse *f*.

clemency *n* clémence *f*.

clement *adj* clément(e).

clergy *n* clergé *m*.

clergyman *n* ecclésiastique *m*.

clerical *adj* clérical(e); de bureau.

clerk n employé(e) m(f).
clever adj intelligent(e); habile.
click vt, vi claquer.
client n client(e) m(f).
cliff n falaise f.
climate n climat m.
climatic adj climatique.
climax n apogée m.
climb vt, vi grimper, escalader.
climber n alpiniste m or f.
cling vi s'accrocher (to à).
clinic n clinique f; centre m médical.
clinical adj clinique.
clip vt attacher; couper; * n barrette f; trombone m.
cloak n cape f; * vt masquer.
cloakroom n vestiaire m.
clock n horloge f.
clockwise adv dans le sens des aiguilles d'une montre.
clog n sabot m; * vi se boucher; * vt boucher.
close vt fermer; * vi (se) fermer; * adj proche (to de); serré(e); attentif(ive); * adv près (to de).
closeness n proximité f.
closure n fermeture f.
cloth n tissu m; torchon f.
clothe vt habiller, vêtir.
clothes npl vêtements mpl.
cloud n nuage m; * vt troubler.
cloudy adj nuageux(euse).
clove n clou m de girofle.
clover n trèfle m.
clown n clown m.
club n matraque f, club m.
clue n indice m.
clumsy adj maladroit(e).
cluster n groupe m; * vt se rassembler.
clutch n prise f, embrayage m; * vt agripper.
coach n car m; wagon m; entraîneur(euse) m(f); * vt entraîner.

coal n charbon m.
coalition n coalition f.
coarse adj rude; grossier(ière).
coast n côte f.
coastal adj côtier.
coastguard n garde-côte m.
coastline n littoral m.
coat n manteau m; (of paint) couche f; * vt enduire.
coating n revêtement m.
cobweb n toile d'araignée f.
cocaine n cocaïne f.
cock n coq m; * vt armer.
cockpit n poste de pilotage f.
cocoa n cacao m.
coconut n noix f de coco.
cocoon n cocon m.
cod n morue f.
code n code m.
codify vt codifier.
co-existence n coexistence f.
coffee n café m.
coffeepot n cafetière f.
coffer n coffre m; caisse f.
coffin n cercueil m.
cog n dent f (d'engrenage).
cogency n puissance f, force f.
cogent adj convaincant(e), puissant(e).
cognac n cognac m.
cogwheel n roue f dentée.
cohabit vi cohabiter (with avec).
cohabitation n cohabitation f.
coherent adj cohérent(e); logique.
cohesive adj cohésif(ive).
coil n rouleau m; * vt enrouler.
coin n pièce f de monnaie.
coincide vi coïncider.
coincidence n coïncidence f.
colander n passoire f.
cold adj froid(e); indifférent(e); * n froid m; rhume m.
cold sore n bouton m de fièvre.
coldness n froideur f.
collaborate vi collaborer.
collaboration n collaboration f.

collapse *vi* s'écrouler,
s'effondrer; * *n* écroulement*m*.
collapsible *adj* pliant(e).
collar *n* col *m*.
collateral *n* nantissement*m*.
collation *n* collation*f*.
colleague *n* collègue *m* or *f*.
collect *vt* rassembler;
collectionner.
collection *n* collection*f*.
collective *adj* collectif(ive).
collector *n* collectionneur(euse)
m(f).
college *n* collège *m*: — to go to
~ faire des études supérieures.
collide *vi* entrer en collision
(with avec).
collision *n* collision*f*.
colloquial *adj* familier(ière).
colloquialism *n* expression *f*
familière.
collusion *n* collusion*f*.
colonial *adj* colonial(e).
colonist *n* colon *m*.
colonise *vt* coloniser.
colony *n* colonie *f*.
colour *n* couleur *f*; * *vt* colorer;
* *vi* se colorer.
colourful *adj* coloré(e).
colouring *n* teint *m*; colorant *m*.
colt *n* poulain *m*.
column *n* colonne *f*.
columnist *n* chroniqueur *m*.
coma *n* coma *m*.
comatose *adj* comateux(euse).
comb *n* peigne *m*; * *vt* peigner.
combat *n* combat *m*;
* *vt* combattre.
combatant *n* combattant(e).
combination *n* combinaison*f*.
combine *vt* combiner; * *vi* s'unir.
combustion *n* combustion*f*.
come *vi* venir; (*fam*) jouir.
come about *vi* se produire.
come across *vt* rencontrer par
hasard.
come along *vi* faire des progrès.

come apart *vi* se détacher.
come back *vi* revenir.
come down *vi* baisser, s'écrouler.
come from *vt* venir de.
come in *vi* entrer.
come into *vt* hériter de.
come on *vi* s'allumer, avancer.
come out *vi* sortir; paraître.
come through *vi* s'en sortir.
come to *vt*: — how much does
it ~? ça fait combien?
come up *vi* monter: ~ to
arriver à: ~ with proposer.
comedian *n* comédien(ne) *m(f)*;
comique *m*.
comedy *n* comédie *f*.
comet *n* comète *f*.
comfort *n* confort *m*;
* *vt* réconforter; soulager.
comfortable *adj* confortable.
comic(al) *adj* comique.
command *vi* ordonner,
commander; * *n* ordre *m*.
commander *n* commandant *m*.
commemorate *vt* commémorer.
commemoration *n*
commémoration*f*.
commence *vt*, *vi* commencer.
commend *vt* recommander.
commendation *n* louange *f*,
recommandation*f*.
commensurate *adj* ~ with (to)
en rapport avec (selon).
comment *n* commentaire *m*;
* *vt* commenter.
commentary *n* commentaire
m; observation *f*.
commentator *n*
commentateur(trice) *m(f)*.
commerce *n* commerce *m*.
commercial *adj* commercial(e).
commiserate *vt* to ~ with
témoigner de la sympathie pour.
commission *n* commission *f*;
* *vt* commander; nommer.
commit *vt* commettre; confier
à; engager.

commitment n engagement m, responsabilité f.

committee n comité m.

common adj commun(e); ordinaire.

common sense n bon sens m.

commonly adv communément, généralement; couramment.

commotion n désordre m, tumulte m.

communicable adj communicable.

communicate vt communiquer; * vi communiquer (to avec).

communication n communication f.

communion n communion f.

communist n communiste m or f.

community n communauté f.

commutable adj interchangeable, permutable.

commute vt échanger; * vi faire le trajet journalier domicile-travail.

compact adj compact(e), serré(e).

compact disc n disque m compact.

companion n compagnon(gne) m(f).

company n compagnie f; société f.

comparable adj comparable.

comparative adj comparatif.

compare vt comparer (to avec).

comparison n comparaison f.

compartment n compartiment m.

compass n boussole f.

compassion n compassion f.

compassionate adj compatissant(e).

compatibility n compatibilité f.

compatible adj compatible.

compatriot n compatriote m or f.

compel vt contraindre, obliger, forcer.

compensate vt compenser.

compensation n compensation f.

compete vi rivaliser (with avec).

competence n compétence f, aptitude f.

competent adj compétent(e).

competition n compétition f, concurrence f.

competitive adj concurrentiel(le).

competitor n concurrent(e) m(f).

complacency n suffisance f.

complacent adj suffisant(e).

complain vi se plaindre (of de).

complaint n plainte f, réclamation f.

complement n complément m.

complementary adj complémentaire.

complete adj complet(ète); achevé(e); * vt achever.

completion n achèvement m.

complex adj complexe.

complexion n teint m; aspect m.

complexity n complexité f.

compliance n conformité f, soumission f.

complicate vt compliquer.

complication n complication f.

complicity n complicité f.

compliment n compliment m; * vt complimenter.

comply vi se conformer (with à).

component adj composant(e).

compose vt composer.

composer n compositeur(trice) m(f).

composition n composition f.

composure n maîtrise f de soi.

compound vt composer; * adj composé(e); * n composé m.

comprehend vt comprendre.

comprehensible adj compréhensible.

comprehension n compréhension f.

comprehensive adj global(e); compréhensif(ive).

compress *vt* comprimer.

comprise *vt* comprendre, embrasser.

compromise *n* compromis *m*; * *vt* compromettre.

compulsion *n* compulsion *f*.

compulsory *adj* obligatoire.

computer *n* ordinateur *m*.

computerise *vt* traiter par ordinateur.

computer science *n* informatique *f*.

computing *n* informatique *f*.

comrade *n* camarade *m* or *f*.

comradeship *n* camaraderie *f*.

conceal *vt* cacher.

concealment *n* dissimulation *f*.

concede *vt* concéder, accorder.

conceit *n* vanité *f*, prétention *f*.

conceive *vt*, *vi* concevoir.

concentrate *vt* concentrer.

concentration *n* concentration *f*.

concept *n* concept *m*.

conception *n* conception *f*.

concern *vt* concerner; * *n* affaire *f*, souci *m*.

concerning *prep* en ce qui concerne, concernant.

concert *n* concert *m*.

concession *n* concession *f*.

conciliate *vt* concilier.

conciliation *n* conciliation *f*.

concise *adj* concis(e).

conclude *vt* conclure.

conclusion *n* conclusion *f*.

conclusive *adj* décisif(ive), concluant(e).

concoct *vt* confectionner.

concord *n* accord *m*, harmonie *f*.

concrete *n* béton *m*; * *vt* bétonner.

concur *vi* s'entendre.

concurrence *n* consentement *m*.

concussion *n* commotion *f*.

condemn *vt* condamner.

condemnation *n* condamnation *f*.

condensation *n* condensation *f*.

condense *vt* condenser.

condescend *vi* condescendre.

condition *vt* conditionner; * *n* condition *f*, situation *f*, état *m*.

conditional *adj* conditionnel(le).

condolences *npl* condoléances *fpl*.

condom *n* préservatif *m*.

conduct *n* conduite *f*; * *vt* conduire.

conduit *n* conduit *m*, tuyau *m*.

cone *n* cône *m*.

confectioner *n* confiseur(euse) *m(f)*.

confectionery *n* confiserie *f*.

confer *vt*, *vi* conférer.

conference *n* conférence *f*.

confess *vt* confesser; * *vi* se confesser.

confession *n* confession *f*.

confide *vt* confier: — to ~ in se confier à.

confidence *n* confiance *f*, assurance *f*.

confident *adj* confiant(e), sûr(e) (de soi).

confidential *adj* confidentiel(le).

confine *vt* limiter, borner.

confinement *n* détention *f*, accouchement *m*.

confirm *vt* confirmer; ratifier.

confirmation *n* confirmation *f*.

confiscate *vt* confisquer.

confiscation *n* confiscation *f*.

conflict *n* conflit *m*; lutte *f*.

conflicting *adj* contradictoire.

conform *vi* (se) conformer (to à).

conformity *n* conformité *f*.

confront *vt* confronter.

confrontation *n* confrontation *f*.

confuse *vt* confondre.

confusion *n* confusion *f*, désordre *m*.

congeal *vi* se congeler.

congenial *adj* sympathique, agréable.

congenital *adj* congénital(e).

congestion *n* congestion *f*.

congratulate *vt* complimenter, féliciter.

congratulations *npl* félicitations *fpl*.

congregate *vt* rassembler, réunir.

congregation *n* assemblée *f*.

congress *n* congrès *m*, conférence *f*.

conifer *n* conifère *m*.

conjecture *n* conjecture *f*.

conjugal *adj* conjugal(e).

conjunction *n* conjonction *f*.

connect *vt* relier, joindre.

connection *n* liaison *f*, connexion *f*.

connoisseur *n* connaisseur(euse) *m(f)*.

conquer *vt* conquérir.

conqueror *n* conquérant *m*.

conquest *n* conquête *f*.

conscience *n* conscience *f*.

conscientious *adj* consciencieux(euse).

conscious *adj* conscient(e).

consciousness *n* conscience *m*.

consecrate *vt* consacrer.

consecration *n* consécration *m*.

consecutive *adj* consécutif(ive).

consensus *n* consensus *m*.

consent *n* consentement; * *vi* consentir (to à).

consequence *n* conséquence *f*, importance *f*.

consequent *adj* consécutif(ive).

conservation *n* conservation *f*.

conservative *adj* conservateur(trice).

conserve *vt* conserver; * *n* conserve *f*.

consider *vt* considérer.

considerable *adj* considérable.

considerate *adj* prévenant(e), attentionné(e).

consideration *n* considération *f*.

consign *vt* confier, remettre.

consignment *n* arrivage *m*.

consist *vi* consister (of en).

consistency *n* consistance *f*.

consistent *adj* constant(e); cohérent(e).

consolation *n* consolation *f*, réconfort *m*.

console *vt* consoler.

consolidate *vt* consolider.

consolidation *n* consolidation *f*.

conspicuous *adj* voyant(e).

conspiracy *n* conspiration *f*.

conspire *vi* conspirer, comploter.

constant *adj* constant(e).

constantly *adv* constamment.

constellation *n* constellation *f*.

consternation *n* consternation *f*.

constitute *vt* constituer; établir.

constitution *n* constitution *f*.

constitutional *adj* constitutionnel(le).

constrain *vt* contraindre.

constraint *n* contrainte *f*.

constrict *vt* serrer; gêner.

construct *vt* construire, bâtir.

construction *n* construction *f*.

consulate *n* consulat *m*.

consult *vt* consulter.

consultation *n* consultation *f*.

consume *vt* consommer.

consumer *n* consommateur(trice) *m(f)*.

consumerism *n* consumérisme *m*; défense *f* du consommateur.

consummate *vt* consommer.

consumption *n* consommation *f*.

contact *n* contact *m*.

contagious *adj* contagieux(euse).

contain *vt* contenir.

container *n* récipient *m*.

contaminate *vt* contaminer.

contamination *n* contamination *f*.

contemplate *vt* contempler.

contemplation n contemplation f.

contemporary adj contemporain(e).

contempt n mépris m, dédain m.

contemptible adj méprisable.

contemptuous adj méprisant(e).

contend vi combattre.

content adj content(e), satisfait(e); * vt contenter, satisfaire; * n contentement m.

contention n querelle f, altercation f.

contentment n contentement m, satisfaction f.

contest vt contester; discuter; * n combat m, lutte f.

contestant n concurrent(e), adversaire m or f.

context n contexte m.

continent n continent m.

continental adj continental(e).

contingency n éventualité f.

contingent n contingent m; * adj contingent(e).

continual adj continuel(le).

continuation n continuation f.

continue vt, vi continuer.

continuous adj continu(e).

contort vt tordre, déformer.

contortion n contorsion f.

contour n contour m.

contraception n contraception f.

contraceptive n contraceptif m; * adj contraceptif(ive).

contract vt contracter; * n contrat m.

contradict vt contredire.

contradiction n contradiction f.

contradictory adj contradictoire.

contraption n machin m, truc m.

contrary adj contraire; * n contraire m.

contrast n contraste m; * vt contraster; in ~ to/ with contrairement à.

contravention n infraction f (of à).

contribute vt contribuer.

contribution n contribution f.

contrite adj contrit(e).

contrivance n dispositif m; invention f.

control n contrôle m; maîtrise f; * vt maîtriser; contrôler.

controversial adj polémique.

controversy n polémique f.

contusion n contusion f.

conurbation n conurbation f.

convalescence n convalescence f.

convalescent adj convalescent(e).

convene vt convoquer.

convenience n commodité, convenance f.

convenient adj commode, pratique.

convention n convention f.

conventional adj conventionnel(le).

converge vi converger.

convergence n convergence f.

convergent adj convergent(e).

conversation n conversation f.

converse vi converser.

conversion n conversion f; transformation f.

convert vt convertir; * n converti(e).

convey vt transporter.

conveyance n transport m de marchandises.

convict n forçat m.

conviction n condamnation f, conviction f.

convince vt convaincre, persuader.

convivial adj joyeux(euse).

convoke vt convoquer.

convoy n convoi m.

convulse vt ébranler.

convulsion n convulsion f, bouleversement m.

convulsive adj convulsif(ive).

cook *n* cuisinier(ière) *m(f)*;
* *vt* cuire; * *vi* faire la cuisine.

cooker *n* cuisinière *f*.

cookery *n* cuisine *f*.

cool *adj* frais (fraîche);
* *n* fraîcheur *f*; * *vt* rafraîchir,
refroidir.

coolness *n* fraîcheur *f*,
sang-froid *m*.

co-operate *vi* coopérer.

co-operation *n* coopération *f*.

co-operative *adj* coopératif(ive).

co-ordinate *vt* coordonner.

co-ordination *n* coordination *f*.

cope *vi* se débrouiller.

copious *adj* copieux(euse).

copy *n* copie *f*; * *vt* copier.

copyright *n* droit *m* d'auteur.

coral *n* corail *m*.

cord *n* corde *f*, cordon *m*.

cordial *adj* cordial(e),
chaleureux(euse).

core *n* trognon *m*; noyau *m*,
centre *m*, coeur *m*.

cork *n* bouchon *m*; * *vt* boucher.

corkscrew *n* tire-bouchon *m*.

corn *n* maïs *m*; grain *m*; blé *m*.

corner *n* coin *m*; angle *m*.

cornerstone *n* pierre *f*
angulaire.

corollary *n* corollaire *m*.

coronation *n* couronnement *m*.

coroner *n* coroner *m*.

corporate *adj* en commun.

corporation *n* corporation *f*,
société *f*.

corps *n* corps *m*.

corpse *n* cadavre *m*.

corpulent *adj* corpulent(e).

correct *vt* corriger; rectifier;
* *adj* correct(e).

correction *n* correction *f*,
rectification *f*.

corrective *adj* correcteur(trice),
correctif(ive); * *n* correcteur *m*.

correctness *n* correction *f*.

correlation *n* corrélation *f*.

correspond *vi* correspondre.

correspondence *n*
correspondance *f*.

correspondent *adj*, *n*
correspondant(e) *m(f)*.

corridor *n* couloir *m*, corridor *m*.

corroborate *vt* corroborer.

corrode *vt* corroder.

corrosion *n* corrosion *f*.

corrosive *n* corrosif *m*;
* *adj* corrosif(ive).

corrupt *vt* corrompre;
* *adj* corrompu(e).

corruption *n* corruption *f*,
dépravation *f*.

cosmetic *adj n* cosmétique *m*.

cosmic *adj* cosmique.

cosmopolitan *adj* cosmopolite.

cost *n* prix *m*, coût *m*;
* *vi* coûter.

costly *adj* coûteux(euse),
cher(chère).

costume *n* costume *m*.

cottage *n* cottage *m*.

cotton *n* coton *m*.

cotton wool *n* coton *m*
hydrophile.

couch *n* canapé *m*, divan *m*.

cough *n* toux *f*; * *vi* tousser.

council *n* conseil *m*.

counsel *n* conseil *m*; avocat *m*.

counsellor *n* conseiller(ière) *m(f)*.

count *vt* compter; * *n* compte *m*.

countenance *n* expression *f*.

counter *n* comptoir *m*; jeton *m*.

counteract *vt* contrecarrer.

counterbalance *vt*
contrebalancer.

counterfeit *vt* contrefaire;
* *adj* faux (fausse).

counterpart *n* contrepartie *f*.

countersign *vt* contresigner.

countrified *adj* rustique.

country *n* pays *m*; patrie *f*;
* *adj* rustique, campagnard(e).

countryman *n* campagnard *m*;
compatriote *m*.

county n comté m.
couple n couple m; * vt unir,
  associer.
coupon n coupon m.
courage n courage m.
courageous adj courageux(euse).
courier n messager m; guide m.
course n cours m; route f,
  chemin m; of ~ bien sûr.
court n cour f, tribunal m;
  * vt courtiser.
courteous adj courtois(e).
courtesy n courtoisie f.
courthouse n palais m de justice.
courtroom n salle f de tribunal.
cousin n cousin(e) m(f).
cover n couverture f;
  * vt (re)couvrir.
covert adj voilé(e), caché(e).
cover-up n dissimulation f.
covet vt convoiter.
cow n vache f.
coward n lâche m or f.
cowardice n lâcheté f.
cowboy n cowboy m.
coy adj faussement
  effarrouché(e).
crab n crabe m.
crack n craquement m; fente f;
  * vt fêler; * vi se fêler; craquer.
crackle vi crépiter.
cradle n berceau m; * vt bercer.
craft n habileté f, barque f.
craftsman n artisan m.
crafty adj astucieux(euse),
  rusé(e).
cram vt bourrer; * vi s'entasser.
cramp n crampe f; * vt entraver.
crane n grue f.
crash vi s'écraser; * n fracas
  m; collision f.
crate n cageot m.
crater n cratère m.
crawl vi ramper.
crayon n crayon m.
craze n engouement m.
craziness n folie f.

crazy adj fou (folle).
creak vi grincer, craquer.
cream n crème f; * adj crème.
crease n pli m; * vt froisser.
create vt créer; causer.
creation n création f.
creature n créature f.
credence n croyance f.
credibility n crédibilité f.
credible adj crédible.
credit n crédit m; honneur m.
creditable adj estimable,
  honorable.
credit card n carte f de crédit.
creditor n créancier(ière) m(f).
creep vi ramper.
cremate vt incinérer.
cremation n incinération f,
  crémation f.
crematorium n crématoire m.
crest n crête f.
crevice n fissure f, lézarde f.
crew n bande f, équipe f,
  équipage m.
crib n berceau m; mangeoire f.
crime n crime m; délit m.
criminal n, adj criminel(le) m(f).
cripple adj invalide;
  * vt paralyser.
crisis n crise f.
criterion (pl criteria) n
  critère m.
critic n critique m.
critic(al) adj critique.
criticism n critique f.
criticise vt critiquer.
croak vi coasser, croasser.
crockery n vaisselle f.
crocodile n crocodile m.
crook n (fam) escroc m.
crop n culture f, récolte f.
cross n croix f, croisement m;
  * adj fâché(e); * vt traverser,
  croiser.
cross-breed n hybride m.
crossing n traversée f, passage
  m piétons.

cross-reference n renvoi m, référence f.

crossroads n carrefour m.

crouch vi s'accroupir, se tapir.

crow n corbeau m.

crowd n foule f, monde m;
* vi s'entasser.

crown n couronne f;
* vt couronner.

crucial adj crucial(e).

crucifix n crucifix m.

crude adj brut(e), grossier(ière).

cruel adj cruel(le).

cruelty n cruauté f.

crumb n miette f.

crumble vt émietter; effriter;
* vi s'émietter.

crunch vt croquer.

crush vt écraser; opprimer;
* n cohue f.

crust n croûte f.

crutch n béquille f.

cry vt, vi crier; pleurer;
* n cri m; sanglot m.

crystal n cristal m.

crystalline adj cristallin(e);
pur(e).

crystallise vi se cristalliser.

cube n cube m.

cuddle vt embrasser.

cuff n manchette f.

culinary adj culinaire.

culminate vi culminer.

culprit n coupable m or f.

cult n culte m.

cultivate vt cultiver.

cultivation n culture f.

culture n culture f.

cumbersome adj encombrant(e).

cumulative adj cumulatif(ive).

cunning adj astucieux(euse), rusé(e).

cup n tasse f, coupe f.

cupboard n placard m.

curb n frein m; * vt freiner.

cure n remède m; cure f;
* vt guérir.

curiosity n curiosité f.

curious adj curieux(euse).

curl n boucle f de cheveux;
* vt boucler.

curly adj frisé(e), bouclé(e).

currency n monnaie f; cours m.

current adj courant(e), actuel(le); * n courant m.

current affairs npl actualité f.

curse vt maudire.

curt adj succinct(e); sec (sèche).

curtain n rideau m.

curve vt courber; * n courbe f.

cushion n coussin m.

custodian n gardien(ne) m(f).

custom n coutume f, usage m.

customary adj habituel(le).

customer n client(e) m(f).

customs npl douane f.

customs officer n douanier m.

cut vt découper, couper;
* n coupe f, coupure f.

cutlery n couverts mpl.

cutting n coupure f.

cycle n vélo m, cycle m, bicyclette f; * vi faire du vélo.

cycling n cyclisme m.

cyclist n cycliste m or f.

cylinder n cylindre m; rouleau m.

cynic(al) adj cynique;
* n cynique m or f.

D

D n (music) ré m.

dad(dy) n papa m.

daily adj quotidien(ne);
* adv quotidiennement.

daintiness n élégance f, délicatesse f.

dainty adj délicat(e); élégant(e).

dairy n laiterie f.

dam n barrage m; * vt endiguer.

damage n dommage m; tort m;
* vt endommager.

damnation n damnation f.

damp *adj* humide;
 * *vt* humidifier.
dampen *vt* humidifier.
dance *n* danse *f*, soirée *f*
 dansante; * *vt*, *vi* danser.
dancer *n* danseur(euse) *m(f)*.
danger *n* danger *m*.
dangerous *adj* dangereux(euse).
dangle *vi* pendre.
Danish *adj* danois(e);
 * *n* Danois(e) *m(f)*.
dare *vi* oser; * *vt* défier.
daring *n* audace *f*;
 * *adj* audacieux(euse).
dark *adj* sombre, obscur(e);
 * *n* obscurité *f*.
darken *vt* assombrir;
 * *vi* s'assombrir.
darkness *n* obscurité *f*.
darling *n*, *adj* chéri(e) *m(f)*.
dart *n* dard *m*.
dash *vi* se dépêcher.
data *npl* données *fpl*.
database *n* base *f* de données.
date *n* date *f*, rendez-vous *m*.
dated *adj* démodé(e).
daughter *n* fille *f*: ~-in-law
 belle-fille *f*.
dawn *n* aube *f*.
day *n* jour *m*, journée *f*:
 ~ by ~ de jour en jour.
daylight *n* lumière *f* du jour.
daze *vt* étourdir.
dazzle *vt* éblouir.
dead *adj* mort(e).
deaden *vt* amortir.
deadline *n* date *f* limite.
deadlock *n* impasse *f*.
deadly *adj* mortel(le).
deaf *adj* sourd(e).
deafen *vt* assourdir.
deafness *n* surdité *f*.
deal *n* accord *m*; marché *m*:
 —a great ~ beaucoup;
 * *vt* distribuer.
dealer *n* trafiquant *m*.
dear *adj* cher (chère).

dearly *adv* cher, tendrement.
death *n* mort *f*.
death certificate *n* acte *m* de
 décès.
death penalty *n* peine *f* de mort.
debar *vt* exclure.
debase *vt* dégrader.
debatable *adj* discutable.
debate *n* débat *m*; * *vt* discuter;
 examiner.
debilitate *vt* débiliter.
debit *n* débit *m*; * *vt* débiter.
debt *n* dette *f*; get into ~
 s'endetter.
debtor *n* débiteur(trice) *m(f)*.
decade *n* décennie *f*.
decadence *n* décadence *f*.
decaffeinated *adj* décaféiné(e).
decay *vi* décliner; pourrir;
 * *n* pourrissement *m*.
deceased *adj* décédé(e).
deceit *n* tromperie *f*.
deceive *vt* tromper.
December *n* décembre *m*.
decency *n* décence *f*, pudeur *f*.
decent *adj* décent(e); bien,
 bon(ne).
decide *vt* decider; * *vi* se décider
decided *adj* décidé(e).
decimate *vt* décimer.
decipher *vt* déchiffrer.
decision *n* décision *f*,
 détermination *f*.
decisive *adj* décisif(ive).
deck *n* pont *m*; * *vt* orner.
declaration *n* déclaration *f*.
declare *vt* déclarer.
decode *vt* décoder.
decor *n* décor *m*; décoration *f*.
decorate *vt* décorer, orner.
decoration *n* décoration *f*.
decorative *adj* décoratif(ive).
decoy *n* leurre *m*.
decrease *vt* diminuer;
 * *n* diminution *f*.
decree *n* décret *m*;
 * *vt* décréter; ordonner.

144

dedicate *vt* dédier; consacrer.

dedication *n* dédicace *f*, consacration *f*.

deduce *vt* déduire, conclure.

deduct *vt* déduire, soustraire.

deed *n* action *f*, exploit *m*.

deep *adj* profond(e).

deepen *vt* approfondir.

deepness *n* profondeur *f*.

default *n* défaut *m*; * *vi* manquer à ses engagements.

defeat *n* défaite *f*; * *vt* vaincre; frustrer.

defect *n* défaut *m*.

defective *adj* défectueux(euse).

defence *n* défense *f*, protection *f*.

defend *vt* défendre; protéger.

defendant *n* accusé(e) *m(f)*.

defensive *adj* défensif(ive).

defer *vt* déférer.

deference *n* déférence *f*.

defiance *n* défi *m*.

deficiency *n* défaut *m*, manque *m*.

deficient *adj* insuffisant(e); défectueux(euse).

define *vt* définir.

definite *adj* sûr(e); précis(e).

definition *n* définition *f*.

definitive *adj* définitif(ive).

deflect *vt* dévier.

deform *vt* déformer.

deformity *n* déformité *f*.

defraud *vt* frauder.

deft *adj* habile.

degenerate *vi* dégénérer; * *adj* dégénéré(e).

degeneration *n* dégénération *f*.

degradation *n* dégradation *f*.

degrade *vt* dégrader.

degree *n* degré *m*; diplôme *m*, licence *f*.

dejected *adj* découragé(e).

dejection *n* découragement *m*.

delay *vt* retarder; * *n* retard *m*.

delegate *vt* déléguer; * *n* délégué(e) *m(f)*.

delegation *n* délégation *f*.

delete *vt* effacer.

deliberate *vt* examiner; * *adj* délibéré(e).

deliberation *n* délibération *f*.

delicacy *n* délicatesse *f*.

delicate *adj* délicat(e).

delicious *adj* délicieux(euse).

delight *n* délice *m*; * *vt* enchanter.

delighted *adj* enchanté(e).

delightful *adj* charmant(e).

delinquency *n* délinquance *f*.

delinquent *n* délinquant(e).

delirious *adj* délirant(e).

deliver *vt* livrer; délivrer.

delivery *n* livraison *f*.

delude *vt* tromper.

delusion *n* tromperie *f*, illusion *f*.

demand *n* demande *f*; * *vt* exiger, réclamer.

demanding *adj* exigeant(e).

demean *vi* s'abaisser.

demeanour *n* conduite *f*.

democracy *n* démocratie *f*.

democratic *adj* démocratique.

demolish *vt* démolir.

demolition *n* démolition *f*.

demonstrate *vt* démontrer, prouver; * *vi* manifester.

demonstration *n* démonstration *f*.

demonstrator *n* manifestant(e) *m(f)*.

demoralisation *n* démoralisation *f*.

demoralise *vt* démoraliser.

den *n* antre *m*.

denial *n* dénégation *f*.

denims *npl* jean *m*.

Denmark *n* Danemark *m*.

denomination *n* valeur *f*, dénomination *f*.

denote *vt* dénoter, indiquer.

denounce *vt* dénoncer.

dense *adj* dense, épais(se).

dentist *n* dentiste *m* or *f*.

dentistry *n* dentisterie *f*.

denture n dentier m.
denunciation n dénonciation f.
deny vt nier.
deodorant n déodorant m;
  * adj déodorant(e).
depart vi partir.
department n département m;
  service m.
department store n grand
  magasin m.
departure n départ m.
depend vi dépendre.
dependable adj fiable; sûr(e).
dependent adj dépendant(e).
depict vt dépeindre, décrire.
deplorable adj déplorable.
deplore vt déplorer, lamenter.
depopulated adj dépeuplé(e).
deport vt déporter.
deportation n déportation f.
deportment n tenue f.
deposit vt déposer; * n dépôt
  m; caution f.
deposition n déposition f.
depot n dépôt m.
depreciate vi se déprécier.
depreciation n dépréciation f.
depress vt déprimer.
depression n dépression f.
deprivation n privation f.
deprive vt priver.
depth n profondeur f.
deputation n députation f.
deputy n député m.
deranged adj dérangé(e).
derelict adj abandonné(e).
deride vt se moquer de.
derision n dérision f.
derivative n dérivé m.
derive vt, vi dériver.
descend vi descendre.
descendant n descendant(e)
  m(f).
descent n descente f.
describe vt décrire.
description n description f.
descriptive adj descriptif(ive).

desert n désert m; * adj
  désert(e); * vt abandonner;
  déserter.
desertion n désertion f.
deserve vt mériter.
design vt concevoir; dessiner;
  * n dessein m.
designate vt désigner.
desirable adj désirable.
desire n désir m; * vt désirer.
desist vi abandonner.
desk n bureau m.
desolate adj désert(e), désolé(e).
despair n désespoir m; * vi se
  désespérer.
desperate adj désespéré(e).
desperation n désespoir m.
despicable adj méprisable.
despise vt mépriser.
despite prep malgré.
despondency n abattement m.
despondent adj abattu(e).
dessert n dessert m.
destination n destination f.
destine vt destiner.
destiny n destin m, sort m.
destitute adj indigent(e).
destitution n indigence f.
destroy vt détruire.
destruction n destruction f.
detach vt séparer, détacher.
detachable adj détachable.
detail n détail m: — in ~ en
  détail; * vt détailler.
detain vt retenir; détenir.
detect vt détecter.
detection n détection f,
  découverte f.
detective n détective m.
detention n détention f.
deteriorate vt détériorer.
deterioration n détérioration f.
determination n
  détermination f.
determine vt déterminer,
  décider.
detest vt détester.

detestable *adj* détestable.

detour *n* déviation *f*.

detriment *n* détriment *m*.

devaluation *n* dévaluation *f*.

devastate *vt* dévaster.

devastation *n* dévastation *f*.

develop *vt* développer.

development *n* développement *m*.

deviate *vi* dévier.

deviation *n* déviation *f*.

device *n* mécanisme *m*.

devil *n* diable *m*, démon *m*.

devise *vt* inventer, concevoir.

devoid *adj* dépourvu(e).

devote *vt* consacrer.

devoted *adj* dévoué(e).

devotion *n* dévotion *f*.

devour *vt* dévorer.

dew *n* rosée *f*.

dexterity *n* dextérité *m*.

diagnosis *n* (medical) diagnostic *m*.

diagram *n* diagramme *m*.

dialect *n* dialecte *m*.

dialogue *n* dialogue *m*.

diamond *n* diamant *m*.

diary *n* journal *m* intime.

dictate *vt* dicter; * *n* ordre *m*.

dictionary *n* dictionnaire *m*.

die *vi* mourir.

diet *n* diète *f*, régime *m*; * *vi* etre au régime.

differ *vi* différer.

difference *n* différence *f*.

different *adj* différent(e).

difficult *adj* difficile.

difficulty *n* difficulté *f*.

dig *vt* creuser.

digest *vt* digérer.

digestion *n* digestion *f*.

digestive *adj* digestif(ive).

digit *n* chiffre *m*.

digital *adj* digital(e).

dignified *adj* digne.

dignity *n* dignité *f*.

digression *n* digression *f*.

dilemma *n* dilemme *m*.

diligence *n* assiduité *f*.

diligent *adj* assidu(e).

dilute *vt* diluer.

dim *adj* indistinct(e); faible; sombre.

dimension *n* dimension *f*.

diminish *vt*, *vi* diminuer.

diminutive *n* diminutif *m*.

din *n* vacarme *m*.

dine *vi* dîner.

dinner *n* dîner *m*; repas *m*.

dint *n* by ~ of à force de.

dip *vt* tremper.

diploma *n* diplôme *m*.

diplomat *n* diplomate *m*.

diplomatic *adj* diplomatique.

dire *adj* extrême, affreux(euse).

direct *adj* direct(e); * *vt* diriger.

direction *n* direction *f*, instruction *f*.

director *n* directeur(trice) *m(f)*.

directory *n* annuaire *m*.

dirt *n* saleté *f*.

dirty *adj* sale.

disability *n* incapacité *f*, infirmité *f*.

disabled *adj* infirme.

disadvantage *n* désavantage *m*; * *vt* désavantager.

disagree *vi* ne pas être d'accord.

disagreeable *adj* désagréable.

disagreement *n* désaccord *m*.

disallow *vt* rejeter.

disappear *vi* disparaître.

disappearance *n* disparition *f*.

disappoint *vt* décevoir.

disappointment *n* déception *f*.

disapproval *n* désapprobation *f*.

disapprove *vt* désapprouver.

disarm *vt* désarmer.

disaster *n* désastre *m*.

disastrous *adj* désastreux(euse).

disbelief *n* incrédulité *f*.

discard *vt* jeter.

discern *vt* discerner, percevoir.

discerning *adj* perspicace.

disciple *n* disciple *m*.

discipline *n* discipline *f*;
 * *vt* discipliner.
disclose *vt* révéler.
disclosure *n* révélation *f*.
disco *n* discothèque *f*.
discomfort *n* incommodité *f*.
disconnect *vt* débrancher.
disconsolate *adj* inconsolable.
discontent *n* mécontentement
 m; * *adj* mécontent(e).
discontented *adj* mécontent(e).
discontinue *vt* interrompre.
discord *n* discorde *f*.
discount *n* escompte *m*;
 * *vt* escompter.
discourage *vt* décourager.
discouragement *n*
 découragement *m*.
discourse *n* discours *m*.
discover *vt* découvrir.
discovery *n* découverte *f*.
discredit *vt* discréditer.
discreet *adj* discret(ète).
discrepancy *n* contradiction *f*.
discretion *n* discrétion *f*.
discriminate *vt* distinguer;
 discriminer.
discrimination *n*
 discrimination *f*.
discuss *vt* discuter.
discussion *n* discussion *f*.
disdain *vt* dédaigner;
 * *n* dédain *m*, mépris *m*.
disdainful *adj* dédaigneux(euse).
disease *n* maladie *f*.
disembark *vt*, *vi* débarquer.
disenchant *vt* désenchanter.
disenchanted *adj*
 désenchanté(e).
disengage *vt* dégager.
disfigure *vt* défingurer.
disgrace *n* honte *f*, scandale *m*;
 * *vt* déshonorer.
disgraceful *adj* honteux(euse).
disguise *vt* déguiser;
 * *n* déguisement *m*.
disgust *n* dégoût *m*; * *vt* dégoûter.

dish *n* plat *m*; assiette *f*.
dishearten *vt* démoraliser.
dishonest *adj* malhonnête.
dishonesty *n* malhonnêteté *f*.
disillusion *vt* désillusionner.
disillusioned *adj*
 désillusionné(e).
disinfect *vt* désinfecter.
disinfectant *n* désinfectant *m*;
 * *adj* désinfectant(e).
disinherit *vt* déshériter.
disintegrate *vi* se désintégrer.
disinterested *adj* désintéressé(e).
disk *n* disque *m*; disquette *f*.
dislike *n* aversion *f*; * *vt* ne pas
 aimer.
dislocate *vt* disloquer.
dislocation *n* dislocation *f*.
dislodge *vt* déloger.
disloyal *adj* déloyal(e).
dismantle *vt* démonter.
dismay *n* consternation *f*.
dismiss *vt* renvoyer; écarter.
dismissal *n* renvoi *m*; rejet *m*.
disobedience *n* désobéissance *f*.
disobedient *adj* désobéissant(e).
disobey *vt* désobéir.
disorder *n* désordre *m*.
disorderly *adj* en désordre,
 confus(e).
disorganisation *n*
 désorganisation *f*.
disparage *vt* dénigrer.
disparity *n* disparité *f*.
dispatch *vt* envoyer; * *n* envoi
 m; dépêche *f*.
dispel *vt* dissiper.
dispensary *n* dispensaire *m*.
dispense *vt* dispenser;
 distribuer.
disperse *vt* disperser.
displace *vt* déplacer.
display *vt* exposer;
 * *n* exposition *f*.
displeased *adj* mécontent(e).
displeasure *n*
 mécontentement *m*.

dispose *vt* disposer.

disposition *n* disposition *f*.

disprove *vt* réfuter.

dispute *n* dispute *f*, controverse *f*; * *vt* mettre en cause.

disqualify *vt* rendre incapable.

dissatisfaction *n* mécontentement *m*.

dissatisfied *adj* mécontent(e).

disseminate *vt* disséminer.

dissension *n* dissension *f*.

dissent *n* dissension *f*.

dissertation *n* thèse *f*.

dissident *n* dissident(e) *m(f)*.

dissimilar *adj* dissemblable.

dissimilarity *n* dissemblance *f*.

dissipate *vt* dissiper.

dissipation *n* dissipation *f*.

dissolution *n* dissolution *f*.

dissolve *vt* dissoudre.

dissonance *n* dissonance *f*.

dissuade *vt* dissuader.

distance *n* distance *f*.

distant *adj* distant(e).

distaste *n* dégoût *m*.

distasteful *adj* désagréable.

distil *vt* distiller.

distinct *adj* distinct(e).

distinction *n* distinction *f*.

distinctive *adj* distinctif(ive).

distinguish *vt* distinguer; discerner.

distort *vt* déformer.

distortion *n* distortion *f*.

distract *vt* distraire.

distracted *adj* distrait(e).

distraction *n* distraction *f*, confusion *f*.

distress *n* souffrance *f*; * *vt* désoler.

distribute *vt* distribuer, répartir.

distribution *n* distribution.

district *n* district *m*.

disturb *vt* déranger.

disturbance *n* dérangement *m*; trouble *m*.

disturbed *adj* troublé(e).

disturbing *adj* troublant(e).

disuse *n* désuétude *f*.

disused *adj* abandonné(e).

ditch *n* fossé *m*.

dive *vi* plonger.

diver *n* plongeur(euse) *m(f)*.

diverge *vi* diverger.

divergent *adj* divergent(e).

diverse *adj* divers(e), différent(e).

diversion *n* diversion *f*.

diversity *n* diversité *f*.

divert *vt* dévier; divertir.

divide *vt* diviser; * *vi* se diviser.

divine *adj* divin(e).

divinity *n* divinité *f*.

divisible *adj* divisible.

division *n* division *f*.

divorce *n* divorce *m*; * *vi* divorcer.

divorced *adj* divorcé(e).

divulge *vt* divulguer.

dizziness *n* vertige *m*.

dizzy *adj* pris(e) de vertige.

DNA *n* ADN *m*.

do *n* (*fam*) soirée *f*, fête *f*; * *vt* faire: —I don't understand je ne comprends pas: — did you know? vous le saviez?; * *vi* marcher; faire.

docile *adj* docile.

dock *n* dock *m*.

do-it-yourself *n* bricolage *m*.

doctor *n* docteur *m*.

doctrine *n* doctrine *f*.

document *n* document *m*.

documentary *adj* documentaire; * *n* documentaire *m*.

dodge *vt* esquiver.

dog *n* chien *m*.

dogmatic *adj* dogmatique.

doll *n* poupée *f*.

dolphin *n* dauphin *m*.

dome *n* dôme *m*.

domestic *adj* domestique.

domesticate *vt* domestiquer.

domesticity *n* domesticité *f*.

domicile *n* domicile *m*.

dominate *vi* dominer.
domination *n* domination *f*.
donate *vt* donner, faire don de.
donation *n* donation *f*.
donkey *n* âne *m*.
donor *n* donneur *m*; donateur *m*.
door *n* porte *f*.
doorway *n* entrée *f*.
dormant *adj* latent(e);
   dormant(e).
dormitory *n* dortoir *m*.
dosage *n* dose *f*; dosage *m*.
dose *n* dose *f*; * *vt* doser.
dossier *n* dossier *m*.
dot *n* point *m*.
double *adj* double; * *vt* doubler;
   * *n* double *m*.
double room *n* chambre *f* pour
   deux.
double-dealing *n* duplicité *f*.
doubt *n* doute *m*; * *vt* douter de.
doubtful *adj* douteux(euse).
douse *vt* éteindre; inonder.
dove *n* colombe *f*.
down *n* duvet *m*; * *prep* en bas:
   —upside ~ à l'envers.
down-to-earth *adj invar* terre
   à terre.
downfall *n* ruine *f*.
downhearted *adj* découragé(e).
downhill *adv* en descendant,
   dans la descente.
downstairs *adv* en bas.
dowry *n* dot *f*.
doze *vi* somnoler.
dozen *n* douzaine *f*.
drab *adj* gris(e), morne.
drag *vt* tirer; * *n* drague *f*,
   ennui *m*.
drain *vt* drainer; vider;
   * *n* tuyau *m* d'écoulement.
drama *n* drame *m*.
dramatic *adj* dramatique.
dramatist *n* dramaturge *m* or *f*.
draught *n* courant *m* d'air.
draw *vt* tirer; dessiner.
drawback *n* désavantage *m*.

drawer *n* tiroir *m*.
drawing *n* dessin *m*.
drawing room *n* salon *m*.
dread *n* terreur *f*; * *vt* redouter.
dreadful *adj* horrible.
dream *n* rêve *m*; * *vt*, *vi* rêver.
dreary *adj* triste, morne.
dress *vi* s'habiller; * *n* robe *f*.
dressing *n* pansement *m*; sauce *f*.
dressy *adj* élégant(e).
drift *vi* aller à la dérive.
drill *n* perceuse *f*; * *vi* percer.
drink *vt*, *vi* boire; * *n* boisson *f*.
drinker *n* buveur(euse) *m*(*f*).
drip *vi* goutter; * *n* goutte *f*.
drive *vt*, *vi* conduire.
driver *n* conducteur(trice)
   m(*f*), chauffeur *m*.
driving licence *n* permis *m* de
   conduire.
drizzle *vi* pleuvasser.
drop *n* goutte *f*; * *vt* laisser
   tomber.
drought *n* sécheresse *f*.
drown *vt* noyer; * *vi* se noyer.
drowsiness *n* somnolence *f*.
drug *n* drogue *f*; * *vt* droguer.
drum *n* tambour *m*; * *vi* jouer
   du tambour.
drunk (en) *adj* ivre.
drunkenness *n* ivresse *f*.
dry *adj* sec (sèche); * *vt* faire
   sécher; * *vi* sécher.
dryness *n* sécheresse *f*.
dual *adj* double.
due *adj* dû (due).
duel *n* duel *m*.
dull *adj* terne; insipide.
duly *adv* dûment.
dumb *adj* muet(te).
dump *n* tas *m*; * *vt* jeter.
duplicate *vt* dupliquer.
duplicity *n* duplicité *f*.
durability *n* durabilité *f*.
durable *adj* durable.
duration *n* durée *f*.
during *prep* pendant.

dusk n crépuscule m.
dust n poussière f;
* vt épousseter.
dustbin n poubelle f.
Dutch adj hollandais(e);
* n Hollandais(e) m(f).
dutiful adj obéissant(e),
soumis(e).
duty n devoir m; obligation f.
dwarf n nain(e) m(f);
* vt rapetisser.
dwell vi habiter, vivre.
dwelling n habitation f,
domicile m.
dye vt teindre; * n teinture f.
dying adj mourant(e).
dynamic adj dynamique.
dynasty n dynastie f.

E

E n (music) mi m.
each pron chacun: ~ other les
un(e)s les autres.
eager adj enthousiaste.
eagerness n enthousiasme m.
eagle n aigle m.
ear n oreille f, ouie f.
early adj premier(ière); * adv tôt.
earn vt gagner.
earnest adj sérieux(euse);
* n acompte m.
earth n terre f; * vt brancher à
la terre.
earthquake n tremblement m
de terre.
ease n aise f, facilité f.
easiness n facilité f.
east n est m: ~ the E~ l'Orient
m; * adv d'est.
Easter n Pâques fpl.
eastern adj de l'est, oriental(e).
easy adj facile.
eat vt, vi manger.
ebb n reflux m; * vi refluer.
eccentric adj excentrique.

eccentricity n excentricité f.
echo n écho m; * vi résonner.
eclipse n éclipse f; * vt éclipser.
ecology n écologie f.
economic adj économique.
economist n économiste m or f.
economise vt économiser.
economy n économie f.
ecstasy n extase f.
ecstatic adj extatique.
edge n fil m, pointe f.
edible adj mangeable.
edifice n édifice m.
edit vt diriger; rédiger.
edition n édition f.
editor n rédacteur(trice) m(f).
educate vt éduquer; instruire.
education n éducation m.
efface vt effacer.
effect n effet m; ~s npl biens
mpl; * vt effectuer.
effective adj efficace;
effectif(ive).
effectiveness n efficacité f.
effectual adj efficace.
effeminate adj efféminé(e).
effervescence n effervescence f.
efficiency n efficacité f.
efficient adj efficace.
effort n effort m.
egg n oeuf m.
ego(t)ist n égoïste m or f.
ego(t)istical adj égoïste.
Egypt n Egypte f.
Egyptian adj égyptien(ne);
* n Egyptien(ne) m(f).
eight adj, n huit m.
eighteen adj, n dix-huit m.
eighteenth adj, n
dix-huitième m or f.
eighth adj, n huitième m or f.
eightieth adj, n
quatre-vingtième m or f.
eighty adj, n quatre-vingt m.
either pron n'importe lequel
(laquelle); * conj ou, soit.
eject vt éjecter, expulser.

ejection *n* éjection *f*, expulsion *f*.
elaborate *vt* élaborer;
  * *adj* élaboré(e).
elapse *vi* passer.
elastic *adj* élastique.
elbow *n* coude *m*.
elder *adj* aîné(e).
eldest *adj* aîné(e).
elect *vt* élire; choisir.
election *n* élection *f*, choix *m*.
electoral *adj* électoral(e).
electorate *n* électorat *m*.
electric(al) *adj* électrique.
electrician *n* électricien(ne)*m(f)*.
electricity *n* électricité *f*.
electrify *vt* électriser.
electronic *adj* électronique.
elegance *n* élégance *f*.
elegant *adj* élégant(e).
element *n* élément *m*.
elementary *adj* élémentaire.
elephant *n* éléphant *m*.
elevate *vt* élever, hausser.
elevation *n* élévation *f*,
  hauteur *f*.
eleven *adj*, *n* onze *m*.
eleventh *adj*, *n* onzième *m* or *f*.
eligibility *n* éligibilité *f*.
eligible *adj* éligible.
eliminate *vt* éliminer.
elocution *n* élocution *f*.
eloquence *n* éloquence *f*.
eloquent *adj* éloquent(e).
else *pron* autre.
elsewhere *adv* ailleurs.
elude *vt* éluder; éviter.
emaciated *adj* émacié(e).
E-mail, e-mail *n abbrev*
  courrier *m* électronique,
  e-mail; * *vt* to ~ someone
  envoyer un e-mail à quelqu'un.
emancipate *vt* émanciper.
emancipation *n* émancipation *f*.
embargo *n* embargo *m*.
embark *vt* embarquer.
embarkation *n* embarcation *f*.
embarrass *vt* embarrasser.

embarrassment *n* embarras *m*.
embassy *n* ambassade *f*.
emblem *n* emblème *m*.
embody *vt* incorporer; incarner.
embrace *vt* étreindre;
  comprendre.
embryo *n* embryon *m*.
emerald *n* émeraude *f*.
emerge *vi* émerger; apparaître.
emergency *n* urgence *f*.
emergency exit *n* sortie *f* de
  secours.
emigrate *vi* émigrer.
emigration *n* émigration *f*.
emission *n* émission *f*.
emit *vt* émettre.
emotion *n* émotion *f*.
emotional *adj* émotionnel(le).
emphasise *vt* souligner,
  accentuer.
emphatic *adj* emphatique.
empire *n* empire *m*.
employ *vt* employer.
employee *n* employé(e) *m(f)*.
employer *n* employeur *m*.
employment *n* emploi *m*,
  travail *m*.
emptiness *n* vide *m*.
empty *adj* vide, vain(e);
  * *vt* vider.
emulate *vt* imiter.
enable *vt* permettre.
enamour *vt* s'éprendre de.
encamp *vi* camper.
encampment *n* campement *m*.
encase *vt* entourer.
enchant *vt* enchanter.
enchantment *n* enchantement *m*.
encircle *vt* encercler.
enclose *vt* entourer.
enclosure *n* clôture *f*.
encompass *vt* comprendre.
encounter *n* rencontre *f*;
  * *vt* rencontrer.
encourage *vt* encourager.
encouragement *n*
  encouragement *m*.

encyclopedia *n* encyclopédie *f*.
end *n* fin *f*, extrémité *f*;
* *vt*, *vi* terminer.
endanger *vt* mettre en danger.
endeavour *vi* s'efforcer;
* *n* effort *m*.
endorse *vt* endosser; approuver.
endorsement *n* endossement
m; caution *f*.
endurable *adj* supportable.
endurance *n* endurance *f*.
endure *vt* supporter; * *vi* durer.
enemy *n* ennemi(e) *m(f)*.
energetic *adj* énergique.
energy *n* énergie *f*, force *f*.
enfeeble *vt* affaiblir.
enfold *vt* envelopper.
enforce *vt* mettre en vigueur.
engage *vt* aborder.
engaged *adj* fiancé(e); occupé(e).
engagement *n* engagement *m*.
engender *vt* engendrer.
engine *n* moteur *m*; locomotive *f*.
engineer *n* ingénieur *m*.
engineering *n* ingénierie *f*.
England *n* Angleterre *f*.
English *adj* anglais(e);
* *n* (language) anglais.
Englishman *n* Anglais *m*.
Englishwoman *n* Anglaise *f*.
enigma *n* énigme *f*.
enjoy *vr* to ~ oneself s'amuser.
enjoyable *adj* agréable;
amusant(e).
enjoyment *n* plaisir *m*;
jouissance *f*.
enlarge *vt* agrandir; étendre.
enlargement *n*
agrandissement *m*.
enlist *vt* recruter.
enliven *vt* animer; égayer.
enormous *adj* énorme.
enough *adv* suffisamment;
assez; * *adj*, *n* assez.
enrich *vt* enrichir; orner.
enrichment *n* enrichissement *m*.
enrol *vt* enrôler; inscrire.

ensue *vi* s'ensuivre.
ensure *vt* assurer.
entail *vt* impliquer; entraîner.
enter *vt* entrer dans, inscrire.
enterprise *n* entreprise *f*.
enterprising *adj* entreprenant(e).
entertain *vt* divertir.
entertaining *adj*
divertissant(e), amusant(e).
enthusiasm *n* enthousiasme *m*.
enthusiast *n* enthousiaste *m* or *f*.
enthusiastic *adj* enthousiaste.
entire *adj* entier(ière);
complet(ète).
entitle *vt* intituler.
entity *n* entité *f*.
entrance *n* entrée *f*, admission *f*.
entrant *n* participant(e) *m(f)*.
entreat *vt* implorer.
entrust *vt* confier.
entry *n* entrée *f*.
enumerate *vt* énumérer.
envelop *vt* envelopper.
envelope *n* enveloppe *f*.
envious *adj* envieux(euse).
environment *n* environnement *m*.
environmental *adj* relatif(ive)
à l'environnement, écologique.
envisage *vt* envisager.
envy *n* envie *f*; * *vt* envier.
epidemic *adj* épidémique;
* *n* épidémie *f*.
episode *n* épisode *m*.
epitomise *vt* incarner; résumer.
equable *adj* uniforme.
equal *adj* égal(e); semblable;
* *n* égal(e) *m(f)*; * *vt* égaler.
equality *n* égalité *f*.
equalise *vt* égaliser.
equanimity *n* équanimité *f*.
equate *vt* égaliser.
equator *n* équateur *m*.
equilibrium *n* équilibre *m*.
equip *vt* équiper.
equipment *n* équipement *m*.
equivalent *n* équivalent *m*;
* *adj* équivalent(e).

equivocal *adj* équivoque.
equivocate *vt* équivoquer.
era *n* ère *f*.
eradicate *vt* supprimer.
eradication *n* suppression *f*.
erase *vt* effacer.
eraser *n* gomme *f*.
erect *vt* ériger; * *adj* droit(e), debout.
erode *vt* éroder; ronger.
erotic *adj* érotique.
err *vi* se tromper.
errand *n* message *m*.
erratic *adj* changeant(e); irrégulier(ière).
erroneous *adj* erroné(e).
error *n* erreur *f*.
erudite *adj* érudit(e).
eruption *n* éruption *f*.
escalate *vi* monter en flèche.
escape *vt* éviter; * *vi* s'évader, s'échapper; * *n* évasion.
escort *n* escorte *f*; * *vt* escorter.
especial *adj* spécial(e).
essay *n* essai *m*.
essence *n* essence *f*.
essential *n* essentiel *m*; * *adj* essentiel(le).
establish *vt* établir.
establishment *n* établissement *m*.
estate *n* état *m*; biens *mpl*.
esteem *vt* estimer; * *n* estime *f*.
estimate *vt* estimer; évaluer.
estimation *n* estimation *f*.
estuary *n* estuaire *m*.
eternal *adj* éternel(le).
eternity *n* éternité *f*.
ethical *adj* éthique.
ethics *npl* éthique *f*.
ethnic *adj* ethnique.
etiquette *n* étiquette *f*.
Europe *n* Europe *f*.
European *adj* européen(ne); * *n* Européen(ne) *m(f)*.
evacuate *vt* évacuer.
evacuation *n* évacuation *f*.
evade *vt* éviter; échapper à.

evaluate *vt* évaluer.
evaporate *vi* s'évaporer.
evaporation *n* évaporation *f*.
evasion *n* dérobade *f*.
evasive *adj* évasif(ive).
eve *n* veille *f*.
even *adj* pair(e); * *adv* même; * *vt* égaliser.
evening *n* soir *m*, soirée *f*.
evenness *n* égalité *f*, impartialité *f*.
event *n* évènement *m*.
eventual *adj* final(e).
eventually *adv* finalement, en fin de comptes.
eventuality *n* éventualité *f*.
ever *adv* toujours; jamais.
everlasting *adj* éternel(le).
every *adj* chacun(e).
everybody *pron* tout le monde.
everywhere *adv* partout.
everything *pron* tout.
everyone = everybody.
evict *vt* expulser.
eviction *n* expulsion *f*.
evidence *n* évidence *f*.
evident *adj* évident(e).
evil *adj* malveillant(e); * *n* mal *m*.
evocative *adj* évocateur(trice).
evoke *vt* évoquer.
evolution *n* évolution *f*.
evolve *vi* évoluer.
exacerbate *vt* exacerber.
exact *adj* exact(e); * *vt* exiger.
exacting *adj* exigeant(e).
exaction *n* exaction *f*, extorsion *f*.
exactness *n* exactitude *f*.
exaggerate *vt* exagérer.
exaggeration *n* exagération *f*.
exalt *vt* exalter; élever.
examination *n* examen *m*.
examine *vt* examiner.
example *n* exemple *m*.
exasperate *vt* exaspérer.
exasperation *n* exaspération *f*.

excavate *vt* excaver, creuser.
excavation *n* excavation *f*.
exceed *vt* excéder, dépasser.
excel *vt* surpasser; *vi* exceller.
excellence *n* excellence *f*.
excellent *adj* excellent(e).
except *vt* excepter; * *prep* (also
~ for, ~ing) sauf, excepté.
exception *n* exception *f*.
exceptional *adj* exceptionnel(le).
excess *n* excès *m*.
excessive *adj* excessif(ive).
exchange *vt* échanger;
* *n* échange *m*.
exchange rate *n* taux *m* de
change.
excise *n* impôt *m*.
excitable *adj* excitable.
excite *vt* exciter; animer.
excited *adj* animé(e),
enthousiaste.
excitement *n* animation *f*.
exciting *adj* passionnant(e);
stimulant(e).
exclaim *vi* s'exclamer.
exclamation *n* exclamation *f*.
exclude *vt* exclure.
exclusion *n* exclusion *f*,
exception *f*.
exclusive *adj* exclusif(ive).
excommunicate *vt*
excommunier.
exculpate *vt* disculper; justifier.
excursion *n* excursion *f*,
digression *f*.
excusable *adj* excusable.
excuse *vt* excuser; * *n* excuse *f*.
execute *vt* exécuter.
execution *n* exécution *f*.
executive *adj* exécutif(ive).
exemplary *adj* exemplaire.
exemplify *vt* exemplifier.
exempt *adj* exempt(e).
exemption *n* exemption *f*.
exercise *n* exercice *m*;
* *vt* exercer.
exert *vt* employer, exercer.

exertion *n* effort *m*.
exhale *vt* exhaler.
exhaust *vt* épuiser.
exhaustion *n* épuisement *m*.
exhaustive *adj* exhaustif(ive).
exhibit *vt* exhiber.
exhibition *n* exposition *f*,
présentation *f*.
exhilarating *adj* stimulant(e).
exhilaration *n* joie *f*;
stimulation *f*.
exhume *vt* exhumer, déterrer.
exile *n* exil *m*; * *vt* exiler,
déporter.
exist *vi* exister.
existence *n* existence *f*.
existent *adj* existant(e).
exit *n* sortie *f*; * *vi* sortir.
exonerate *vt* disculper.
exoneration *n* disculpation *f*.
exorbitant *adj* exorbitant(e),
excessif(ive).
exotic *adj* exotique.
expand *vt* étendre.
expanse *n* étendue *f*.
expansion *n* expansion *f*.
expect *vt* attendre; espérer.
expectancy *n* attente *f*:
— life ~ espérance *f* de vie.
expectation *n* expectative *f*,
attente *f*.
expediency *n* convenance *f*,
opportunité *f*.
expedient *adj* opportun(e).
expedite *vt* accélérer; expédier.
expedition *n* expédition *f*.
expel *vt* expulser.
expend *vt* dépenser; utiliser.
expense *n* dépense *f*, coût *m*.
expensive *adj* cher(ère);
coûteux(euse).
experience *n* expérience *f*,
pratique *f*; * *vt* ressentir,
connaître.
experienced *adj* expérimienté(e).
experiment *n* expérience *f*;
* *vi* expérimenter.

experimental *adj*
  expérimental(e).
expert *adj* expert(e).
expertise *n* habileté *f*.
explain *vt* expliquer.
explanation *n* explication *f*.
explanatory *adj* explicatif(ive).
explicit *adj* explicite.
explode *vt* faire exploser;
  * *vi* exploser.
exploit *vt* exploiter; * *n* exploit *m*.
exploitation *n* exploitation *f*.
exploration *n* exploration *f*.
explore *vt* explorer; sonder.
explorer *n* explorateur(trice)
  m(f).
explosion *n* explosion *f*.
explosive *n* explosif *m*;
  * *adj* explosif(ive).
export *vt* exporter.
exportation *n* exportation *f*.
exporter *n* exportateur(trice)
  m(f).
expose *vt* exposer; dévoiler.
exposition *n* exposition *f*.
exposure *n* exposition *f*, temps
  m de pose.
expound *vt* exposer; interpréter.
express *vt* exprimer;
  * *adj* exprès; * *n* exprès *m*;
  (rail) rapide *m*.
expression *n* expression *f*.
expressive *adj* expressif(ive).
expropriate *vt* exproprier.
expulsion *n* expulsion *f*.
exquisite *adj* exquis(e).
extemporise *vi* improviser.
extend *vt* étendre; * *vi* s'étendre.
extension *n* extension *f*.
extensive *adj* étendu(e).
extent *n* étendue *f*.
extenuate *vt* atténuer.
exterior *n* extérieur *m*; * ~ (e) *adj*.
exterminate *vt* exterminer.
external *adj* externe.
extinct *adj* disparu(e); éteint(e).
extinction *n* extinction *f*.

extinguish *vt* éteindre.
extinguisher *n* extincteur *m*.
extort *vt* extorquer.
extortion *n* extorsion *f*.
extra *adv* particulièrement;
  * *n* supplément *m*.
extract *vt* extraire; * *n* extrait *m*.
extraction *n* extraction *f*,
  origine *f*.
extraneous *adj* superflu(e);
  sans rapport.
extraordinary *adj* extraordinaire.
extravagance *n* extravagance *f*.
extravagant *adj* extravagant(e).
extreme *adj* extrême.
extremist *adj*, *n* extrémiste *m*
  or *f*.
extricate *vt* extirper.
extrovert *adj*, *n* extraverti(e) *m(f)*.
exuberance *n* exubérance *f*.
exuberant *adj* exubérant(e).
eye *n* oeil *m*; * *vt* regarder,
  lorgner.
eyebrow *n* sourcil *m*.
eyelash *n* cil *m*.
eyelid *n* paupière *f*.
eyesight *n* vue *f*.

F

F *n* (music) fa *m*.
fabric *n* tissu *m*.
fabricate *vt* fabriquer; inventer.
fabrication *n* fabrication *f*.
fabulous *adj* fabuleux(euse).
face *n* visage *m*; mine *f*,
  apparence *f*; * *vt* faire face à.
facet *n* facette *f*.
facile *adj* facile.
facilitate *vt* faciliter.
facility *n* facilité *f*,
  équipement *m*.
facing *n* revers *m*; * *prep* en
  face de.
fact *n* fait *m*; réalité *f*:
  — in ~ en fait.

factory n usine f.
factual adj factuel(le).
faculty n faculté f.
fail vt échouer à; omettre;
　* vi échouer; faiblir, manquer.
failure n faillite f,
　manquement m.
faint vi s'évanouir, défaillir;
　* n évanouissement m;
　* adj faible.
fair adj beau (belle); blond(e);
　équitable, considérable;
　* n foire f.
fairness n beauté f, justice f.
fair play n fair play m.
faith n foi f, croyance f,
　fidélité f.
faithful adj fidèle, loyal(e).
fake n falsification f;
　* adj faux (fausse); * vt falsifier.
fall vi tomber; baisser;
　* n chute f; automne m.
fallacy n erreur f, tromperie f.
fallibility n faillibilité f.
fallible adj faillible.
false adj faux (fausse).
false alarm n fausse alerte f.
falsify vt falsifier.
falter vi vaciller.
fame n réputation f, renommée f.
familiar adj familier(ière).
familiarity n familiarité f.
familiarise vi familiariser.
family n famille f.
famine n famine f.
famous adj célèbre,
　fameux(euse).
fan n éventail m; ventilateur m;
　* vt éventer.
fancy n caprice m; * vt avoir
　envie de; s'imaginer.
fantastic adj fantastique.
fantasy n fantaisie f.
far adv loin; * adj lointain(e),
　éloigné(e).
fare n prix (du voyage) m; tarif
　m; table f.

farewell n adieu m.
farm n ferme f; * vt cultiver.
farmer n fermier(ière) m(f);
　agriculteur(trice) m(f).
farming n agriculture f.
fascinate vi fasciner, captiver.
fascination n fascination f,
　charme m.
fashion n manière f, façon f,
　mode f; * vt façonner.
fashionable adj à la mode, chic.
fast vi jeûner; * n jeûne m;
　* adj rapide; * adv rapidement.
fasten vt attacher; fixer.
fast food n restauration f
　rapide.
fat adj gros(se), gras(se);
　* n graisse f.
fatal adj mortel(le).
fatality n fatalité f.
fate n destin m, sort m.
father n père m.
fatherhood n paternité f.
fatigue n fatigue f; * vt fatiguer.
fatuous adj imbécile.
fault n défaut m, faute f, délit m.
faulty adj défectueux(euse).
favour n faveur f; * vt favoriser.
favourable adj favorable.
favourite n favori m;
　* adj favori(e).
fax n fax m; * vt envoyer par fax.
fear vt craindre; * n crainte f.
fearful adj effrayant(e);
　craintif(ive).
fearless adj intrépide,
　courageux(euse).
feasibility n faisabilité f.
feasible adj faisable.
feast n banquet m; fête f.
feat n exploit m; prouesse f.
feather n plume f.
feature n trait m; * vi figurer.
February n février m.
fed-up adj; * to be ~ adv en
　avoir marre.
fee n honoraires mpl.

feeble *adj* faible, frêle.
feebleness *n* faiblesse *f*.
feed *vt* nourrir; * *vi* manger, se nourrir.
feel *vt* sentir; toucher; * *n* sensation *f*.
feeling *n* sensation *f*; sentiment *m*.
feign *vt* feindre, simuler.
fellow *n* homme *m*, type *m*.
female *n* femelle *f*; * *adj* féminin(e).
feminine *adj* féminin(e).
feminist *n* féministe *m* or *f*.
fence *n* barrière *f*, clôture *f*.
ferment *n* agitation *f*; * *vi* fermenter.
ferocious *adj* féroce.
ferocity *n* férocité *f*.
ferry *n* bac *m*; ferry *m*; * *vt* transporter.
fertile *adj* fertile, fécond(e).
fertility *n* fertilité *f*, fécondité *f*.
fervent *adj* fervent(e); ardent(e).
fervour *n* ferveur *f*.
festival *n* fête *f*; festival *m*.
festive *adj* de fête.
fetch *vt* aller chercher.
fever *n* fièvre *f*.
feverish *adj* fiévreux(euse).
few *adj* peu: — a ~ quelques.
fibre *n* fibre *f*.
fickle *adj* volage, inconstant(e).
fiction *n* fiction *f*, invention *f*.
fictional *adj* fictif(ive).
fictitious *adj* fictif(ive), imaginaire.
fidelity *n* fidélité *f*, loyauté *f*.
fidget *vi* s'agiter, remuer.
fidgety *adj* agité(e), remuant(e).
field *n* champ *m*; domaine *m*.
fiend *n* démon *m*.
fiendish *adj* diabolique.
fierce *adj* féroce; acharné(e).
fierceness *n* férocité *f*, fureur *f*.
fifteen *adj*, *n* quinze *m*.
fifteenth *adj*, *n* quinzième *m* or *f*.

fifth *adj*, *n* cinquième *m* or *f*.
fiftieth *adj*, *n* cinquantième *m* or *f*.
fifty *adj*, *n* cinquante *m*.
fight *vt*, *vi* combattre; lutter; * *n* combat *m*.
fighter *n* combattant(e) *m(f)*.
figure *n* silhouette *f*, figure *f*, image *f*, chiffre *m*.
file *n* liste *f*, dossier *m*; fichier *m*; * *vt* enregistrer; classer.
fill *vt* remplir.
fillet *n* filet *m*.
film *n* pellicule *f*, film *f*; * *vt* filmer; * *vi* s'embuer.
filter *n* filtre *m*; * *vt* filtrer.
filth *n* immondice *f*, ordure *f*.
filthy *adj* crasseux(euse), dégoûtant(e).
fin *n* nageoire *f*.
final *adj* dernier(ière), définitif(ive).
finalise *vt* parachever.
finance *n* finance *f*.
financial *adj* financier(ière).
financier *n* financier *m*.
find *vt* trouver; * *n* trouvaille *f*.
findings *npl* résultats *mpl*.
fine *adj* fin(e); pur(e); délicat(e); * *n* amende *f*.
finesse *n* finesse *f*, subtilité *f*.
finger *n* doigt *m*; * *vt* manier.
fingernail *n* ongle *m*.
finish *vt* finir, terminer.
Finland *n* Finlande *f*.
Finnish *adj* finlandais(e); * *n* Finlandais(e) *m(f)*.
fir (tree) *n* sapin *m*.
fire *n* feu *m*, incendie *m*; * *vt* incendier; * *vi* s'enflammer.
firearm *n* arme *f* à feu.
fire engine *n* voiture *f* de pompiers.
fire extinguisher *n* extincteur *m*.
fireman *n* pompier *m*.
fireplace *n* cheminée *f*, foyer *m*.
fireproof *adj* ignifuge.

fire station n caserne f de pompiers.

fireworks npl feu m d'artifice.

firm adj ferme; * n (commercial) compagnie f.

firmness n fermeté f, résolution f.

first adj premier(ière); * adv premièrement.

first aid n premiers secours mpl.

first-class adj de première classe.

first-hand adj de première main.

first name n prénom m.

first-rate adj de première qualité.

fish n poisson m; * vi pêcher.

fisherman n pêcheur m.

fishing n pêche f.

fissure n fissure f, crevasse f.

fist n poing m.

fit n accès m; * adj en forme; capable; * vt adapter; * vi (bien) aller.

fitness n forme f physique.

fitting adj qui convient, approprié(e); * n essayage m; pose f.

five adj, n cinq m.

fix vt fixer, établir.

fixation n obsession f.

fixed adj fixe.

fizz vi pétiller.

fizzy adj gazeux(euse).

flabby adj mou(molle), flasque.

flag n drapeau m; * vi s'affaiblir.

flagrant adj flagrant(e).

flair n flair m, talent m.

flake n flocon m; * vi s'effriter.

flamboyant adj flamboyant(e).

flame n flamme f, ardeur f.

flammable adj inflammable.

flank n flanc m.

flap n battement m; rabat m.

flare vi luire, briller; * n flamme f.

flash n éclat m; * vt allumer.

flask n flasque f, flacon m.

flat adj plat(e); insipide.

flatten vt aplanir; aplatir.

flatter vt flatter.

flattery n flatterie f.

flaunt vt étaler, afficher.

flavour n saveur m; * vt assaisonner.

flaw n défaut m; imperfection f.

fleck n petite tache f, particule f.

flee vt fuir de; * vi s'enfuir.

fleece n toison f.

fleet n flotte f, parc m.

fleeting adj fugace, fugitif(ive).

flesh n chair f.

flex n cordon m; * vt fléchir.

flexibility n flexibilité f.

flexible adj flexible, souple.

flicker vt vaciller; trembloter.

flier n aviateur(trice) m(f).

flight n vol m; fuite f.

flight attendant n steward m, hôtesse f de l'air.

flimsy adj léger(ère); fragile.

flinch vi sourciller.

fling vt lancer, jeter.

flip vt lancer.

flippant adj désinvolte, cavalier(ière).

flipper n nageoire f.

flirt vi flirter; * n charmeur(euse) m(f).

flirtation n flirt f.

float vt faire flotter; * vi flotter; * n flotteur m; char (de carnaval) m.

flock n troupeau m, foule f; * vi affluer.

flood n inondation f, déluge m; * vt inonder.

floodlight n projecteur m.

floor n sol m; plancher m; étage m; * vt parqueter.

flop n fiasco m.

floppy adj lâche; * ~ disk n disquette f.

flora n flore f.

floral *adj* floral(e).

florist *n* fleuriste *m or f*.

flour *n* farine *f*.

flourish *vi* fleurir; prospérer.

flourishing *adj* florissant(e).

flow *vi* couler; circuler;
* *n* flux *m*; écoulement *m*; flot *m*.

flower *n* fleur *f*; * *vi* fleurir.

flowery *adj* fleuri(e).

fluctuate *vi* fluctuer.

fluctuation *n* fluctuation *f*.

fluency *n* aisance *f*.

fluent *adj* coulant(e); facile(e).

fluff *n* peluche *f*.

fluid *n* fluide *m*; * *adj* fluide.

fluke *n* veine *f*.

flurry *n* rafale *f*, agitation *f*.

flush *vi* rougir; * *n* rougeur *f*,
éclat *m*.

flushed *adj* rouge.

fluster *vt* énerver.

flute *n* flûte *f*.

flutter *vi* voleter; s'agiter.

fly *vt* piloter; * *vi* voler; fuir;
* *n* mouche *f*, braguette *f*.

flying *n* aviation *f*;
* *adj* rapide, éclair.

foam *n* écume *f*; * *vi* écumer.

foamy *adj* écumeux(euse).

focus *n* foyer *m*; centre *m*.

foe *n* ennemi(e) *m(f)*.

fog *n* brouillard *m*.

foggy *adj* brumeux(euse).

fold *n* pli *m*; * *vt* plier.

folder *n* chemise *f*, dépliant *m*.

folding *adj* pliant(e).

foliage *n* feuillage *m*.

folio *n* folio *m*.

folk *n* gens *mpl*.

folklore *n* folklore *m*.

follow *vt* suivre; * *vi* suivre,
s'ensuivre.

follower *n* partisan(e),
adhérent(e).

folly *n* folie *f*, extravagance *f*.

fond *adj* affectueux(euse):
— to be ~ of aimer.

fondle *vt* caresser.

food *n* nourriture *f*.

food processor *n* robot *m*.

foodstuffs *npl* denrées *fpl*
alimentaires.

fool *n* imbécile *m or f*; * *vt* duper.

foolish *adj* idiot(e), insensé(e).

foolproof *adj* infaillible.

foot *n* pied *m*.

football *n* football *m*, foot *m*;
ballon *m* de football.

footballer *n* footballeur(euse)
m(f).

footbridge *n* passerelle *f*.

footnote *n* note *f* de bas de page.

footpath *n* sentier *m*.

footprint *n* empreinte *f* de pas.

footstep *n* pas *m*.

for *prep* pour; en raison de;
pendant; depuis; sur; * *conj* car.

foray *n* incursion *f*.

forbid *vt* interdire, défendre.

forbidding *adj* menaçant(e);
sévère.

force *n* force *f*, puissance *f*;
* *vt* forcer, contraindre.

forceful *adj* énergique.

forceps *n* forceps *m*.

forcible *adj* énergique,
vigoureux(euse).

forearm *n* avant-bras *m*.

foreboding *n* pressentiment *m*.

forecast *vt* prévoir;
* *n* prévision *f*.

forefinger *n* index *m*.

foregone *adj* passé(e); anticipé(e).

foreground *n* premier plan *m*.

forehead *n* front *m*.

foreign *adj* étranger(ère).

foreigner *n* étranger(ère) *m(f)*.

foreman *n* contremaître *m*.

foremost *adj* principal(e).

forensic *adj* judiciaire.

forerunner *n* précurseur *m*.

foresee *vt* prévoir.

foresight *n* prévoyance *f*.

forest *n* forêt *f*.

foretaste *n* avant-goût *m*.

foretell *vt* prédire.

forever *adv* pour toujours.

forewarn *vt* prévenir à l'avance.

foreword *n* préface *f*.

forfeit *n* amende *f*; * *vt* perdre.

forge *n* forge *f*; * *vt* forger.

forger *n* faussaire *m or f*.

forgery *n* contrefaçon *f*.

forget *vt*, *vi* oublier.

forgetful *adj* étourdi(e); négligent(e).

forgive *vt* pardonner.

forgiveness *n* pardon *m*.

fork *n* fourchette *f*, fourche *f*; * *vi* bifurquer.

forked *adj* fourchu(e).

form *n* forme *f*, formalité *f*, moule *m*; * *vt* former.

formal *adj* formel(le).

formality *n* formalité *f*.

format *n* format *m*; * *vt* formater.

formation *n* formation *f*.

formative *adj* formateur(trice).

former *adj* précédent(e), ancien(ne).

formerly *adv* autrefois, jadis.

formula *n* formule *f*.

forsake *vt* abandonner, renoncer à.

fort *n* fort *m*.

forthcoming *adj* prochain(e); sociable.

fortieth *adj*, *n* quarantième *m or f*.

fortification *n* fortification *f*.

fortify *vt* fortifier, renforcer.

fortnight *n* quinze jours *mpl*.

fortnightly *adj* bimensuel(le); * *adv* tous les quinze jours.

fortuitous *adj* fortuit(e); imprévu(e).

fortunate *adj* chanceux(euse).

fortune *n* chance *f*, sort *m*; fortune *f*.

forty *adj*, *n* quarante *m*.

forward *adj* avancé(e); précoce; présomptueux(euse); * ~(s) *adv* en avant; * *vi* transmettre.

forwardness *n* précocité *f*.

fossil *n* fossile *m*.

foster *vt* élever.

foster child *n* enfant *m(f)* adoptif(ive).

foul *adj* infect(e); * *vt* polluer.

found *vt* fonder, créer; établir.

foundation *n* foundation *f*, fondement *m*.

foundry *n* fonderie *f*.

fountain *n* fontaine *f*.

four *adj*, *n* quatre *m*.

fourfold *adj* quadruple.

fourteen *adj*, *n* quatorze *m*.

fourteenth *adj*, *n* quatorzième *m or f*.

fourth *adj*, *n* quatrième *m or f*.

fowl *n* volaille *f*.

fox *n* renard *m*.

foyer *n* vestibule *m*.

fraction *n* fraction *f*.

fracture *n* fracture *f*; * *vt* fracturer.

fragile *adj* fragile.

fragility *n* fragilité *f*.

fragment *n* fragment *m*.

fragmentary *adj* fragmentaire.

fragrance *n* parfum *m*.

fragrant *adj* parfumé(e), odorant(e).

frail *adj* frêle, fragile.

frailty *n* fragilité *f*, faiblesse *f*.

frame *n* charpente *f*, cadre *m*; * *vt* encadrer.

France *n* France *f*.

franchise *n* droit *m* de vote; franchise *f*.

frank *adj* franc(he), direct(e).

frankness *n* franchise *f*.

frantic *adj* frénétique.

fraternal *adj* fraternel(le).

fraternise *vi* fraterniser.

fratricide n fratricide m or f.

fraud n fraude f, tromperie f.

fraudulent adj frauduleux(euse).

free adj libre, autonome; gratuit(e); dégagé(e); * vt affranchir; libérer; débarrasser.

freedom n liberté f.

freelance adj indépendant(e).

freely adv librement; libéralement.

freewheel vi rouler au point mort.

free will n libre arbitre m.

freeze vi geler; * vt congeler; geler.

freezer n congélateur m.

freezing adj gelé(e).

freight n cargaison f, fret m.

freighter n affréteur m.

French adj français(e); * n Français(e) m(f).

French fries npl frites fpl.

French window n porte-fenêtre f.

frenzied adj fou (folle), frénétique.

frenzy n frénésie f, folie f.

frequency n fréquence f.

frequent adj fréquent(e); * vt fréquenter.

fresco n fresque f.

fresh adj frais (fraîche).

freshen vt rafraîchir; * vi se rafraîchir.

freshly adv récemment.

freshness n fraîcheur f.

freshwater adj d'eau douce.

fret vi s'agiter, se tracasser.

friction n friction f.

Friday n vendredi m; Good ~ Vendredi Saint m.

friend n ami(e) m(f).

friendliness n amitié f, bienveillance f.

friendly adj amical(e).

friendship n amitié f.

fright n peur f, frayeur f.

frighten vt effrayer.

frightened adj effrayé(e), apeuré(e).

frightful adj épouvantable.

frigid adj glacé(e); frigide(e).

fringe n frange f: — on the ~ en marge.

fringe theatre n théâtre m d'avant-garde.

frisk vt fouiller.

frivolity n frivolité f.

frivolous adj frivole.

fro adv to go to and ~ aller et venir.

frock n robe f.

frog n grenouille f.

frolic vi folâtrer.

from prep de; depuis; à partir de.

front n avant m, devant m; front m; * adj de devant; premier(ière).

front door n porte f d'entrée.

frontier n frontière f.

front-wheel drive n (car) traction avant f.

frost n gel m; gelée f; * vt geler.

frostbite n engelure f.

frostbitten adj gelé(e).

frosty adj glacial(e); givré(e).

froth n écume f; * vi écumer.

frothy adj mousseux(euse), écumeux(euse).

frown vt froncer les sourcils.

frozen adj gelé(e).

frugal adj frugal(e), économique.

fruit n fruit m.

fruitful adj fécond(e), fertile; fructueux(euse).

fruition n réalisation f.

fruitless adj stérile.

frustrate vt contrecarrer; annuler.

frustrated adj frustré(e).

frustration n frustration f.

fry vt frire.

frying pan n poêle f.

fudge *n* caramel *m*.

fuel *n* combustible *m*, carburant *m*.

fuel tank *n* réservoir *m* à carburant.

fugitive *adj*, *n* fugitif(ive) *m(f)*.

fulfill *vt* accomplir; réaliser.

fulfilment *n* accomplissement *m*.

full *adj* plein(e), rempli(e); complet(ète); *adv* pleinement, entièrement.

full moon *n* pleine lune *f*.

fullness *n* plénitude *f*, abondance *f*.

full-time *adj* à plein temps.

fully *adv* pleinement, entièrement.

fumble *vi* farfouiller.

fume *vi* rager, fumer.

fumigate *vt* fumiger.

fun *n* amusement *m*: — to have ~ (bien) s'amuser.

function *n* fonction *f*.

functional *adj* fonctionnel(le).

fund *n* fonds *m*; * *vt* financer.

fundamental *adj* fondamental(e).

funeral service *n* service *f* des morts.

funeral *n* enterrement *m*.

funnel *n* entonnoir *m*; cheminée *f*.

funny *adj* amusant(e); curieux(euse).

fur *n* fourrure *f*.

furious *adj* furieux(euse); acharné(e).

furnace *n* fourneau *m*; chaudière *f*.

furnish *vt* meubler.

furniture *n* meubles *mpl*.

furrow *n* sillon *m*; * *vt* sillonner.

furry *adj* à fourrure, en peluche.

further *adj* supplémentaire; plus lointain(e); * *adv* plus loin; en outre, de plus; * *vt* favoriser; promouvoir.

further education *n* formation *f* continue.

furthermore *adv* de plus.

furtive *adj* furtif(ive), secret(ète).

fury *n* fureur *f*, colère *f*.

fuse *vi* fondre, sauter; * *n* fusible *m*, amorce *f*.

fusion *n* fusion *f*.

fuss *n* tapage *m*.

fussy *adj* difficile, chipoteur(euse).

futile *adj* futile, vain(e).

futility *n* futilité *f*.

future *adj* futur(e); * *n* futur *m*; avenir *m*.

fuzzy *adj* flou(e), confus(e).

G

G *n* (music) sol *m*.

gabble *vi* baragouiner; * *n* charabia *m*.

gadget *n* gadget *m*.

gaiety *n* gaieté *f*.

gain *n* gain *m*; bénéfice *m*; * *vt* gagner.

gait *n* démarche *f*, maintien *m*.

galaxy *n* galaxie *f*.

gale *n* grand vent *m*.

gallant *adj* galant(e).

gallery *n* galerie *f*.

gallop *n* galop *m*; * *vi* galoper.

galore *adv* en abondance.

galvanise *vt* galvaniser.

gamble *vi* jouer; spéculer; * *n* risque *m*; pari *m*.

gambler *n* joueur(euse) *m(f)*.

gambling *n* jeu *m*.

game *n* jeu *m*; divertissement *m*; * *vi* jouer.

gang *n* gang *m*, bande *f*.

gangway *n* passerelle *f*.

gaol *n* prison *f*.

gaoler *n* geôlier(ière) *m(f)*.

gap *n* vide *m*; écart *m*.

garage *n* garage *m*.
garbage *n* ordures *fpl*.
garden *n* jardin *m*.
gardener *n* jardinier(ière) *m(f)*.
gardening *n* jardinage *m*.
garlic *n* ail *m*.
garment *n* vêtement *m*.
garnish *vt* garnir; **n* garniture *f*.
garret *n* mansarde *f*.
garrulous *adj* loquace, bavard(e).
gas *n* gaz *m*; essence *f*.
gas cylinder *n* bouteille *f* de gaz.
gaseous *adj* gazeux(euse).
gash *n* entaille *f*; * *vt* entailler.
gasp *vi* haleter.
gassy *adj* gazeux(euse).
gastronomic *adj* gastronomique.
gate *n* porte *f*, portail *m*.
gather *vi* rassembler,
   ramasser; * *vi* se rassembler.
gaudy *adj* criard(e).
gauge *n* calibre *m*; * *vt* calibrer.
gaunt *adj*, *n* maigre *m* or *f*.
gay *adj* gai(e); vif (vive);
   homosexuel(le).
gaze *vi* contempler; **n* regard *m*.
gear *n* équipement *m*, matériel
   m; vitesse *f*.
gearbox *n* boîte *f* de vitesses.
gem *n* pierre *f* précieuse.
gender *n* genre *m*.
gene *n* gène *m*.
genealogical *adj* généalogique.
genealogy *n* généalogie *f*.
genealogical *adj* généalogique.
general *adj* général(e): —
   in ~ en général; **n* général *m*.
generalisation *n* généralisation *f*.
generalise *vt* généraliser.
generation *n* génération *f*.
generator *n* générateur *m*.
generosity *n* générosité *f*,
   libéralité *f*.
generous *adj* généreux(euse).
genial *adj* bienveillant(e);
   doux (douce).
genitals *npl* organes *mpl*
   génitaux.

genius *n* génie *m*.
gentle *adj* doux (douce),
   modéré(e).
gentleman *n* gentleman *m*.
gentleness *n* douceur *f*.
genuine *adj* authentique,
   sincère.
geographer *n* géographe *m* or *f*.
geography *n* géographie *f*.
geologist *n* géologue *m* or *f*.
geology *n* géologie *f*.
geometry *n* géométrie *f*.
German *adj* allemand(e);
   * n Allemand(e) *m(f)*.
Germany *n* Allemagne *f*.
germinate *vi* germer.
gesticulate *vi* gesticuler.
gesture *n* geste *m*.
get *vi* devenir; aller (to à, from
   de); commencer: —I've got
   to do something il faut que je
   fasse quelque chose;
   * vt faire; obtenir; recevoir;
   prendre; comprendre.
get by *vi* (*sl*) passer; se
   débrouiller.
get up to *vt* (*fam*) arriver à; faire.
geyser *n* geyser *m*.
ghost *n* fantôme *m*, spectre *m*.
giant *n* géant(e).
giddiness *n* vertige *m*.
giddy *adj* vertigineux(euse).
gift *n* cadeau *m*.
gifted *adj* talentueux(euse);
   doué(e).
gigantic *adj* gigantesque.
gild *vt* dorer.
gills *pl* branchies *fpl*.
ginger *n* gingembre *m*.
ginger-haired *adj* roux(rousse).
girl *n* fille *f*.
girlfriend *n* amie *f*, petite
   amie *f*, copine *f*.
gist *n* essentiel *f*.
give *vt* donner; remettre.
glacial *adj* glacial(e).
glacier *n* glacier *m*.

glad *adj* joyeux(euse), content(e).

gladden *vt* réjouir.

glamour *n* attrait *m*, séduction *f*.

glamorous *adj* attrayant(e), séduisant(e).

glance *vi* jeter un coup d'oeil.

glare *n* éclat *m*; * *vi* éblouir.

glass *n* verre *m*.

glasses (spectacles) *npl* lunettes *fpl*.

glaze *vt* vitrer.

gleam *n* lueur *m*.

glee *n* joie *f*, exultation *f*.

glide *vi* glisser; planer.

glider *n* planeur *m*.

glimmer *n* lueur *f*; * *vi* luire.

glimpse *n* aperçu *m*; * *vt* entrevoir.

glint *vi* briller, scintiller.

glitter *vi* luire, briller.

global *adj* global(e); mondial(e).

globe *n* globe *m*; sphère *f*.

gloom *n* obscurité *f*; mélancolie *m*.

gloomy *adj* sombre, mélancolique.

glorious *adj* glorieux(euse), illustre.

glory *n* gloire *f*, célébrité *f*.

glove *n* gant *m*.

glow *vi* rougeoyer, rayonner; * *n* rougeoiment *m*.

glue *n* colle *f*; * *vt* coller.

glum *adj* abattu(e), triste.

glutton *n* glouton(ne) *m(f)*.

gnome *n* gnome *m*.

go *vi* aller, partir, s'en aller.

goal *n* but *m*, objectif *m*.

gobble *vt* engloutir.

God *n* Dieu *m*.

godfather *n* parrain *m*.

godlike *adj* divin(e).

godmother *n* marraine *f*.

gold *n* or *m*.

golden *adj* doré(e); d'or.

goldsmith *n* orfèvre *m*.

golf *n* golf *m*.

golfer *n* golfeur(euse) *m(f)*.

gong *n* gong *m*.

good *adj* bon(ne); valable; * *n* bien *m*.

goods *pl* biens *mpl*.

goodbye! *excl* au revoir!

good-looking *adj* beau (belle).

goodness *n* bonté *f*, qualité *f*.

goodwill *n* bienveillance *f*.

goose *n* oie *f*.

gorge *n* gorge *f*; * *vt* engloutir, avaler.

gorgeous *adj* superbe.

gory *adj* sanglant(e).

gossip *n* potins *mpl*; * *vi* faire des commérages.

govern *vt* gouverner, diriger.

government *n* gouvernement *m*.

governor *n* gouverneur *m*.

gown *n* toge *f*, robe *f*.

grab *vt* saisir.

grace *n* grâce *f*; * *vt* honorer.

graceful *adj* gracieux(euse).

gradation *n* gradation *f*.

grade *n* grade *m*.

gradual *adj* graduel(le).

graduate *vi* obtenir son diplôme, obtenir sa licence.

graft *n* greffe *f*; * *vt* greffer.

grain *n* grain *m*.

grammar *n* grammaire *f*.

grammatical *adj* grammatical(e).

grand *adj* grandiose; magnifique.

grandchild *n* petit-fils *m*; petite-fille *f*: ~ren *pl* petits-enfants *mpl*.

granddad *n* grand-papa *m*.

granddaughter *n* petite-fille *f*.

grandeur *n* grandeur *f*, pompe *f*.

grandfather *n* grand-père *m*.

grandma *n* grand-maman *f*.

grandmother *n* grand-mère *f*.

grandparents *npl* grands-parents *mpl*.

grandson *n* petit-fils *m*.

grandstand *n* tribune *f*.
granny *n* grand-maman *f*.
grant *vt* accorder; * *n* bourse *f*.
granulate *vt* granuler.
granule *n* granule *m*.
grape *n* raisin *m*.
grapefruit *n* pamplemousse *m*.
graph *n* graphe, graphique *m*.
graphic(al) *adj* graphique.
grasp *vt* saisir, empoigner;
  comprendre.
grass *n* herbe *f*.
grasshopper *n* sauterelle *f*.
grassy *adj* herbeux(euse).
grate *n* grille *f*; * *vt* râper;
  * *vi* grincer.
grateful *adj* reconnaissant(e).
gratification *n* satisfaction *f*.
gratify *vt* satisfaire.
gratifying *adj* réjouissant(e).
gratis *adv* gratis, gratuitement.
gratitude *n* gratitude *f*,
  reconnaissance *f*.
gratuitous *adj* gratuit(e);
  volontaire.
gratuity *n* gratification *f*.
grave *n* tombe *f*; * *adj* grave.
graveyard *n* cimetière *m*.
gravity *n* gravité *f*.
gravy *n* jus *m* de viande; sauce *f*.
graze *vi*, *vt* paître.
grease *n* graisse *f*; * *vt* graisser.
great *adj* grand(e), important(e).
Great Britain *n* Grande-
  Bretagne *f*.
greatness *n* grandeur *f*,
  importance *f*.
Greece *n* Grèce *f*.
Greek *adj* grec(que);
  * *n* Grec(que) *m(f)*.
greed *n* avidité *f*, gloutonnerie *f*.
greedy *adj* avide; glouton(onne).
green *adj* vert(e); * *n* vert *m*;
  verdure *f*.
greenery *n* verdure *f*.
greenhouse *n* serre *f*.
greenish *adj* verdâtre.

greet *vt* saluer; accueillir.
greeting *n* salutation *f*, accueil *m*.
grey *adj* gris(e); * *n* gris *m*.
greyish *adj* grisâtre;
  grisonnant(e).
grid *n* grille *f*, réseau *m*.
grief *n* chagrin *m*, douleur *f*.
grievance *n* grief *m*; doléance *f*.
grieve *vt* peiner; * *vi* se
  chagriner.
grievous *adj* douloureux(euse),
  grave.
grill *n* gril *m*; * *vt* faire griller.
grim *adj* peu engageant(e).
grimace *n* grimace *f*, moue *f*.
grime *n* saleté *f*.
grin *n* large sourire *m*;
  * *vi* sourire (at à).
grind *vt* moudre.
grip *n* prise *f*, poignée *f*;
  * *vt* saisir, agripper.
groan *vi* gémir; grogner;
  * *n* gémissement *m*.
grocer *n* épicier(ière) *m(f)*.
groom *n* valet *m*; marié *m*;
  * *vt* panser; préparer.
groove *n* rainure *f*.
grope *vt* chercher à tâtons;
  * *vi* tâtonner.
gross *adj* gros(osse);
  grossier(ière).
grotesque *adj* grotesque.
ground *n* terre *f*, sol *m*;
  terrain; * *vt* fonder.
ground floor *n* rez-de-chaussée *m*.
groundless *adj* sans fondement.
group *n* groupe *m*;
  * *vt* regrouper.
grove *n* bosquet *m*.
grovel *vi* ramper.
grow *vt* cultiver; * *vi* pousser.
grower *n* cultivateur(trice) *m(f)*.
growl *vi* grogner.
growth *n* croissance *f*.
grudge *n* rancune *f*.
gruelling *adj* difficile, pénible.
gruesome *adj* horrible.

grumble *vi* grogner; grommeler.
guarantee *n* garantie *f*;
* *vt* garantir.
guard *n* garde *f*; * *vt* garder.
guardian *n* tuteur(tutrice)
m(f).
guardianship *n* tutelle *f*.
guess *vt, vi* deviner;
* *n* conjecture *f*.
guest *n* invité(e) *m(f)*.
guidance *n* guidage *m*;
direction *f*.
guide *vt* guider, diriger;
* *n* guide *m*.
guidebook *n* guide *m*.
guild *n* association *f*,
corporation *f*.
guile *n* astuce *f*.
guilt *n* culpabilité *f*.
guilty *adj* coupable.
guise *n* apparence *f*.
guitar *n* guitare *f*.
gull *n* mouette *f*.
gullible *adj* crédule.
gulp *n* gorgée *f*; * *vt, vi* avaler.
gum *n* gomme *f*; * *vt* coller.
gun *n* pistolet *m*; fusil *m*.
gunpowder *n* poudre *f* à canon.
gunshot *n* coup de feu *m*.
gurgle *vi* gargouiller.
gush *vi* jaillir; bouillonner;
* *n* jaillissement *m*.
gust *n* rafale *f*, bouffée *f*.
gusto *n* plaisir *m*, délectation *f*.
gusty *adj* venteux(euse).
gut *n* intestin *m*; * *vt* vider.
gutter *n* gouttière *f*,
caniveau *m*.
guy *n* (*fam*) mec *m*, type *m*.
guzzle *vt* bouffer, engloutir.
gymnasium *n* gymnase *m*.
gymnast *n* gymnaste *m* or *f*.
gymnastic *adj* gymnastique.
gymnastics *npl* gymnastique *f*.
gynecologist *n* gynécologue *m*
or *f*.
gypsy *n* gitan(e) *m(f)*.

H

habit *n* habitude *f*.
habitable *adj* habitable.
habitat *n* habitat *m*.
habitual *adj* habituel(le).
haemorrhage *n* hémorragie *f*.
haggard *adj* hagard(e).
haggle *vi* marchander.
hail *n* grêle *f*; * *vt* saluer;
* *vi* grêler.
hair *n* cheveu *m*; poil *m*.
haircut *n* coupe *f* de cheveux.
hairless *adj* chauve; sans poils.
hairstyle *n* coiffure *f*.
hairy *adj* chevelu(e); poilu(e).
hale *adj* vigoureux(euse).
half *n* moitié *f*; * *adj* demi(e);
* *adv* à moitié.
half an hour *n* demi-heure *f*.
half-hearted *adj* peu
enthousiaste.
half-moon *n* demi-lune *f*.
halfway *adv* à mi-chemin.
hall *n* vestibule *m*.
hallow *vt* consacrer, sanctifier.
hallucination *n* hallucination *f*.
halt *vi* s'arrêter; * *n* arrêt *m*;
halte *f*.
ham *n* jambon *m*.
hammer *n* marteau *m*;
* *vt* marteler.
hammock *n* hamac *m*.
hamper *n* panier *m*; * *vt* entraver.
hand *n* main *f*; * *vt* donner,
passer.
handbag *n* sac *m* à main.
handbrake *n* frein *m* à main.
handicap *n* handicap *m*.
handicapped *adj* handicapé(e).
handkerchief *n* mouchoir *m*.
handle *n* manche *m*; * *vt* manier.
handlebars *npl* guidon *m*.
handrail *n* garde-fou *m*.
handsome *adj* beau (belle).
handwriting *n* écriture *f*.

hang vt accrocher; pendre;
* vi pendre.

hang-glider n deltaplane m.

hang-gliding n vol m libre or
sur aile delta.

hangover n gueule f de bois.

haphazard adj fortuit(e).

hapless adj malheureux(euse).

happen vi se passer.

happening n événement m.

happily adv heureusement.

happiness n bonheur m.

happy adj heureux(euse).

harass vt harceler.

harbour n port m; * vt héberger.

hard adj dur(e); pénible;
sévère.

hard disk n disque m dur.

harden vt, vi durcir.

hardiness n robustesse f.

hardly adv à peine: ~ ever
presque jamais.

hardness n dureté f, difficulté f.

hard-up adj fauché(e).

hardy adj fort(e), robuste.

hare n lièvre m.

harm n mal m; tort m;
* vt nuire à.

harmful adj nuisible.

harmonious adj
harmonieux(euse).

harmony n harmonie f.

harp n harpe f.

harsh adj dur(e); austère; rude.

harshness n aspérité f, dureté
f, austérité f.

harvest n moisson f;
* vt moissonner.

harvester n
moissonneur(euse) m(f).

haste n hâte f.

hasten vt accélérer; * vi se
dépêcher.

hasty adj hâtif(ive), irréfléchi(e).

hat n chapeau m.

hatch vt couver; faire éclore;
* n écoutille f.

hatchet n hachette f.

hate n haine f; * vt haïr, détester.

hatred n haine f.

haughtiness n orgueil m.

haughty adj orgueilleux(euse).

haul vt tirer; * n prise f.

haunt vt hanter; * n repaire m.

have vt avoir; posséder: — to
~ got to devoir, être obligé de.

haversack n sac m à dos.

havoc n ravages mpl.

hay n foin m.

hay fever n rhume m des foins.

hazard n risque m, danger m;
* vt risquer.

hazardous adj risqué(e),
dangereux(euse).

haze n brume f.

hazelnut n noisette f.

hazy adj brumeux(euse).

he pron il.

head n tête f, chef m;
* vt conduire.

headache n mal m de tête.

headland n promontoire m.

headlight n phare m.

headline n titre m.

headlong adv à toute allure.

headstrong adj têtu(e).

head waiter n maître m d'hôtel.

heal vt, vi guérir.

health n santé f.

healthiness n bonne santé f.

healthy adj en bonne santé;
sain(e).

heap n tas m; * vt entasser.

hear vt entendre; écouter;
* vi entendre.

hearing n ouïe f.

heart n coeur m.

heart failure n arrêt m
cardiaque.

hearth n foyer m.

heartless adj cruel(le).

hearty adj cordial(e).

heat n chaleur f; * vt chauffer.

heater n radiateur m.

heathen *n* païen(ne) *m(f)*.
heating *n* chauffage *m*.
heatwave *n* onde *f* de chaleur *f*.
heave *vt* lever; tirer.
heaven *n* ciel *m*.
heaviness *n* lourdeur *f*.
heavy *adj* lourd(e), pesant(e).
hectic *adj* agité(e).
hedge *n* haie *f*.
hedgehog *n* hérisson *m*.
heed *vt* tenir compte de;
    * *n* attention *f*.
heedless *adj* inattentif(ive),
    étourdi(e).
heel *n* talon *m*.
hefty *adj* fort(e); gros(se).
height *n* hauteur *f*, altitude *f*.
heighten *vt* rehausser.
heinous *adj* atroce.
heir *n* héritier *m*.
heiress *n* héritière *f*.
helicopter *n* hélicoptère *m*.
hell *n* enfer *m*.
helmet *n* casque *m*.
help *vt* aider, secourir; * *n* aide
    f, secours *m*.
helper *n* aide *m* or *f*.
helpful *adj* utile.
helpless *adj* impuissant(e).
hemisphere *n* hémisphère *m*.
hen *n* poule *f*.
henceforward *adv* dorénavant.
hen-house *n* poulailler *m*.
hepatitis *n* hépatite *f*.
her *pron* la, l'(before vowel or
    h mute); lui; elle; * *adj* son
    (sa), ses *pl*.
herb *n* herbe *f*.
herbalist *n* herboriste *m* or *f*.
herd *n* troupeau *m*.
here *adv* ici.
hereby *adv* par la présente.
hereditary *adj* héréditaire.
heredity *n* hérédité *f*.
heritage *n* patrimoine *m*,
    héritage *m*.
hermit *n* ermite *m*.

hernia *n* hernie *f*.
hero *n* héros *m*.
heroic *adj* héroïque.
hers *poss pron* le sien, la sienne,
    les siens, les siennes, à elle.
herself *pron* elle-même.
hesitate *vi* hésiter.
hesitation *n* hésitation *f*.
heterogeneous *adj* hétérogène.
heterosexual *adj, n*
    hétérosexuel(le) *m(f)*.
hiatus *n* trou *m*, lacune *f*,
    hiatus *m*.
hiccup *n* hoquet *m*; * *vi* avoir le
    hoquet.
hide *vt* cacher; * *n* cuir *m*; peau *f*.
hideaway *n* cachette *f*.
hideous *adj* hideux(euse);
    horrible.
hierarchy *n* hiérarchie *f*.
hi-fi *n* hi-fi *f invar*.
high *adj* haut(e); élevé(e).
highlight *n* point *m* fort.
highness *n* hauteur *f*, altesse *f*.
hike *vi* faire une randonnée.
hilarious *adj* hilarant(e), hilare.
hill *n* colline *f*.
hillside *n* (flanc *m* de) coteau *m*.
hilly *adj* montagneux(euse).
him *pron* lui; le.
himself *pron* lui-même; soi.
hinder *vt* gêner, entraver.
hindrance *n* gêne *f*, obstacle *m*.
hindsight *n* with ~
    rétrospectivement.
hint *n* allusion *f*; * *vt* insinuer;
    suggérer.
hip *n* hanche *f*.
hire *vt* louer; * *n* location *f*.
his *poss adj* son (sa), ses;
    * *poss pron* le (la) sien(ne); les
    sien(ne)s; à lui.
hiss *vt, vi* siffler.
historian *n* historien(ne) *m(f)*.
historic(al) *adj* historique.
history *n* histoire *f*.
hit *vt* frapper; atteindre.

hitch-hike *vi* faire du stop.
hoard *n* stock *m*; trésor *m* caché; * *vt* accumuler.
hoarse *adj* rauque.
hoarseness *n* voix rauque *f*.
hobby *n* passe-temps *m invar*.
hoist *vt* hisser; * *n* grue *f*.
hold *vt* tenir, détenir; * *n* prise *f*; pouvoir *m*.
holder *n* détenteur(trice) *m(f)*.
holdup *n* hold-up *m*.
hole *n* trou *m*.
holiday *n* jour *m* de congé; vacances *fpl*: — to be on ~ être en congé.
Holland *n* Hollande *f*.
hollow *adj* creux(euse); * *n* creux *m*; * *vt* creuser.
holocaust *n* holocauste *m*.
holy *adj* saint(e); bénit(e).
homage *n* hommage *m*.
home *n* maison *f*, domicile *m*.
homeless *adj* sans abri.
homely *adj* simple.
homesick *adj* nostalgique.
homesickness *n* nostalgie *f*.
homework *n* devoirs *mpl*.
homicide *n* homicide *m*.
homogeneous *adj* homogène.
homosexual *adj*, *n* homosexuel(elle) *m(f)*.
honest *adj* honnête.
honesty *n* honnêteté *f*.
honey *n* miel *m*.
honor *n* honneur *m*; * *vt* honorer.
honorable *adj* honorable.
honorary *adj* honoraire.
hood *n* capot *m*; capuche *f*.
hoof *n* sabot *m*.
hook *n* crochet *m*; hameçon *m*; * *vt* accrocher.
hoop *n* cerceau *m*.
hooter *n* sirène *f*.
hop *n* saut *m*; * *vi* sauter.
hope *n* espoir *m*, espérance *f*; * *vi* espérer.
hopeful *adj* plein(e) d'espoir.

horizon *n* horizon *m*.
horizontal *adj* horizontal(e).
hormone *n* hormone *f*.
horn *n* corne *f*.
horoscope *n* horoscope *m*.
horrible *adj* horrible.
horrific *adj* horrible, affreux(euse).
horrify *vt* horrifier.
horror *n* horreur *f*.
hors d'oeuvre *n* hors-d'oeuvre *m invar*.
horse *n* cheval *m*.
horseback *adv* on ~ à cheval.
horseman *n* cavalier *m*.
horse-shoe *n* fer *m* à cheval.
horticulture *n* horticulture *f*.
horticulturist *n* horticulteur(trice) *m(f)*.
hospitable *adj* hospitalier(ière).
hospital *n* hôpital *m*.
hospitality *n* hospitalité *f*.
host *n* hôte *m*; hostie *f*.
hostage *n* otage *m*.
hostess *n* hôtesse *f*.
hostile *adj* hostile.
hostility *n* hostilité *f*.
hot *adj* chaud(e); épicé(e).
hotel *n* hôtel *m*.
hotelier *n* hôtelier(ière) *m(f)*.
hot-headed *adj* impétueux(euse).
hotplate *n* plaque *f* chauffante.
hour *n* heure *f*.
hourglass *n* sablier *m*.
hourly *adv* toutes les heures.
house *n* maison *f*, maisonnée *f*; * *vt* loger.
houseboat *n* péniche *f*.
household *n* famille *f*, ménage *m*.
householder *n* propriétaire *m* or *f*, chef *m* de famille.
housekeeper *n* gouvernante *f*.
housewife *n* ménagère *f*.
housework *n* travaux *mpl* ménagers.
housing *n* logement *m*.
hovel *n* taudis *m*.

hover *vi* planer.
how *adv* comme; comment.
however *adv* de quelque manière que; cependant, néanmoins.
howl *vi* hurler; * *n* hurlement *m*.
hub *n* centre *m*; moyeu *m*.
hue *n* teinte *f*, nuance *f*.
hug *vt* étreindre; * *n* étreinte *f*.
huge *adj* énorme.
hull *n* (marine) coque *f*.
hum *vi* chantonner.
human *adj* humain(e).
humane *adj* humain(e).
humanist *n* humaniste *m* or *f*.
humanity *n* humanité *f*.
humanise *vt* humaniser.
humble *adj* humble; * *vt* humilier.
humdrum *adj* monotone.
humid *adj* humide.
humiliate *vt* humilier.
humiliation *n* humiliation *f*.
humility *n* humilité *f*.
humorous *adj* humoristique.
humour *n* sens *m* de l'humour, humour *m*.
hump *n* bosse *f*.
hundred *adj* cent; * *n* centaine *f*.
hundredth *adj* centième.
hunger *n* faim *f*; * *vi* avoir faim.
hungry *adj* affamé(e).
hunt *vt* chasser; * *n* chasse *f*.
hunter *n* chasseur *m*.
hurdle *n* haie *f*, obstacle *m*; claie *f*.
hurl *vt* jeter.
hurricane *n* ouragan *m*.
hurry *vt* presser; * *vi* se presser; * *n* hâte *f*.
hurt *vt* faire mal à; blesser; * *n* mal *m*.
hurtful *adj* blessant(e).
husband *n* mari *m*.
hut *n* cabane *f*, hutte *f*.
hydrant *n* bouche *f* d'incendie.
hydraulic *adj* hydraulique.

hydroelectric *adj* hydroélectrique.
hygiene *n* hygiène *f*.
hygienic *adj* hygiénique.
hypochondriac *adj*, *n* hypocondriaque *m* or *f*.
hypocrisy *n* hypocrisie *f*.
hypocritical *adj* hypocrite.
hypothesis *n* hypothèse *f*.
hypothetical *adj* hypothétique.
hysterical *adj* hystérique.
hysterics *npl* hystérie *f*.

I

I *pron* je, j'; moi.
ice *n* glace *f*; * *vt* glacer.
ice cream *n* glace *f*.
Iceland *n* Islande *f*.
Icelandic *adj* islandais(e); * *n* Islandais(e) *m(f)*.
ice rink *n* patinoire *f*.
ice skating *n* patinage *m* sur glace.
icy *adj* glacé(e).
idea *n* idée *f*.
ideal *adj* idéal(e).
identical *adj* identique.
identification *n* identification *f*.
identify *vt* identifier.
identity *n* identité *f*.
idiot *n* imbécile *m* or *f*.
idiotic *adj* idiot(e), bête.
idle *adj* désoeuvré(e); au repos.
idleness *n* paresse *f*.
idler *n* paresseux(euse) *m(f)*.
idol *n* idole *f*.
idolise *vt* idolâtrer.
idyllic *adj* idyllique.
if *conj* si; ~ not sinon.
ignite *vt* allumer, enflammer.
ignoble *adj* ignoble; bas(se).
ignorance *n* ignorance *f*.
ignorant *adj* ignorant(e).
ignore *vt* ne pas tenir compte de.
ill *adj* malade; * *n* mal *m*.

illegal *adj* illégal(e).
illegality *n* illégalité *f*.
illegible *adj* illisible.
illegitimacy *n* illégitimité *f*.
illegitimate *adj* illégitime.
illicit *adj* illicite.
illiterate *adj* analphabète.
illness *n* maladie *f*.
illogical *adj* illogique.
illuminate *vt* illuminer.
illusion *n* illusion *f*.
illusory *adj* illusoire.
illustrate *vt* illustrer.
illustration *n* illustration *f*.
illustrious *adj* illustre.
image *n* image *f*.
imaginary *adj* imaginaire.
imagination *n* imagination *f*.
imagine *vt* imaginer.
imbecile *adj* imbécile, idiot(e).
imitate *vt* imiter.
imitation *n* imitation *f*.
immaterial *adj* insignifiant(e).
immediate *adj* immédiat(e).
immense *adj* immense.
immigrant *n* immigrant(e) *m*
  or *f*.
immigration *n* immigration *f*.
imminent *adj* imminent(e).
immobile *adj* immobile.
immobility *n* immobilité *f*.
immoderate *adj* immodéré(e).
immoral *adj* immoral(e).
immorality *n* immoralité *f*.
immortal *adj* immortel(le).
immune *adj* immunisé(e).
immunise *vt* immuniser.
immutable *adj* immuable.
impact *n* impact *m*.
impalpable *adj* impalpable.
impart *vt* communiquer.
impartial *adj* impartial(e).
impartiality *n* impartialité *f*.
impassive *adj* impassible.
impatience *n* impatience *f*.
impatient *adj* impatient(e).
impeccable *adj* impeccable.

impede *vt* empêcher; entraver.
impending *adj* imminent(e).
impenetrable *adj*
  impénétrable, imperceptible.
imperfect *adj* imparfait(e).
imperfection *n* imperfection *f*,
  défaut *m*.
impermeable *adj* imperméable.
impersonal *adj* impersonel(le).
impertinence *n* impertinence *f*.
impertinent *adj* impertinent(e).
impetuosity *n* impétuosité *f*.
impetuous *adj* impétueux(euse).
implant *vt* implanter.
implement *n* outil *m*;
  ustensile *m*.
implicate *vt* impliquer.
implication *n* implication *f*.
implicit *adj* implicite.
implore *vt* supplier.
imply *vt* supposer.
impolite *adj* impoli(e).
import *vt* importer;
  * *n* importation *f*.
importance *n* importance *f*.
important *adj* important(e).
impose *vt* imposer.
imposition *n* imposition *f*.
impossibility *n* impossibilité *f*.
impossible *adj* impossible.
impostor *n* imposteur *m*.
impotence *n* impotence *f*.
impotent *adj* impotent(e).
impoverish *vt* appauvrir.
impoverishment *n*
  appauvrissement *m*.
impracticable *adj* impraticable.
imprecise *adj* imprécis(e).
impress *vt* impressionner.
impression *n* impression *f*,
  édition *f*.
impressionable *adj*
  impressionnable.
impressive *adj*
  impressionnant(e).
imprint *n* empreinte *f*;
  * *vt* imprimer.

imprison *vt* emprisonner.
imprisonment *n*
  emprisonnement *m*.
improbability *n* improbabilité *f*.
improbable *adj* improbable.
improper *adj* indécent(e);
  impropre.
improve *vt* améliorer;
  * *vi* s'améliorer.
improvement *n* amélioration *f*.
improvise *vt* improviser.
imprudent *adj* imprudent(e).
impudent *adj* impudent(e).
impulse *n* impulsion *f*.
impulsive *adj* impulsif(ive).
impunity *n* impunité *f*.
in *prep* dans; en.
inability *n* incapacité *f*.
inaccurate *adj* inexact(e).
inactive *adj* inactif(ive).
inadequate *adj* inadéquat(e).
inadmissible *adj* inadmissible.
inane *adj* inepte.
inanimate *adj* inanimé(e).
inapplicable *adj* inapplicable.
inaudible *adj* inaudible.
incalculable *adj* incalculable.
incapable *adj* incapable.
incapacitate *vt* mettre dans
  l'incapacité.
incapacity *n* incapacité *f*.
incarcerate *vt* incarcérer.
incautious *adj* imprudent(e).
incentive *n* prime *f*, aide *f*.
incessant *adj* incessant(e).
incidence *n* fréquence *f*.
incident *n* incident *m*.
incidental *adj* fortuit(e).
incisive *adj* incisif(ive).
incite *vt* inciter, encourager.
inclination *n* inclination *f*,
  propension *f*.
incline *vt* incliner; * *vi* s'incliner.
include *vt* inclure, comprendre.
including *prep* inclus, y compris.
incognito *adv* incognito.
incoherence *n* incohérence *f*.

incoherent *adj* incohérent(e).
income *n* revenu *m*; recettes *fpl*.
incomparable *adj* incomparable.
incompetence *n* incompétence *f*.
incompetent *adj* incompétent(e).
incomplete *adj* incomplet(ète).
incomprehensible *adj*
  incompréhensible.
inconceivable *adj* inconcevable.
incongruity *n* incongruité *f*.
incongruous *adj* incongru(e).
inconsiderate *adj* inconsidéré(e).
inconsistent *adj* inconsistant(e).
inconspicuous *adj* discret(ète).
incontrovertible *adj*
  incontestable.
inconvenience *n* inconvénient;
  * *vt* incommoder.
inconvenient *adj* incommode.
incorporate *vt* incorporer;
  * *vi* s'incorporer.
incorporation *n* incorporation *f*.
incorrect *adj* incorrect(e).
increase *vt*, *vi* augmenter;
  * *n* augmentation *f*.
increasing *adj* croissant(e).
incredible *adj* incroyable.
incredulous *adj* incrédule.
incriminate *vt* incriminer.
incur *vt* encourir.
incurable *adj* incurable.
incursion *n* incursion *f*.
indebted *adj* endetté(e);
  redevable.
indecent *adj* indécent(e).
indecision *n* indécision *f*,
  irrésolution *f*.
indecisive *adj* indécis(e),
  irrésolu(e).
indefatigable *adj* infatigable.
indefinite *adj* indéfini(e).
indemnify *vt* indemniser.
indemnity *n* indemnité *f*.
independence *n* indépendance *f*.
independent *adj* indépendant(e).
indeterminate *adj*
  indéterminé(e).

index *n* indice *m*.
indicate *vt* indiquer.
indication *n* indication *f*,
  indice *m*.
indifference *n* indifférence *f*.
indifferent *adj* indifférent(e).
indigenous *adj* indigène.
indigent *adj* indigent(e).
indigestion *n* indigestion *f*.
indignant *adj* indigné(e).
indignation *n* indignation *f*.
indirect *adj* indirect(e).
indiscreet *adj* indiscret(ète).
indiscretion *n* indiscrétion *f*.
indispensable *adj* indispensable.
indisputable *adj* indiscutable.
indistinct *adj* indistinct(e).
indistinguishable *adj*
  impossible à distinguer.
individual *adj* individuel(le);
  * *n* individu *m*.
individuality *n* individualité *f*.
indolence *n* indolence *f*.
indolent *adj* indolent(e).
indoors *adv* à l'intérieur.
induce *vt* persuader; provoquer.
inducement *n* encouragement
  m; incitation *f*.
indulge *vt* céder à; *vi* se
  permettre.
indulgent *adj* indulgent.
industrial *adj* industriel(le).
industrialise *vt* industrialiser.
industrious *adj*
  travailleur(euse).
industry *n* industrie *f*.
inebriated *adj* ivre.
inedible *adj* non comestible.
inefficiency *n* inefficacité *f*.
inefficient *adj* inefficace.
ineligible *adj* inéligible.
inept *adj* inepte; déplacé(e).
inequality *n* inégalité *f*.
inertia *n* inertie *f*.
inestimable *adj* inestimable.
inevitable *adj* inévitable.
inexhaustible *adj* inépuisable.

inexpedient *adj* imprudent(e),
  inopportun(e).
inexpensive *adj* bon marché.
inexplicable *adj* inexplicable.
infallible *adj* infaillible.
infamous *adj* vil(e), infame.
infancy *n* enfance *f*.
infant *n* enfant *m*.
infantile *adj* infantile.
infatuated *adj* fou (folle).
infatuation *n* folie *f*, obsession *f*.
infect *vt* infecter.
infectious *adj* infectieux(euse).
infer *vt* inférer.
inference *n* inférence *f*.
inferior *adj* inférieur(e).
inferiority *n* infériorité *f*.
infernal *adj* infernal(e).
infest *vt* infester.
infidelity *n* infidélité *f*.
infiltrate *vi* s'infiltrer.
infinite *adj* infini(e).
infinity *n* infini *m*; infinité *f*.
infirm *adj* infirme.
infirmity *n* infirmité *f*.
inflame *vt* enflammer;
  * *vi* s'enflammer.
inflammation *n* inflammation *f*.
inflatable *adj* gonflable.
inflate *vt* gonfler.
inflation *n* inflation *f*.
inflict *vt* infliger.
influence *n* influence *f*;
  * *vt* influencer.
influential *adj* influent(e).
influenza *n* grippe *f*.
inform *vt* informer.
informal *adj* informel(le).
informality *n* simplicité *f*.
information *n* information *f*.
infrequent *adj* rare.
infringe *vt* enfreindre.
infringement *n* infraction *f*.
infuriate *vt* rendre furieux.
ingenious *adj* ingénieux(euse).
ingenuity *n* ingéniosité *f*.
ingenuous *adj* ingénu(e).

inglorious *adj* honteux(euse).
ingot *n* lingot *m*.
ingratitude *n* ingratitude *f*.
ingredient *n* ingrédient *m*.
inhabit *vt*, *vi* habiter.
inhabitable *adj* habitable.
inhabitant *n* habitant(e).
inhale *vt* inhaler.
inherit *vt* hériter.
inheritance *n* héritage *m*.
inhibit *vt* inhiber.
inhibition *n* inhibition *f*.
inhospitable *adj*
  inhospitalier(ière).
inhuman *adj* inhumain(e).
inhumanity *n* inhumanité.
inimical *adj* hostile, ennemi(e).
inimitable *adj* inimitable.
initial *adj* initial(e);
  * *n* initiale *f*.
initiate *vt* commencer; initier.
initiation *n* initiation *f*.
initiative *n* initiative *f*.
inject *vt* injecter.
injection *n* injection *f*.
injunction *n* injonction *f*.
imjure *vt* blesser.
injury *n* blessure *f*, tort *m*.
injustice *n* injustice *f*.
ink *n* encre *f*.
inlet *n* entrée *f*; bras *m* de mer.
inn *n* auberge *f*, hôtel *m*.
innate *adj* inné(e).
inner *adj* intérieur(e).
innkeeper *n* aubergiste *m* or *f*.
innocence *n* innocence *f*.
innocent *adj* innocent(e).
innocuous *adj* inoffensif(ive).
innovate *vt* innover.
innuendo *n* allusion *f*,
  insinuation *f*.
innumerable *adj* innombrable.
inoculate *vt* inoculer.
inoffensive *adj* inoffensif(ive).
inopportune *adj* inopportun(e).
inquest *n* enquête *f*.
inquire *vt*, *vi* demander.

inquiry *n* enquête *f*.
inquisition *n* investigation *f*.
inquisitive *adj* curieux(euse).
insane *adj* fou (folle).
insanity *n* folie *f*.
insatiable *adj* insatiable.
inscribe *vt* inscrire.
inscription *n* inscription *f*.
inscrutable *adj* impénétrable.
insect *n* insecte *m*.
insecure *adj* peu assuré(e).
insecurity *n* insécurité *f*.
insemination *n* insémination *f*.
insensible *adj* inconscient(e).
insensitive *adj* insensible.
inseparable *adj* inséparable.
insert *vt* introduire, insérer.
insertion *n* insertion *f*.
inside *n* intérieur *m*;
  * *adv* à l'intérieur.
inside out *adv* à l'envers.
insidious *adj* insidieux(euse).
insight *n* perspicacité *f*.
insignificant *adj* insignifiant(e).
insinuate *vt* insinuer.
insinuation *n* insinuation *f*.
insipid *adj* insipide.
insist *vi* insister.
insistence *n* insistance *f*.
insistent *adj* insistant(e).
insolence *n* insolence *f*.
insolent *adj* insolent(e).
inspect *vt* examiner, inspecter.
inspection *n* inspection *f*.
inspecter *n* inspecteur(trice)
  m(f).
instability *n* instabilité *f*.
install *vt* installer.
installation *n* installation *f*.
instalment *n* installation *f*.
instance *n* exemple *m*.
instant *adj* instantané(e);
  * *n* instant *m*.
instead *adv* au lieu de cela:
  ~ of au lieu de.
instigate *vt* inciter; susciter.
instinct *n* instinct *m*.

instinctive *adj* instinctif(ive).
institute *vt* instituer;
  * *n* institut *m*.
institution *n* institution *f*.
instruct *vt* instruire.
instrument *n* instrument *m*.
insufficiency *n* insuffisance *f*.
insufficient *adj* insuffisant(e).
insular *adj* insulaire.
insulate *vt* isoler.
insulation *n* isolation *f*.
insult *vt* insulter; * *n* insulte *f*.
insurance *n* (commercial)
  assurance *f*.
insure *vt* assurer.
intact *adj* intact(e).
integrate *vt* intégrer.
integration *n* intégration *f*.
integrity *n* intégrité *f*.
intellect *n* intellect *m*.
intellectual *adj* intellectuel(le).
intelligence *n* intelligence *f*.
intelligent *adj* intelligent(e).
intelligible *adj* intelligible.
intend *vt* avoir l'intention de.
intense *adj* intense.
intensify *vt* intensifier.
intensity *n* intensité *f*.
intensive *adj* intensif(ive).
intention *n* intention *f*,
  dessein *m*.
intentional *adj* intentionnel(le).
intentionally *adv* à dessein,
  intentionnellement.
intercede *vi* intercéder.
intercept *vt* intercepter.
interest *vt* intéresser;
  * *n* intérêt *m*.
interesting *adj* intéressant(e).
interfere *vi* to ~ in se mêler à:
  — to ~ with toucher à.
interior *adj* intérieur(e).
interlock *vi* s'entremêler.
interlude *n* intervalle *m*.
intermediary *n* intermédiaire
  m or *f*.
intermediate *adj* intermédiaire.

interminable *adj* interminable.
intermingle *vt* entremêler;
  * *vi* s'entremêler.
intermittent *adj* intermittent(e).
internal *n* interne *m* or *f*;
  * *adj* intérieur(e), interne.
international *adj*
  international(e).
internet *n* internet *m*.
interpret *vt* interpréter.
interpretation *n*
  interprétation *f*.
interpreter *n* interprète *m* or *f*.
interrogate *vt* interroger.
interrogation *n* interrogatoire *m*.
interrupt *vt* interrompre.
interruption *n* interruption *f*.
intersect *vi* se croiser.
intersection *n* croisement *m*.
intertwine *vt* entrelacer.
interval *n* intervalle *m*;
  mi-temps *f*; entracte *f*.
intervene *vi* intervenir.
intervention *n* intervention *f*.
interview *n* entrevue *f*;
  interview *f*.
interviewer *n* interviewer *m*.
intestine *n* intestin *m*.
intimacy *n* intimité *f*.
intimate *adj* intime;
  * *vt* insinuer.
intimidate *vt* intimider.
into *prep* dans, en.
intolerable *adj* intolérable.
intolerant *adj* intolérant(e).
intonation *n* intonation *f*.
intoxicate *vt* enivrer.
intoxication *n* ivresse *f*.
intricacy *n* complexité *f*.
intricate *adj* complexe.
intrigue *n* intrigue *f*;
  * *vi* intriguer.
intriguing *adj* intrigant(e).
intrinsic *adj* intrinsèque.
introduce *vt* introduire.
introduction *n* introduction *f*.
introvert *n* introverti(e) *m(f)*.

intruder *n* intrus(e) *m(f)*.
intuition *n* intuition *f*.
intuitive *adj* intuitif(ive).
inundate *vt* inonder.
invade *vt* envahir.
invader *n* envahisseur(euse)*m(f)*.
invalid *n* invalide *m* or *f*.
invalidate *vt* invalider.
invaluable *adj* inappréciable.
invasion *n* invasion *f*.
invent *vt* inventer.
invention *n* invention *f*.
inventor *n* inventeur(trice)*m(f)*.
investigation *n* investigation *f*.
investigator *n*
  investigateur(trice) *m(f)*.
invincible *adj* invincible.
inviolable *adj* inviolable.
invisible *adj* invisible.
invitation *n* invitation *f*.
invite *vt* inviter.
invoice *n* facture *f*.
invoke *vt* invoquer.
involuntary *adj* involontaire.
involve *vt* impliquer, entraîner.
involvement *n* implication *f*.
irascible *adj* irascible.
irate *adj* irrité(e).
Ireland *n* Irlande *f*.
Irish *adj* irlandais(e);
  * *n* Irlandais(e) *m(f)*.
iron *n* fer *m*; * *adj* de fer.
ironic *adj* ironique.
ironing board *n* planche *f* à
  repasser.
irony *n* ironie *f*.
irrational *adj* irrationnel(le).
irreconcilable *adj*
  irréconciliable.
irregular *adj* irrégulier(ière).
irregularity *n* irrégularité *f*.
irreparable *adj* irréparable.
irreplaceable *adj* irremplaçable.
irresistible *adj* irrésistible.
irresponsible *adj* irresponsable.
irreverence *n* irrévérence *f*.
irrigate *vt* irriguer.

irrigation *n* irrigation *f*.
irritability *n* iritabilité *f*.
irritable *adj* irritable.
irritate *vt* irriter.
irritation *n* irritation *f*.
island *n* île *f*.
isolate *vt* isoler.
isolation *n* isolement *m*.
issue *n* sujet *m*, question *f*;
  * *vt* publier.
it *pron* il(elle); cela, ça, ce, c'.
Italian *adj* italien(ne);
  * *n* Italien(ne) *m(f)*.
Italy *n* Italie *f*.
itch *n* démangeaison *f*;
  * *vi* avoir des démangeaisons.
item *n* article *m*.
itinerant *adj* itinérant(e).
itinerary *n* itinéraire *m*.
its *adj* son (sa), ses *pl*; * *pron* le
  (la) sien(ne); les sien(ne)s.
itself *pron* lui (elle)-même.
ivory *n* ivoire *m*.
ivy *n* lierre *m*.

J

jabber *vi* bafouiller.
jack *n* cric *m*; (cards) valet *m*.
jacket *n* veste *f*, couverture *f*.
jackpot *n* gros lot *m*.
jagged *adj* dentelé(e).
jam *n* confiture *f*,
  embouteillage *m*.
January *n* janvier *m*.
Japan *n* Japon *m*.
Japanese *adj* japonais(e);
  * *n* Japonais(e) *m(f)*.
jar *vi* (music) détonner; * *n* pot *m*.
jargon *n* jargon *m*.
jaw *n* mâchoire *f*.
jazz *n* jazz *m*.
jealous *adj* jaloux(ouse).
jealousy *n* jalousie *f*.
jeans *npl* jean *m*.
jeer *vi* railler; * *n* raillerie *f*.

jelly n gelée f.
jeopardise vt mettre en péril.
jerk n secousse f.
jersey n jersey m.
jest n blague f.
jester n bouffon m.
jet n avion m à réaction; jet m.
jettison vt se défaire de.
jewel n bijou m.
jewellery n bijouterie f.
Jewish adj juif(ive).
jibe n sarcasme m.
jigsaw n puzzle m.
jinx n (mauvais) sort m.
job n travail m.
jockey n jockey m.
jog vi faire du jogging.
join vt joindre, unir.
joint n articulation f;
  * adj commun(e).
joke n blague; * vi blaguer.
joker n blagueur(euse) m(f).
jolly adj gai(e), joyeux(euse).
jostle vt bousculer.
journal n revue f.
journalism n journalisme m.
journalist n journaliste m or f.
journey n voyage m; * vi voyager.
joy n joie f.
joyful adj joyeux(euse).
jubilation n jubilation f.
jubilee n jubilé m.
judaism n judaïsme m.
judge n juge m; * vt juger.
judgment n jugement m.
judicious adj judicieux(euse).
judo n judo m.
jug n cruche f.
juggle vi jongler.
juice n jus m.
juicy adj juteux(euse).
July n juillet m.
jumble vt mélanger;
  * n mélange m.
jump vi sauter; * n saut m.
June n juin m.
jungle n jungle f.

junior adj plus jeune.
jurisdiction n juridiction f.
juror n juré m.
jury n jury m.
just adj juste;
  * adv justement, exactement.
justice n justice f.
justification n justification f.
justify vt justifier.
juvenile adj juvénile.
juxtaposition n juxtaposition f.

K

kaleidoscope n kaléidoscope m.
kangaroo n kangourou m.
keen adj enthousiaste; vif (vive).
keenness n enthousiasme m.
keep vt garder, conserver.
kernel n amande f, noyau m.
kettle n bouilloire f.
key n clé f, clef f; (music) ton
  m, touche f.
keyboard n clavier m.
keyring n porte-clefs m invar.
keystone n clef f de voûte.
kick vi, vt donner un coup de
  pied (à).
kidnap vt kidnapper.
kidney n rein m; rognon m.
killer n assassin m.
killing n assassinat m.
kiln n four m.
kilo n kilo m.
kilogramme n kilogramme m.
kilometre n kilomètre m.
kin n parents mpl.
kind adj gentil(le); * n genre m.
kindle vt allumer; * vi s'allumer.
kindliness n gentillesse f,
  bonté f.
kindly adj bon(ne),
  bienveillant(e).
kindness n bonté f.
king n roi m.
kingdom n royaume m.

kiss *n* baiser *m*; * *vt* embrasser.
kit *n* équipement *m*.
kitchen *n* cuisine *f*.
kitten *n* chaton *m*.
knack *n* don *m*, chic *m*.
knead *vt* pétrir.
knee *n* genou *m*.
kneel *vi* s'agenouiller.
knife *n* couteau *m*.
knight *n* chevalier *m*.
knit *vt*, *vi* tricoter.
knob *n* bouton *m*.
knock *vt*, *vi* cogner, frapper;
* *n* coup *m*.
knot *n* noeud *m*; * *vt* nouer.
know *vt*, *vi* savoir; connaître.
know-how *n* savoir-faire *m*.
knowledge *n* connaissances *fpl*.
knowledgeable *adj* bien
informé(e).
knuckle *n* articulation *f*.

L

label *n* étiquette *f*.
laboratory *n* laboratoire *m*.
labour *n* travail *m*; * *vi*
travailler.
labourer *n* ouvrier *m*.
laborious *adj* laborieux(euse).
lace *vt* lacer.
lacerate *vt* lacérer.
lack *vt* manquer de;
* *vi* manquer; * *n* manque *m*.
lad *n* garçon *m*; gars *m*.
ladder *n* échelle *f*.
lady *n* dame *f*.
lag *vi* se laisser distancer.
lagoon *n* lagune *f*.
lair *n* tanière *m*.
lake *n* lac *m*.
lame *adj* boiteux(euse).
lament *vt* se lamenter sur;
* *n* lamentation *f*.
lamentable *adj* lamentable.
lamentation *n* lamentation *f*.

lamp *n* lampe *f*.
lance *n* lance *f*; * *vt* inciser.
lancet *n* bistouri *m*.
land *n* pays *m*; terre *f*;
* *vi* atterrir.
landlord *n* propriétaire *m*.
landmark *n* point *m* de repère.
landscape *n* paysage *m*.
landslide *n* glissement *m* de
terrain.
lane *n* allée *f*, ruelle *f*; file *f*.
language *n* langue *f*, langage *m*.
languish *vi* languir.
lantern *n* lanterne *f*.
lapel *n* revers *m*.
lapse *n* laps *m*; défaillance *f*;
* *vi* expirer.
larder *n* garde-manger *m*
invar.
large *adj* grand(e); gros(se).
larva *n* larve *f*.
lascivious *adj* lascif(ive).
lash *n* coup *m* de fouet;
* *vt* fouetter.
last *adj* dernier(ière); * *vi* durer.
last-minute *adj* de dernière
minute.
late *adj* en retard, défunt(e);
* *adv* tard.
lately *adv* récemment.
latent *adj* latent(e).
lateral *adj* latéral(e).
lather *n* mousse *f*.
latitude *n* latitude *f*.
laudable *adj* louable.
laugh *vi* rire; * to ~ at *vt* rire de;
* *n* rire *m*.
laughter *n* rires *mpl*.
launch *vt* lancer; * *vi* se lancer.
laundry *n* blanchisserie *f*;
linge *m*; * to do the ~ faire la
lessive.
lava *n* lave *f*.
lavatory *n* toilettes *fpl*.
lavish *adj* prodigue;
* *vt* prodiguer.
law *n* loi *f*, droit *m*.

lawful *adj* légal(e); légitime.
lawmaker *n* législateur(trice) *m(f)*.
lawn *n* pelouse *f*, gazon *m*.
lawyer *n* avocat *m*; notaire *m*.
lax *adj* relâché(e).
laxative *n* laxatif *m*.
lay *vt* poser; mettre; pondre;
  * *adj* profane.
layer *n* couche *f*.
laziness *n* paresse *f*.
lazy *adj* paresseux(euse).
lead *n* plomb *m*;
  * *vt*, *vi* conduire, mener.
leader *n* chef *m*.
leadership *n* direction *f*.
leading *adj* principal(e);
  premier(ière).
leaf *n* feuille *f*.
leaflet *n* feuillet *m*.
league *n* ligue *f*, championnat *m*.
leak *n* fuite *f*; * *vi* prendre l'eau.
lean *vi* s'appuyer; * *adj* maigre.
leap *vi* sauter; * *n* saut *m*.
learn *vt*, *vi* apprendre.
learning *n* savoir *m*.
lease *n* bail *m*; * *vt* louer.
leash *n* laisse *f*.
least *adj* moindre: — at ~ au
  moins.
leather *n* cuir *m*.
leave *n* permission *f*; congé *m*;
  * *vt* laisser.
lecture *n* conférence *f*, cours *m*
  magistral; * *vi* faire une
  conférence.
lecturer *n* conférencier(ière)
  m(f), professeur *m*
  d'université.
leeway *n* liberté *f* d'action.
left *adj* gauche.
left-handed *adj* gaucher(ère).
left luggage office *n* consigne *f*.
leftovers *npl* restes *mpl*.
leg *n* jambe *f*, patte *f*.
legal *adj* légal(e), légitime.
legality *n* légalité *f*, légitimité *f*.

legalise *vt* légaliser.
legend *n* légende *f*.
legendary *adj* légendaire.
legible *adj* lisible.
legion *n* légion *f*.
legislate *vt*, *vi* légiférer.
legislation *n* législation *f*.
legislative *adj* législatif(ive).
legislature *n* corps *m* législatif.
legitimacy *n* légitimité *f*.
legitimate *adj* légitime;
  * *vt* légitimer.
leisure *n* loisir *m*.
leisurely *adj* tranquille.
lemon *n* citron *m*.
lemonade *n* limonade *f*.
lend *vt* prêter.
length *n* longueur *f*, durée *f*:
  — at ~ enfin, à la fin.
lengthen *vt* allonger;
  * *vi* s'allonger.
lengthy *adj* long(ue).
lenient *adj* indulgent(e).
lens *n* lentille *f*; verre *m*,
  objectif *m*.
lentil *n* lentille *f*.
lesbian *n* lesbienne *f*.
less *adj* moins de;
  * *adv*, *pron* moins.
lessen *vt*, *vi* diminuer.
lesser *adj* moindre.
lesson *n* leçon *f*.
let *vt* laisser, permettre.
lethal *adj* mortel(le).
lethargic *adj* léthargique.
lethargy *n* léthargie *f*.
letter *n* lettre *f*.
lettering *n* inscription *f*.
lettuce *n* salade *f*.
level *adj* plat(e), plan(e),
  horizontal(e); * *vt* aplanir;
  * *n* niveau *m*; terrain *m* plat.
lever *n* levier *m*.
levity *n* légèreté *f*.
liability *n* responsabilité *f*.
liable *adj* sujet(te) (to à);
  responsable (for de).

liaise *vi* effectuer une liaison.

liaison *n* liaison *f*.

liar *n* menteur(euse) *m*(*f*).

liberal *adj* libéral(e);
généreux(euse).

liberate *vt* libérer.

liberation *n* libération *f*.

liberty *n* liberté *f*.

librarian *n* bibliothécaire *m* or *f*.

library *n* bibliothèque *f*.

licence *n* licence *f*, permis *m*.

lick *vt* lécher.

lid *n* couvercle *m*.

lie *n* mensonge *m*; * *vi* mentir;
être allongé.

lieu *n* in ~ of au lieu de.

life *n* vie *f*.

life jacket *n* gilet *m* de sauvetage.

lifeless *adj* mort(e); sans vie.

life sentence *n* condamnation
m à perpétuité.

life-sized *adj* grandeur nature.

lift *vt* lever.

ligament *n* ligament *m*.

light *n* lumière *f*;
* *adj* léger(gère); clair(e);
* *vt* allumer.

lighten *vi* s'éclaircir;
* *vt* éclairer; éclaircir.

lighthouse *n* (marine) phare *m*.

lighting *n* éclairage *m*.

lightning *n* éclair *m*.

light year *n* année-lumière *f*.

like *adj* pareil(le);
* *adv* comme; * *vt*, *vi* aimer.

likelihood *n* probabilité *f*.

likely *adj* probable,
vraisemblable.

liken *vt* comparer.

likeness *n* ressemblance *f*.

likewise *adv* pareillement, de
même.

liking *n* goût *m*.

limb *n* membre *m*.

limit *n* limite *f*; * *vt* limiter.

limitation *n* limitation *f*,
restriction *f*.

limp *vi* boiter; * *n* boitement *m*;
* *adj* mou (molle).

line *n* ligne *f*, ride *f*; * *vt* rayer;
rider.

linear *adj* linéaire.

linger *vi* traîner.

linguist *n* linguiste *m* or *f*.

linguistic *adj* linguistique.

link *n* maillon *m*; * *vt* relier.

lion *n* lion *m*.

lip *n* lèvre *f*.

lip-read *vi* lire sur les lèvres.

lipstick *n* rouge *m* à lèvres.

liqueur *n* liqueur *f*.

liquid *adj* liquide; * *n* liquide *m*.

liquidise *vt* liquidifier.

liquor *n* spiritueux *m*.

lisp *vi* zézayer; * *n* zézaiement *m*.

list *n* liste *f*; * *vt* faire une
liste de.

listen *vi* écouter.

literal *adj* littéral(e).

literary *adj* littéraire.

literature *n* littérature *f*.

litigation *n* litige *m*.

litigious *adj* litigieux(euse).

litre *n* litre *m*.

litter *n* litière *f*, ordures *fpl*;
* *vt* recouvrir.

little *adj* petit(e); * *n* peu *m*.

live *vi* vivre; habiter;
* *adj* vivant(e); en direct.

livelihood *n* moyens *mpl* de
subsistance.

liveliness *n* vivacité *f*.

lively *adj* vif (vive).

liver *n* foie *m*.

livid *adj* livide; furieux(euse).

living *n* vie *f*; * *adj* vivant(e).

living room *n* salle *f* de séjour.

load *vt* charger; * *n* charge *f*.

loaf *n* pain *m*.

loan *n* prêt *m*.

loathe *vt* détester.

loathing *n* aversion *f*.

lobster *n* langouste *f*.

local *adj* local(e).

locate *vt* localiser.
location *n* situation *f*.
lock *n* serrure *f*, cadenas *m*;
 * *vt* fermer à clé.
locker *n* casier *m*.
lockout *n* grève *f* patronale.
locomotive *n* locomotive *f*.
lodge *vi* se loger.
lodger *n* locataire *m* or *f*.
log *n* bûche *f*.
logic *n* logique *f*.
logical *adj* logique.
loiter *vi* s'attarder.
lollipop *n* sucette *f*.
lonely *adj* seul(e), solitaire.
loneliness *n* solitude *f*.
long *adj* long(ue); * to ~ for
 (something) *vi* avoir très
 envie de (quelque chose):
 — to ~ to do avoir très envie
 de faire.
longevity *n* longévité *f*.
longing *n* désir *m*.
long-range *adj* à longue portée.
long-term *adj* à long terme.
look *vi* regarder; sembler;
 * *n* aspect *m*; regard *m*.
loop *n* boucle *f*.
loose *adj* lâché(e); desserré(e).
loosen *vt* lâcher, desserrer.
loot *vt* piller; * *n* butin *m*.
loquacious *adj* loquace.
loquacity *n* loquacité *f*.
lorry *n* camion *m*.
lorry driver *n* routier *m*,
 camionneur *m*.
lose *vt*, *vi* perdre.
loss *n* perte *f*.
lot *n* sort *f*, lot *m*: — a ~ beaucoup.
lotion *n* lotion *f*.
loud *adj* fort(e), bruyant(e).
loudspeaker *n* haut-parleur *m*.
lounge *n* salon *m*.
louse (*pl* lice) *n* pou *m* (*pl* ~x).
lovable *adj* sympathique.
love *n* amour *m*; * *vt* aimer.
loveliness *n* beauté *f*.

lovely *adj* beau (belle).
lover *n* amant *m*.
loving *adj* affectueux(euse).
low *adj* bas(se); * *vi* meugler.
lower *vi* baisser.
lowly *adj* humble.
loyal *adj* loyal(e), fidèle.
loyalty *n* loyauté *f*, fidélité *f*.
lucid *adj* lucide.
luck *n* chance *f*.
lucky *adj* chanceux(euse).
lucrative *adj* lucratif(ive).
ludicrous *adj* absurde.
luggage *n* bagages *mpl*.
lukewarm *adj* tiède.
lull *vt* bercer; * *n* répit *m*.
luminous *adj* lumineux(euse).
lump *n* bosse *f*, grosseur *f*.
lunch *n* déjeuner *m*.
lungs *npl* poumons *mpl*.
lure *n* leurre *m*; attrait *m*;
 * *vt* séduire, attirer.
lurk *vi* se cacher.
lush *adj* luxuriant(e).
lust *n* luxure *f*, désir *f*;
 * *vi* désirer.
lustre *n* lustre *m*.
luxuriant *adj* luxuriant(e).
luxurious *adj* luxueux(euse).
luxury *n* luxe *m*.
lyrical *adj* lyrique.
lyrics *npl* paroles *fpl*.

M

macerate *vt* macérer.
machination *n* machination *f*.
machine *n* machine *f*.
machinery *n* machinerie *f*,
 mécanisme *m*.
mad *adj* fou (folle); insensé(e).
madam *n* madame *f*.
madden *vt* exaspérer.
madly *adv* follement.
madman *n* fou *m*.
madness *n* folie *f*.

magazine *n* magazine *m*, revue *f*; magasin *m*.

magic *n* magie *f*; * *adj* magique.

magnanimous *adj* magnanime.

magnet *n* aimant *m*.

magnetic *adj* magnétique.

magnetism *n* magnétisme *m*.

magnificence *n* magnificence *f*.

magnificent *adj* magnifique.

magnify *vt* grossir; exagérer.

magnitude *n* magnitude *f*.

maid *n* bonne *f*.

maiden *n* jeune fille *f*.

mail *n* courrier *m*.

maim *vt* mutiler.

main *adj* principal(e); essentiel(le); * (water, gas) *n* conduite *f* générale; the ~s (electricity) le secteur.

mainland *n* continent *m*.

main line *n* (rail) grande ligne *f*.

main street *n* rue *f* principale.

maintain *vt* maintenir; soutenir.

maintenance *n* entretien *m*.

majestic *adj* majestueux(euse).

majesty *n* majesté *f*.

major *adj* majeur(e).

majority *n* majorité *f*.

make *vt* faire; * *n* marque *f*.

make up *vt* inventer.

make-up *n* maquillage *m*.

makeshift *adj* improvisé(e).

malaise *n* malaise *m*.

malaria *n* malaria *f*.

male *adj* mâle; masculin(e); * *n* mâle *m*.

malevolence *n* malveillance *f*.

malevolent *adj* malveillant(e).

malice *n* malice *f*.

malicious *adj* méchant(e).

malign *adj*, *vt* calomnier.

malleable *adj* malléable.

malnutrition *n* malnutrition *f*.

malpractice *n* négligence *f*.

maltreat *vt* maltraiter.

mammal *n* mammifère *m*.

man *n* homme *m*.

manage *vt* diriger; réussir; * *vi* réussir.

management *n* direction *f*.

manager *n* directeur *m*.

managing director *n* directeur *m* général.

mandate *n* mandat *m*.

mandatory *n* obligatoire.

manhandle *vt* maltraiter; manutentionner.

maniac *n* maniaque *m* or *f*.

manic *adj* maniaque.

manifest *adj* manifeste; * *vt* manifester.

manifestation *n* manifestation *f*.

manipulate *vt* manipuler.

manipulation *n* manipulation *f*.

mankind *n* humanité *f*.

manliness *n* virilité *f*.

manly *adj* viril(e).

man-made *adj* artificiel(le).

manner *n* manière *f*.

manoeuvre *n* manoeuvre *f*.

manual *n* manuel *m*; * *adj* manuel(le).

manufacture *n* fabrication *f*; * *vt* fabriquer.

manufacturer *n* fabricant *m*.

manuscript *n* manuscrit *m*.

many *adj* beaucoup de; * *pron* beaucoup, un grand nombre: — how ~? combien?

map *n* carte *f*, plan *m*.

mar *vt* gâcher.

marble *n* marbre *m*; * *adj* marbré(e).

March *n* mars *m*.

march *n* marche *f*; * *vi* marcher au pas.

margarine *n* margarine *f*.

margin *n* marge *f*, bord *m*.

marginal *adj* marginal(e).

marine *adj* marin(e).

maritime *adj* maritime.

mark *n* marque *f*, signe *m*; * *vt* marquer.

marker *n* jalon *m*.
market *n* marché *m*.
marmalade *n* confiture *f*
d'oranges.
marriage *n* mariage *m*.
married *adj* marié(e);
conjugal(e).
marry *vi* se marier.
marsh *n* marécage *m*.
marshy *adj* marécageux(euse).
martial *adj* martial(e).
martyr *n* martyr(e) *m(f)*.
marvel *n* merveille *f*;
* *vi* s'émerveiller.
marvellous *adj*
merveilleux(euse).
masculine *adj* masculin(e),
viril(e).
mask *n* masque *m*; * *vt* masquer.
mason *n* maçon *m*.
mass *n* messe *f*; masse *f*,
multitude *f*.
massacre *m* massacre *m*;
* *vt* massacrer.
massage *n* massage *m*.
massive *adj* énorme.
mast *n* mât *m*.
master *n* maître *m*; M~ of Arts
(Sciences) maîtrise en lettres
(sciences); * *vt* maîtriser.
mastermind *vt* diriger.
match *n* allumette *f*; * *vt* égaler.
matchless *adj* sans pareil.
mate *n* camarade *m* or *f*;
* *vt* accoupler.
material *adj* matériel(le).
maternal *adj* maternel(le).
maternity hospital *n*
maternité *f*.
mathematical *adj*
mathématique.
mathematics *npl*
mathématiques *fpl*.
matrimonial *adj* matrimonial(e).
matted *adj* emmêlé(e).
matter *n* matière *f*, substance
f; * *vi* importer.

mattress *n* matelas *m*.
mature *adj* mûr(e); * *vi* mûrir.
maturity *n* maturité *f*.
may *v aux* pouvoir.
maybe *adv* peut-être.
May *n* mai *m*.
mayor *n* maire *m*.
maze *n* labyrinthe *m*.
me *pron* moi; me, m'.
meadow *n* prairie *f*, pré *m*.
meagre *adj* pauvre.
meal *n* repas *m*.
mean *adj* avare, mesquin(e);
méchant(e); * *n* moyenne *f*;
* *vt* signifier.
meander *vi* serpenter.
meaning *n* sens *m*.
meanness *n* avarice *f*,
mesquinerie *f*.
meantime, meanwhile *adv*
pendant ce temps-là.
measure *n* mesure *f*;
* *vt* mesurer.
measurement *n* mesure *f*.
meat *n* viande *f*.
mechanic *n* mécanicien *m*.
mechanical *adj* mécanique.
mechanism *n* mécanisme *m*.
medal *n* médaille *f*.
media *npl* média *mpl*.
mediate *vi* servir
d'intermédiaire.
mediator *n* médiateur(trice) *m(f)*.
medical *adj* médical(e).
medicinal *adj* médicinal(e).
medicine *n* médecine *f*.
mediocre *adj* médiocre.
meditate *vi* méditer.
meditation *n* méditation *f*.
meditative *adj* méditatif(ive).
Mediterranean *adj*
méditerranéen(ne).
medium *n* moyen *m*; médium *m*;
* *adj* moyen(ne).
medium wave *n* ondes *fpl*
moyennes.

meek *adj* doux (douce).

meet *vt* rencontrer; * *vi* se rencontrer.

meeting *n* réunion *f*, congrès *m*.

melancholy *n* mélancolie *f*; * *adj* mélancolique.

mellow *adj* mûr(e); doux (douce); * *vi* mûrir.

melody *n* mélodie *f*.

melon *n* melon *m*.

melt *vt* faire fondre; * *vi* fondre.

member *n* membre *m*.

memorable *adj* mémorable.

memorandum *n* mémorandum *m*.

memorise *vt* mémoriser.

memory *n* mémoire *f*, souvenir *m*.

menace *n* menace *f*.

mend *vt* réparer; raccommoder.

menial *adj* vil(e).

menstruation *n* menstruation *f*.

mental *adj* mental(e).

mentality *n* mentalité *f*.

mention *n* mention *f*; * *vt* mentionner.

menu *n* menu *m*.

mercantile *adj* commercial(e).

mercenary *adj*, *n* mercenaire *m*.

merchandise *n* marchandise *f*.

merchant *n* négociant *m*.

merciful *adj* miséricordieux(euse).

mercy *n* pitié *f*.

mere *adj* simple.

merge *vt*, *vi* fusionner.

merger *n* fusion *f*.

merit *n* mérite *m*; * *vt* mériter.

merry *adj* joyeux(euse).

mesh *n* maille *f*.

mesmerise *vt* hypnotiser.

mess *n* désordre *m*; confusion *f*.

message *n* message *m*.

messenger *n* messager(ère).

metal *n* métal *m*.

metallic *adj* métallique.

meteorological *adj* météorologique.

meteorology *n* météorologie *f*.

meter *n* compteur *m*; mètre *m*.

method *n* méthode *f*.

methodical *adj* méthodique.

methodically *adv* méthodiquement.

metropolitan *adj* métropolitain(e).

mew *vi* miauler.

microlight *n* ULM *m*.

microphone *n* microphone *m*.

microscope *n* microscope *m*.

microwave oven *n* four *m* à micro-ondes.

mid *adj* demi; mi-.

midday *n* midi *m*.

middle *adj* du milieu; * *n* milieu *m*.

middling *adj* moyen(ne).

midnight *n* minuit *m*.

midway *adj*, *adv* à mi-chemin.

midwife *n* sage-femme *f*.

might *n* force *f*.

mighty *adj* fort(e), puissant(e).

migrate *vi* émigrer.

migration *n* émigration *f*.

mild *adj* doux (douce), modéré(e).

mildness *n* douceur *f*.

mile *n* mil(l)e *m*.

militant *adj* militant(e).

militate *vi* militer.

milk *n* lait *m*; * *vt* traire.

milky *adj* laiteux(euse).

mill *n* moulin *m*; * *vt* moudre.

millimetre *n* millimètre *m*.

million *n* million *m*.

millionaire *n* millionaire *m* or *f*.

millionth *adj*, *n* millionième *m* or *f*.

mime *n* mime *m*.

mimic *vt* mimer.

mimicry *n* mimique *f*.

mince *vt* hacher.

mind *n* esprit *m*; * *vt* prendre soin de.

minded *adj* disposé(e): — fair-~ impartial(e).

mindful *adj* conscient(e); attentif(ive).

mine *pron* le (la) mien(ne), les miens (miennes); à moi; * *n* mine *f*; * *vt* extraire.

miner *n* mineur *m*.

mineral *n* minéral *m*; * *adj* minéral(e).

mingle *vt* mêler.

miniature *n* miniature *f*.

minimise *vt* minimiser.

minimum *n* minimum *m*.

minister *n* ministre *m*; * *vi* servir.

ministry *n* ministère *m*.

minor *adj* mineur(e); de peu d'importance; * *n* mineur(e).

minority *n* minorité *f*.

minus *n* signe *m* moins; * *prep* moins.

minute *adj* minuscule.

minute *n* minute *f*.

miracle *n* miracle *m*.

miraculous *adj* miraculeux(euse).

mirage *n* mirage *m*.

mirror *n* miroir *m*.

misadventure *n* mésaventure *f*.

misbehave *vi* mal se conduire.

misbehaviour *n* mauvaise conduite *f*.

miscarriage *n* fausse couche *f*.

miscellaneous *adj* divers(e), varié(e).

miscellany *n* recueil *m*.

mischief *n* mal *m*, tort *m*.

mischievous *adj* mauvais(e); espiègle.

misconception *n* méprise *f*.

misconduct *n* mauvaise conduite *f*.

misdeed *n* méfait *m*.

misdemeanour *n* délit *m*.

miser *n* avare *m* or *f*.

miserable *adj* malheureux(euse).

misery *n* malheur *m*; misère *f*.

misfortune *n* infortune *f*.

misgovern *vt* mal gouverner.

mishap *n* mésaventure *f*.

misjudge *vt* méjuger.

mislead *vt* induire en erreur.

misogynist *n* misogyne *m* or *f*.

misprint *n* faute *f* d'impression.

Miss *n* Mademoiselle *f*; (*abbrev*) Mlle *f*.

miss *vt* rater; s'ennuyer de.

missing *adj* perdu(e); absent(e).

mission *n* mission *f*.

mist *n* brouillard *m*.

mistake *vt* confondre; * *vi* se tromper; * *n* erreur *f*.

Mister *n* Monsieur *m* (*abbrev*) M *m*.

mistress *n* maîtresse *f*.

mistrust *vt* se méfier de; * *n* méfiance *f*.

misty *adj* brumeux(euse).

misunderstanding malentendu *m*.

misuse *vt* faire un mauvais usage de.

mitigate *vt* atténuer.

mitigation *n* atténuation *f*.

mix *vt* mélanger.

mixed *adj* mélangé(e); mixte.

mixture *n* mélange *m*.

moan *n* gémissement *m*; * *vi* gémir.

moat *n* fossé *m*.

mob *n* foule *f*; * *vt* assaillir.

mobile *adj* mobile.

mobility *n* mobilité *f*.

mobilise *vt* mobiliser.

mock *vt* se moquer de.

mockery *n* moquerie *f*.

mode *n* mode *m*.

model *n* modèle *m*; * *vt* modeler.

modem *n* modem *m*.

moderate *adj* modéré(e); * *vt* modérer.

moderation *n* modération *f*.

modern *adj* moderne.

modernise *vt* moderniser.

modest *adj* modeste.

modesty n modestie f.
modification n modification f.
modify vt modifier.
moist adj humide.
moisten vt humidifier.
moisture n humidité f.
molest vt tracasser, molester.
molten adj fondu(e).
moment n moment m.
momentary adj momentané(e).
monastery n monastère m.
monastic adj monastique.
Monday n lundi m.
monetary adj monétaire.
money n argent m; pièce f de
  monnaie.
monk n moine m.
monkey n singe m.
monopolise vt monopoliser.
monopoly n monopole m.
monotonous adj monotone.
monotony n monotonie f.
monster n monstre m.
monstrous adj
  monstrueux(euse).
month n mois m.
monthly adj mensuel(le);
  * adv mensuellement;
  * n (magazine) mensuel m.
mood n humeur f.
moon n lune f.
moonlight n clair m de lune.
moped n cyclomoteur m.
moral adj moral(e); * n morale f.
morals npl moralité f.
morale n moral m.
morality n moralité f.
morbid adj morbide.
more adj plus (de); encore (de);
  * pron plus, davantage;
  * adv plus.
moreover adv de plus, en outre.
morning n matin m:
  — good ~ bonjour.
morsel n bouchée f, morceau m.
mortal adj, n mortel(le).
mortality n mortalité f.

mortgage n hypothèque f;
  * vt hypothéquer.
mortuary n morgue f.
mosque n mosquée f.
most adj la plupart de, le plus
  de; * pron la plupart; * adv le
  plus; très.
mostly adv surtout,
  essentiellement.
mother n mère f.
motherhood n maternité f.
mother-in-law n belle-mère f.
motherly adj maternel(le).
mother tongue n langue f
  maternelle.
motif n motif m.
motion n mouvement m.
motionless adj immobile.
motivated adj motivé(e).
motive n motif m.
motor n moteur m.
motorbike n moto f.
motto n devise f.
mould n moule m; * vt mouler.
mound n monticule m.
mount n mont m; * vt gravir.
mountain n montagne f.
mountaineer n alpiniste m or f.
mountainous adj
  montagneux(euse).
mourn vt pleurer.
mourning n deuil m.
mouse n (pl mice) souris f.
moustache n moustache f.
mouth n bouche f, embouchure f.
mouthful n bouchée f.
movable adj mobile.
move vt déplacer, bouger;
  * vi bouger; * n mouvement m.
movement n mouvement m.
moving adj touchant(e),
  émouvant(e).
mow vt tondre.
mower n tondeuse f.
Mrs n Madame f; (abbrev) Mme f.
much adj, n or pron beaucoup;
  * adv beaucoup, très.

mud *n* boue *f*.
muddy *adj* boueux(euse).
multiple *adj* multiple.
multiplication *n*
   multiplication *f*.
multiply *vt* multiplier.
multitude *n* multitude *f*.
mumble *vt*, *vi* marmonner.
munch *vt* mâcher.
mundane *adj* banal(e).
municipal *adj* municipal(e).
mural *n* peinture *f* murale.
murder *n* meurtre *m*;
   * *vt* assassiner.
murderer *n* assassin *m*,
   meurtrier *m*.
murderous *adj* meurtrier(ière).
murky *adj* obscur(e).
murmur *n* murmure *m*;
   * *vt*, *vi* murmurer.
muscle *n* muscle *m*.
muscular *adj* musculaire.
museum *n* musée *m*.
music *n* musique *f*.
musical *adj* musical(e);
   mélodieux(euse).
musician *n* musicien(ne) *m*(*f*).
must *v aux* devoir;
   * *n* nécessité.
musty *adj* qui sent le moisi.
mute *adj* muet(te),
   silencieux(euse).
mutilate *vt* mutiler.
mutilation *n* mutilation *f*.
mutter *vt*, *vi* grommeler.
mutual *adj* mutuel(le),
   réciproque.
my *pron* mon (ma), mes.
myriad *n* myriade *f*.
myself *pron* moi-même.
mysterious *adj*
   mystérieux(euse).
mystery *n* mystère *m*.
myth *n* mythe *m*.
mythology *n* mythologie *f*.

N

nag *vt* reprendre sans arrêt.
nail *n* ongle *m*; clou *m*;
   * *vt* clouer.
naïve *adj* naïf(ïve).
naked *adj* nu(e).
nanny *n* bonne *f* d'enfants.
name *n* nom *m*; * *vt* nommer.
nap *n* sieste *f*, somme *m*.
napkin *n* serviette *f*.
narrate *vt* narrer, raconter.
narrative *adj* narratif;
   * *n* narration *f*.
narrow *adj* étroit(e).
nasty *adj* méchant(e);
   mauvais(e).
nation *n* nation *f*.
national *adj* national(e).
nationalist *adj n* nationaliste
   m or *f*.
nationality *n* nationalité *f*.
native *adj* natal(e);
   * *n* autochtone *m* or *f*.
natural *adj* naturel(le).
naturalist *n* naturaliste *m* or *f*.
nature *n* nature *f*; sorte *f*.
naughty *adj* méchant(e).
nausea *n* nausée *f*.
nauseous *adj* écoeurant(e).
navel *n* nombril *m*.
navigate *vi* naviguer.
navigation *n* navigation *f*.
navy *n* marine *f*.
near *prep* près de; * *adv* près; à
   côté; * *adj* proche.
nearly *adv* presque;
   * *vt* approcher.
neat *adj* soigné(e), net(te).
necessary *adj* nécessaire.
necessitate *vt* nécessiter.
necessity *n* nécessité *f*.
neck *n* cou *m*.
necklace *n* collier *m*.
need *n* besoin *m*; * *vt* avoir
   besoin de.

needle *n* aiguille *f*.

needy *adj* nécessiteux(euse).

negation *n* négation *f*.

negative *adj* négatif(ive).

neglect *vt* négliger;
* *n* négligence *f*.

negligence *n* négligence *f*.

negligent *adj* négligent(e).

negotiate *vt*, *vi* négocier.

negotiation *n* négociation *f*.

neighbour *n* voisin(e) *m(f)*.

neighbouring *adj* voisin(e).

neither *conj* ni; * *adj*, *pron*
aucun(e): ~ one nor the other
ni l'un(e) ni l'autre.

nephew *n* neveu *m*.

nerve *n* nerf *m*; courage *m*.

nervous *adj* nerveux(euse).

nest *n* nid *m*; nichée *f*.

net *n* filet *m*.

net curtain *n* voile *m*.

nettle *n* ortie *f*.

network *n* réseau *f*.

neutral *adj* neutre.

neutrality *n* neutralité *f*.

never *adv* jamais.

nevertheless *adv* cependant,
néanmoins.

new *adj* neuf (neuve),
nouveau(velle).

newborn *adj* nouveau-né(e).

news *npl* nouvelles *fpl*,
informations *fpl*.

newspaper *n* journal *m*.

New Year *n* Nouvel An *m*.

New Year's Day *n* Jour du
Nouvel An *m*.

New Year's Eve *n* Saint-
Sylvestre *f*.

New Zealand *n* Nouvelle-Zélande
f; * *adj* néo-zélandais(e).

New Zealander *n* Néo-
Zélandais(e) *m(f)*.

next *adj* prochain(e);
* *adv* ensuite, la prochaine
fois.

nibble *vt* mordiller.

nice *adj* gentil(le); agréable,
joli(e).

niche *n* niche *f*.

nickname *n* surnom *m*;
* *vt* surnommer.

niece *n* nièce *f*.

night *n* nuit *f*: — good ~ bonne
nuit.

nightly *adv* toutes les nuits;
* *adj* nocturne.

nightmare *n* cauchemar *m*.

nimble *adj* léger(gère); agile.

nine *adj*, *n* neuf *m*.

nineteen *adj*, *n* dix-neuf *m*.

nineteenth *adj*, *n*
dix-neuvième *m* or *f*.

ninetieth *adj*, *n* quatre-vingt-
dixième *m* or *f*.

ninety *adj*, *n* quatre-vingt-
dix *m*.

ninth *adj*, *n* neuvième *m* or *f*.

no *adv* non; * *adj* aucun(e); pas
de; * *n* non *m*.

noble *adj* noble; * *n* noble *m* or *f*.

nobody *pron* personne.

nocturnal *adj* nocturne.

nod *n* signe *m* de tête; * *vi* faire
un signe de la tête.

noise *n* bruit *m*.

noisiness *n* bruit *m*, tapage *m*.

nominal *adj* nominal(e).

nominate *vt* nommer.

nomination *n* nomination *f*.

nonchalant *adj* nonchalant(e).

none *pron* aucun(e); personne.

nonentity *n* nullité *f*.

nonetheless *adv* néanmoins.

nonplussed *adj* perplexe.

nonsense *n* absurdité *f*.

nonsensical *adj* absurde.

nonstop *adj* direct(e).

noon *n* midi *m*.

nor *conj* = neither.

normal *adj* normal(e).

north *n* nord *m*; * *adj* du nord.

North America *n* Amérique du
Nord *f*.

North American *adj*, *n* de
l'Amérique du Nord *m* or *f*.
northeast *n* nord-est *m*.
northern *adj* du nord.
Northern Ireland *n* Irlande du
Nord *f*.
Northern Irish *adj*, *n* de
l'Irlande du Nord *m* or *f*.
northwest *n* nord-ouest *m*.
Norway *n* Norvège *f*.
Norwegian *adj* norvégien(ne);
 * *n* Norvégien(ne) *m(f)*.
nose *n* nez *m*.
nostalgia *n* nostalgie *f*.
nostril *n* narine *f*.
not *adv* pas; non.
notable *adj* notable.
note *n* note *f*, billet *m*;
 * *vt* noter, marquer.
notebook *n* carnet *m*.
nothing *n* rien *m*.
notice *n* notice *f*, avis *m*;
 * *vt* remarquer.
noticeable *adj* visible.
notify *vt* notifier.
notion *n* notion *f*, idée *f*.
notoriety *n* notoriété *f*.
notorious *adj* notoire.
nourish *vt* nourrir, alimenter.
nourishment *n* nourriture *f*.
novel *n* roman *m*.
novelty *n* nouveauté *f*.
November *n* novembre *m*.
novice *n* novice *m* or *f*.
now *adv* maintenant.
nowadays *adv* de nos jours.
nowhere *adv* nulle part.
nuance *n* nuance *f*.
nuclear *adj* nucléaire.
nude *adj* nu(e).
nudity *n* nudité *f*.
nuisance *n* ennui *m*; gêne *f*.
null *adj* nul.
numb *adj* engourdi(e);
 * *vt* engourdir.
number *n* numéro *m*, nombre *m*;
 * *vt* numéroter.

numbness *n* engourdissement *m*.
numeral *n* chiffre *m*.
numerical *adj* numérique.
nurse *n* infirmière *f*;
 * *vt* soigner.
nursery *n* crèche *f*.
nurture *vt* élever.
nut *n* noix *f*.
nutritious *adj* nutritif(ive).
nylon *n* nylon *m*.

O

oak *n* chêne *m*.
oar *n* rame *f*.
oath *n* serment *m*.
obedience *n* obéissance *f*.
obedient *adj* obéissant(e).
obese *adj* obèse.
obesity *n* obésité *f*.
obey *vt* obéir à.
object *n* objet *m*; * *vt* protester
 (to contre).
objection *n* objection *f*.
objective *n* objectif *m*;
 * *adj* objectif(ive).
obligation *n* obligation *f*.
obligatory *adj* obligatoire.
oblige *vi* obliger.
obliging *adj* obligeant(e).
oblique *adj* oblique.
oblivious *adj* oublieux(euse)
 (of de).
obnoxious *adj* odieux(euse);
 nauséabond(e).
obscene *adj* obscène.
obscure *adj* obscur(e);
 * *vt* obscurcir.
obscurity *n* obscurité *f*.
observant *adj* observateur(trice).
observation *n* observation *f*.
observatory *n* observatoire *m*.
observe *vt* observer.
obsess *vt* obséder.
obsessive *adj* obsédant(e).
obsolete *adj* désuet(te).

obstacle *n* obstacle *m*.

obstinate *adj* obstiné(e).

obstruct *vt* obstruer; entraver.

obstruction *n* obstruction *f*, encombrement *m*.

obtain *vt* obtenir.

obtainable *adj* disponible.

obvious *adj* évident(e).

occasion *n* occasion *f*; * *vt* occasionner.

occasional *adj* occasionnel(le).

occupant *n* occupant(e).

occupation *n* occupation *f*, emploi *m*.

occupy *vt* occuper.

occur *vi* se produire, arriver.

occurrence *n* incident *m*.

ocean *n* océan *m*.

Oceania *n* Océanie *f*.

Oceanian *adj* océanien(ne); * *n* Océanien(ne) *m(f)*.

oceanic *adj* océanique.

October *n* octobre *m*.

odd *adj* impair(e); étrange.

odious *adj* odieux(euse).

odour *n* odeur *f*.

of *prep* de; en.

off *adj* coupé(e); fermé(e); annulé(e); (food) avancé(e).

offal *n* abats *mpl*.

offend *vt* offenser, blesser.

offense *n* offense *f*, injure *f*.

offensive *adj* offensant(e).

offer *vt* offrir; * *n* offre *f*.

office *n* bureau *m*; poste *m*.

officer *n* officier *m*.

official *adj* officiel(le); * *n* employé(e); officiel(le).

officiate *vi* officier.

off-licence *n* débit *m* de vins et spiritueux.

offset *vt* compenser; décaler.

offshore *adj* côtier(ière).

offspring *n* progéniture *f*.

oil *n* huile *f*; * *vt* huiler.

oil painting *n* peinture *f* à l'huile.

oil tanker *n* pétrolier *m*.

oily *adj* gras(se), huileux(euse).

ointment *n* onguent *m*.

OK, okay *excl* OK, d'accord.

old *adj* vieux (vieille).

old age *n* vieillesse *f*.

olive *n* (tree) olivier *m*; olive *f*.

olive oil *n* huile *f* d'olive.

omelette *n* omelette *f*.

omission *n* omission *f*, négligence *f*.

omit *vt* omettre.

on *prep* sur, de; en, à, pour; * *adj* allumé(e), branché(e): —that's not ~! ça ne se fait pas!

once *adv* une fois; autrefois; * *conj* une fois que.

one *adj* un (une); seul(e), unique; * this ~ *pron* celui (celle)-ci: ~ another l'un(e) l'autre.

onerous *adj* lourd(e); pénible.

oneself *pron* soi-même.

one-sided *adj* partial(e).

ongoing *adj* en cours.

onion *n* oignon *m*.

online *adj* (computer) en ligne; connecté(e).

onlooker *n* spectateur(trice) *m(f)*.

only *adj* seul(e), unique; * *adv* seulement.

onus *n* responsabilité *f*.

opaque *adj* opaque.

open *adj* ouvert(e); sincère, franc(he); * *vt* ouvrir; * *vi* s'ouvrir.

opening *n* ouverture *f*.

openness *n* franchise *f*.

opera *n* opéra *m*.

operate *vi* fonctionner; opérer.

operation *n* fonctionnement *m*; opération *f*.

operator *n* opérateur(trice) *m(f)*.

opinion *n* opinion *f*, jugement *m*.

opinion poll *n* sondage *m* d'opinion.

opponent *n* opposant(e) *m(f)*.

opportune *adj* opportun(e).

opportunity *n* occasion *f*.

oppose *vt* s'opposer à.

opposing *adj* opposé(e).

opposite *adj* opposé(e);
* *adv* en face; * *prep* en face de;
* *n* contraire *m*.

opposition *n* opposition *f*.

oppress *vt* opprimer.

oppressive *adj* oppressif(ive).

optimist *n* optimiste *m* or *f*.

optimistic *adj* optimiste.

optimum *adj* optimum.

option *n* choix *m*, option *f*.

optional *adj* optionnel(le).

opulent *adj* opulent(e).

or *conj* ou.

oral *adj* oral(e), verbal(e).

orange *n* orange *f*.

orbit *n* orbite *f*.

orchestra *n* orchestre *m*.

ordain *vt* ordonner.

order *n* ordre *m*; commande *f*;
* *vt* ordonner.

orderly *adj* ordonné(e); réglé(e).

ordinary *adj* ordinaire.

ore *n* mineral *m*.

organ *n* organe *m*.

organic *adj* organique.

organism *n* organisme *m*.

organisation *n* organisation *f*.

organise *vt* organiser.

oriental *adj* oriental(e).

orifice *n* orifice *m*.

origin *n* origine *f*.

original *adj* original(e).

originality *n* originalité *f*.

ornament *n* ornement *m*;
* *vt* ornementer.

ornate *adj* ornementé(e).

orphan *adj*, *n* orphelin(e) *m(f)*.

orthodox *adj* orthodoxe.

oscillate *vi* osciller.

other *adj*, *pron* autre.

otherwise *adv* autrement.

ought *v aux* devoir, falloir: —
I ~ to do it je devrais le faire.

our *pron* notre, *pl* nos.

ours *pron* le (la) nôtre, les
nôtres; à nous.

ourselves *pron pl* nous-mêmes.

out *adv* dehors; éteint(e);
sorti(e).

outburst *n* explosion *f*.

outcome *n* résultat *m*.

outdo *vt* surpasser.

outdoor *adj* de plein air;
* *adv* à l'extérieur.

outer *adj* extérieur(e).

outfit *n* tenue *f*, équipement *m*.

outgoing *adj* extraverti(e);
sortant(e).

outlay *n* dépenses *fpl*, frais *mpl*.

outline *n* contour *m*, grandes
lignes *fpl*.

outlook *n* perspective *f*.

output *n* rendement *m*; sortie *f*.

outrage *n* outrage *m*;
* *vt* outrager.

outright *adv* complètement;
* *adj* complet(ète).

outset *n* commencement *m*.

outside *n* surface *f*, extérieur *m*;
* *adv* dehors; * *prep* en dehors de.

outstrip *vt* devancer, surpasser.

oval *n* ovale *m*; * *adj* ovale.

ovary *n* ovaire *m*.

oven *n* four *m*.

over *prep* sur, dessus; plus de;
pendant; * *adj* fini(e).

overall *adj* total(e); * *n* blouse *f*.

overalls *npl* bleus *mpl* de travail.

overbalance *vi* basculer.

overcast *adj* couvert(e).

overcharge *vt* surcharger.

overcoat *n* pardessus *m*.

overcome *vt* vaincre.

overdo *vi* exagérer.

overdraft *n* (bank) découvert *m*.

overdue *adj* en retard;
tardif(ive).

overestimate *vt* surestimer.

overflow *vi* déborder;
* *n* surplus *m*.

overhaul *vt* réviser;
* *n* révision *f*.
overland *adj*, *adv* par voie de
terre.
overlap *vi* se chevaucher.
overlook *vt* donner sur;
oublier; tolérer; négliger.
overnight *adv* pendant la nuit;
* *adj* de nuit.
overpower *vt* dominer, écraser.
overrate *vt* surévaluer.
overrun *vt* envahir, infester;
dépasser.
overseas *adv* à l'étranger,
outremer; * *adj* étranger(ère).
oversee *vt* inspecter, surveiller.
oversight *n* oubli *m*, erreur *f*.
oversleep *vi* se réveiller en
retard.
overtake *vt* doubler.
overthrow *vt* renverser;
* *n* renversement *m*.
overtime *n* heures *fpl*
supplémentaires.
overturn *vt* renverser.
overwhelm *vt* écraser.
overwhelming *adj* écrasant(e).
overwork *vi* se surmener.
owe *vt* devoir.
owing to *prep* en raison de.
owl *n* chouette *f*.
own *adj* propre; * *vt* posséder.
owner *n* propriétaire *m* or *f*.
ox *n* boeuf *m*.
oxygen *n* oxygène *m*.
oyster *n* huître *f*.
ozone *n* ozone *m*.

P

pace *n* pas *m*; allure *f*;
* *vi* marcher.
pacific *adj* pacifique.
pacification *n* pacification *f*.
pacify *vt* pacifier.
pack *n* paquet *m*; bande *f*;

* *vt* empaqueter; * *vi* faire ses
valises.
package *n* paquet *m*.
packet *n* paquet *m*.
pact *n* pacte *m*.
pad *n* bloc *m*; tampon *m*
encreur; (*fam*) piaule *f*;
* *vt* rembourrer.
paddle *vi* ramer; * *n* pagaie *f*.
page *n* page *f*; groom *m*;
garçon *m* d'honneur;
* *vt* appeler.
pager *n* système *m* de
téléappel, bip *m*.
pail *n* seau *m*.
pain *n* douleur *f*, peine *f*;
* *vt* peiner.
pained *adj* peiné(e).
painful *adj* douloureux(euse);
pénible.
painstaking *adj* soigneux(euse).
paint *vt* peindre.
painter *n* peintre *m*.
painting *n* peinture *f*, tableau *m*.
pair *n* paire *f*.
palatable *adj* savoureux(euse).
palate *n* palais *m*.
pale *adj* pâle; clair(e).
palette *n* palette *f*.
pallet *n* palette *f*.
pallid *adj* pâle.
palpable *adj* palpable;
évident(e).
palpitation *n* palpitation *f*.
pamper *vt* gâter, dorloter.
pamphlet *n* pamphlet *m*;
brochure *f*.
pan *n* casserole *f*, poêle *f*.
pane *n* vitre *f*.
panel *n* panneau *m*; comité *m*.
pangs *npl* ~of remorse
pincements *mpl*; ~of hunger
(conscience) tiraillements
d'estomac (de la conscience).
panic *n* panique *f*; * *vi* paniquer.
pant *vi* haleter.
panther *n* panthère *f*.

pantry n placard m; office m.

pants npl culotte f, slip m, caleçon m.

paper n papier m; journal m; * adj en papier; * vt tapisser.

paperback n livre m de poche.

paperweight n presse-papiers m.

par n pair m.

parachute n parachute m.

parade n parade f.

paradise n paradis m.

paradox n paradoxe m.

paraglide n parapente m.

paragraph n paragraphe m.

parallel adj parallèle; * n (line) parallèle f; (figure, geometry) parallèle m.

paralyse vt paralyser.

paralysis n paralysie f.

paramount adj suprême, supérieur(e).

paranoid adj paranoïaque.

parasite n parasite m.

parcel n paquet m; parcelle f; * vt empaqueter.

parch vt dessécher.

pardon n pardon m; * vt pardonner.

parent n père m; mère f; * ~s npl parents mpl.

park n parc m; * vt garer; vi se garer.

parking n stationnement m.

parking place n place f de stationnement.

parliament n parlement m.

parody n parodie f; * vt parodier.

parry vt parer à.

part n partie f, part f, rôle (d'acteur) m; * vt séparer; diviser; * vi se séparer; se diviser.

partly adv en partie.

partial adj partial(e).

participate vi participer (in à).

participation n participation f.

particle n particule f.

particular adj particulier(ière); exigeant(e).

particulars npl détails mpl.

particularly adv particulièrement.

partition n partition f, séparation f.

partner n associé(e) m(f).

party n parti m; fête f.

pass vt passer; dépasser; (exam) être reçu(e) à, réussir; * vi passer, être reçu(e); * n carte f d'accès; passe f.

passage n passage m.

passenger n passager(ère) m(f).

passer-by n passant(e) m(f).

passion n passion f, amour m.

passionate adj passionné(e).

passive adj passif(ive).

passport n passeport m.

past adj passé(e); * n passé m; * prep au-delà de; après.

paste n pâte f, colle f; * vt coller.

pastime n passe-temps m invar.

pastry n pâtisserie f.

pasture n pâture f.

patch n pièce f, terrain m; * vt rapiécer.

patent adj évident(e); * n brevet m; * vt faire breveter.

paternal adj paternel(le).

paternity n paternité f.

path n chemin m, sentier m.

pathetic adj pathétique.

patience n patience f.

patient adj patient(e); * n patient(e).

patiently adv patiemment.

patrol n patrouille f; * vi patrouiller.

patron n client(e) m(f); patron(ne) m(f).

patronise vt patronner, protéger.

pattern n motif m; modèle m.

pause *n* pause *f*; * *vi* faire une pause; hésiter.

pave *vt* paver; carreler.

pavement *n* trottoir *m*.

paw *n* patte *f*; * *vt* tripoter.

pay *vt* payer; * *n* paie *f*, salaire *m*.

pay back *vt* rembourser.

payable *adj* payable.

payment *n* paiement *m*.

pea *n* pois *m*.

peace *n* paix *f*.

peaceful *adj* paisible, pacifique.

peak *n* pic *m*; maximum *m*.

pear *n* poire *f*.

pearl *n* perle *f*.

peasant *n* paysan(ne) *m(f)*.

pebble *n* caillou *m*; galet *m*.

peculiar *adj* étrange, singulier(ière).

peculiarity *n* particularité *f*, singularité *f*.

pedal *n* pédale *f*; * *vi* pédaler.

pedestrian *n* piéton(ne) *m(f)*; * *adj* pédestre.

peel *vt* peler; * *n* peau *f*, pelure *f*.

peer *n* pair *m*; * to ~ at scruter.

peerless *adj* incomparable.

peg *n* cheville *f*, patère *f*: — clothes ~ pince à linge.

pelt *n* peau *f*.

pen *n* stylo *m*; parc *m*.

penalty *n* peine *f*, sanction *f*, amende *f*.

pencil *n* crayon *m*.

pendulum *n* pendule *m*.

penetrate *vt* pénétrer (dans).

peninsula *n* péninsule *f*.

penitentiary *n* pénitencier *m*.

penknife *n* canif *m*.

penpal *n* correspondant(e) *m(f)*.

pension *n* pension *f*.

pensive *adj* pensif(ive).

penultimate *adj* avant-dernier(ière).

people *n* peuple *m*; nation *f*, gens *mpl*; * *vt* peupler.

pepper *n* poivre *m*; * *vt* poivrer.

per *prep* par.

per annum *adv* par an.

perceive *vt* percevoir.

percentage *n* pourcentage *m*.

perception *n* perception *f*, notion *f*.

perch *n* perche *f*.

percussion *n* percussion *f*.

perdition *n* perte *f*, ruine *f*.

perennial *adj* perpétuel(le).

perfect *adj* parfait(e); idéal(e); * *vt* parfaire, perfectionner.

perfection *n* perfection *f*.

perform *vt* exécuter; * *vi* donner une représentation.

performance *n* exécution *f*, accomplissement *m*.

performer *n* exécutant(e) *m(f)*, acteur(trice) *m(f)*.

perfume *n* parfum *m*; * *vt* parfumer.

perhaps *adv* peut-être.

peril *n* péril *m*, danger *m*.

perilous *adj* dangereux(euse).

perimeter *n* périmètre *m*.

period *n* période *f*, époque *f*.

periodic *adj* périodique.

perish *vi* périr.

perishable *adj* périssable.

permanent *adj* permanent(e).

permissible *adj* permis(e).

permission *n* permission *f*.

permissive *adj* permissif(ive).

permit *vt* permettre; * *n* permis *m*.

perpetrate *vt* perpétrer, commettre.

perpetual *adj* perpétuel(le).

perplex *vt* confondre, laisser perplexe.

persecute *vt* persécuter; importuner.

persecution *n* persécution *f*.

persevere *vi* persévérer.

persist *vi* persister.

persistence *adj* persistance *f*.

persistent *adj* persistant(e).

person *n* personne *f*.
personal *adv* personnel(le).
personal computer *n* PC *m*,
  ordinateur *m* individuel.
personality *n* personnalité *f*.
personnel *n* personnel *m*.
perspective *n* perspective *f*.
perspiration *n* transpiration *f*.
perspire *vi* transpirer.
persuade *vt* persuader.
persuasion *n* persuasion *f*.
persuasive *adj* persuasif(ive).
pertaining (to) *prep* relatif à.
pertinent *adj* pertinent(e).
perturb *vt* perturber.
perusal *n* lecture *f* attentive.
perverse *adj* pervers(e),
  dépravé(e).
pessimist *n* pessimiste *m* or *f*.
pessimistic *adj* pessimiste *m* or *f*.
pest *n* insecte *m* nuisible.
pester *vt* importuner.
pestilence *n* peste *f*.
pet *n* animal *m* domestique;
  * *vt* gâter.
petal *n* (botany) pétale *m*.
petition *n* pétition *f*.
petrol *n* essence *f*.
petticoat *n* jupon *m*.
pettiness *n* insignifiance *f*.
petty *adj* mesquin(e);
  insignifiant(e).
phantom *n* fantôme *m*.
pharmacist *n* pharmacien(ne)
  m(f).
pharmacy *n* pharmacie *f*.
phase *n* phase *f*.
phenomenal *adj* phénoménal(e).
phenomenon *n* phénomène *m*.
philosopher *n* philosophe *m* or *f*.
philosophical *adj* philosophique.
philosophy *n* philosophie *f*.
phobia *n* phobie *f*.
phone *n* téléphone *m*;
  * *vt* téléphoner à.
phone book *n* annuaire *m*.
phone call *n* coup de téléphone *m*.

photograph *n* photo(graphie) *f*;
  * *vt* photographier.
photographer *n* photographe
  m or *f*.
photography *n* photographie *f*.
phrase *n* expression *f*;
  * *vt* exprimer.
phrase book *n* guide *m* de
  conversation.
physical *adv* physique.
physician *n* médecin *m*.
physicist *n* physicien(ne) *m(f)*.
physiotherapy *n*
  physiothérapie *f*.
physique *n* physique *m*.
pianist *n* pianiste *m* or *f*.
piano *n* piano *m*.
pick *vt* choisir; cueillir;
  * *n* pic *m*; choix *m*.
picnic *n* pique-nique *m*.
pictorial *adj* pictural(e);
  illustré(e).
picture *n* image *f*, peinture *f*;
  * *vt* dépeindre.
pie *n* gâteau *m*; tarte *f*, pâté *m*
  en croûte.
piece *n* morceau *m*; pièce *f*.
pierce *vt* percer, transpercer.
piercing *adj* perçant(e).
pig *n* cochon *m*.
pigeon *n* pigeon *m*.
pile *n* tas *m*, pile *f*, amas *m*;
  * *vt* entasser.
pilgrim *n* pèlerin *m*.
pill *n* pilule *f*.
pillar *n* pilier *m*.
pillow *n* oreiller *m*.
pilot *n* pilote *m*; * *vt* piloter.
pin *n* épingle *f*; * *vt* épingler.
pincers *n* pinces *fpl*, tenailles
  fpl.
pine *n* (botany) pin *m*;
  * to ~ for *vi* aspirer à.
pineapple *n* ananas *m*.
pink *n* rose *m*; * *adj* rose.
pint *n* pinte *f*.
pioneer *n* pionnier *m*.

pious *adj* pieux(euse), dévot(e).

pipe *n* tube *m*, tuyau *m*; pipe *f*.

pipeline *n* canalisation *f*.

piracy *n* piraterie *f*.

pirate *n* pirate *m*.

pistol *n* pistolet *m*.

pitch *n* lancement *m*;
  * *vt* lancer, jeter.

pitcher *n* cruche *f*.

pitiable *adj* pitoyable.

pitiful *adj* pitoyable.

pity *n* pitié *f*; * *vt* avoir pitié de.

placard *n* affiche *f*.

placate *vt* apaiser.

place *n* endroit *m*, lieu *m*;
  * *vt* placer.

placid *adj* placide, calme.

plague *n* peste *f*;
  * *vt* tourmenter.

plain *adj* uni(e); simple;
  évident(e); * *n* plaine *f*.

plait *n* natte *f*, tresse *f*;
  * *vt* natter, tresser.

plan *n* plan *m*; * *vt* projeter.

plane *n* avion *m*; platane *m*;
  plan *m*; * *vt* aplanir.

planet *n* planète *f*.

plank *n* planche *f*.

planner *n* planificateur(trice)
  m(f).

plant *n* plante *f*; usine *f*;
  * *vt* planter.

plantation *n* plantation *f*.

plaster *n* plâtre *m*, emplâtre *m*;
  * *vt* plâtrer.

plastic *adj* plastique.

plate *n* assiette *f*; plaque *f*.

platform *n* tribune *f*; estrade *f*;
  quai *m*.

platter *n* écuelle *f*, plat *m*.

plausible *adj* plausible.

play *n* jeu *m*, pièce *f* de
  théâtre; * *vt*, *vi* jouer.

player *n* joueur(euse) *m(f)*,
  acteur(trice) *m(f)*.

playful *adj* enjoué(e).

playwright *n* dramaturge *m* or *f*.

plea *n* appel *m*; excuse *f*,
  prétexte *m*.

plead *vt* plaider; prétexter.

pleasant *adj* agréable,
  plaisant(e).

please *vt* faire plaisir à.

pleased *adj* content(e).

pleasure *n* plaisir *m*; gré *m*.

pledge *n* promesse *f*, gage *m*;
  * *vt* engager.

plentiful *adj* copieux(euse);
  abondant(e).

plenty *n* abondance *f*: ~ of
  beaucoup de.

pliable *adj* pliant(e); souple.

pliers *npl* tenailles *fpl*.

plot *n* complot *m*; intrigue *f*;
  * *vt* tracer.

plough *n* charrue *f*;
  * *vt* labourer.

pluck *vt* tirer; arracher;
  épiler; * *n* courage *m*.

plug *n* bougie *f*, prise *f*;
  bouchon *m*; * *vt* boucher.

plumber *n* plombier *m*.

plump *adj* rondouillet(te),
  dodu(e).

plunge *vi* plonger; s'élancer.

plural *n* pluriel *m*;
  * *adj* pluriel(le).

plus *prep* plus; * *n* signe *m* plus.

pneumonia *n* pneumonie *f*.

poach *vt* pocher; braconner.

poacher *n* braconnier *m*.

pocket *n* poche *f*; * *vt* empocher.

poem *n* poème *m*.

poet *n* poète *m*.

poetry *n* poésie *f*.

poignant *adj* poignant(e).

point *n* pointe *f*, point *m*;
  * *vt* pointer.

pointed *adj* pointu(e), acéré(e).

poise *n* attitude *f*, équilibre *m*.

poison *n* poison *m*;
  * *vt* empoisonner.

poisonous *adj* vénéneux(euse).

poke *vt* attiser.

pole n pôle m; mât m; perche f.

police n police f.

policeman n agent m de police.

police station n commissariat m de police.

policy n politique f; police f (d'assurance).

polish vt polir; cirer; * n cirage m.

polished adj poli(e); ciré(e); élégant(e).

polite adj poli(e).

politeness n politesse f.

political adj politique.

politician n homme (femme) politique, politicien(ne) m(f).

politics npl politique f.

pollute vt polluer.

pollution n pollution f.

polytechnic n IUT m.

pompous adj pompeux(euse).

pond n mare f, étang m.

ponder vt considérer.

pony n poney m.

pool n piscine f.

poor adj pauvre; mauvais(e).

populace n populace f.

popular adj populaire.

popularity n popularité f.

populate vi peupler.

population n population f.

porch n porche m.

pork n porc m.

port n port m.

portable adj portable, portatif(ive).

portion n portion f, part f.

portrait n portrait m.

portray vt faire le portrait de; dépeindre.

Portugal n Portugal m.

Portuguese adj portugais(e); * n Portugais(e) m(f).

pose n posture f, pose f; * vt, vi poser.

position n position f; * vt mettre en position.

positive adj positif(ive), réel(le).

possess vt posséder.

possession n possession f.

possibility n possibilité f.

possible adj possible.

possibly adv peut-être.

post n courrier m; poste f; emploi m; poteau m.

postage stamp n timbre m, timbre-poste m.

postbox n boîte f aux lettres.

postcard n carte f postale.

postcode n code m postal.

poster n poster m.

posterior n postérieur m.

postman n facteur m.

post office n poste f, bureau m de poste.

postpone vt remettre; différer.

posture n posture f.

pot n pot m; marmite f; * vt empoter.

potato n pomme f de terre.

potent adj puissant(e).

potential adj potentiel(le).

potion n potion f.

pouch n sac m.

poultry n volaille f.

pound n livre f, livre f sterling; * vt bourrer de coups; * vi battre violemment.

pour vt verser; servir; * vi couler, verser à verse.

poverty n pauvreté f.

powder n poudre f; * vt poudrer.

powdery adj poudreux(euse).

power n pouvoir m; puissance f, force f; * vt faire marcher.

powerful adj puissant(e).

powerless adj impuissant(e).

practicable adj faisable.

practical adj pratique.

practicality n faisabilité f.

practice n pratique f, usage m; entraînement m.

practise vt pratiquer; * vi s'exercer.

pragmatic *adj* pragmatique.

praise *n* louange *f*; * *vt* louer.

prattle *vi* jacasser.

prawn *n* crevette *f*.

pray *vi* prier.

prayer *n* prière *f*.

preach *vt* prêcher.

preacher *n* prédicateur *m*.

precarious *adj* précaire, incertain(e).

precaution *n* précaution *f*.

precede *vt* précéder.

precedent *n* précédent *m*; * *adj* précédent(e).

precinct *n* limite *f*, enceinte *f*.

precious *adj* précieux(euse).

precipitate *vt* précipiter; * *adj* précipité(e).

precise *adj* précis(e), exact(e).

precision *n* précision *f*, exactitude *f*.

precocious *adj* précoce, prématuré(e).

preconceive *vt* préconcevoir.

preconception *n* préjugé *m*; idée *f* préconçue.

predator *n* prédateur *m*.

predecessor *n* prédécesseur *m*.

predict *vt* prédire.

predictable *adj* prévisible.

prediction *n* prédiction *f*.

predominant *adj* prédominant(e).

predominate *vt* prédominer.

preface *n* préface *f*.

prefer *vt* préférer.

preferable *adj* préférable.

preference *n* préférence *f*.

preferential *adj* préférentiel(le).

prefix *n* préfixe *m*.

pregnancy *n* grossesse *f*.

pregnant *adj* enceinte.

prehistoric *adj* préhistorique.

prejudice *n* préjudice *m*; préjugé *m*; * *vt* porter préjudice à.

prejudiced *adj* plein(e) de préjugés; partial(e).

prejudicial *adj* préjudiciable.

preliminary *adj* préliminaire.

premature *adj* prématuré(e).

premeditation *n* préméditation *f*.

premises *npl* locaux *mpl*.

premium *n* prime *f*.

premonition *n* prémonition *f*.

preparation *n* préparation *f*.

preparatory *adj* préparatoire.

prepare *vt* préparer; * *vi* se préparer.

preposterous *adj* absurde.

prerogative *n* prérogative *f*.

prescribe *vt* prescrire.

prescription *n* prescription *f*.

presence *n* présence *f*.

present *n* cadeau *m*; * *adj* présent(e); actuel(le); * *vt* présenter.

presentable *adj* présentable.

presenter *n* présentateur(trice) *m(f)*.

presently *adv* bientôt, tout à l'heure; en ce moment.

preservation *n* préservation *f*.

preserve *vt* préserver; * *n* conserve *f*, confiture *f*.

preside *vi* présider; diriger.

president *n* président *m*.

press *vt* appuyer sur; * *vi* appuyer; se presser; * *n* presse *f*, pressoir *m*.

pressing *adj* pressant(e); urgent(e).

pressure *n* pression *f*.

prestige *n* prestige *m*.

presumable *adj* vraisemblable.

presume *vt* présumer, supposer.

presumption *n* présomption *f*.

pretence *n* prétexte *m*; simulation *f*.

pretend *vi* prétendre; faire semblant.

pretext *n* prétexte *m*.

pretty *adj* joli(e), mignon(ne).

prevail *vi* prévaloir; prédominer.

prevalent *adj* prédominant(e).

prevent *vt* prévenir, empêcher.

prevention *n* prévention *f*.

previous *adj* précédent(e); antérieur(e).

previously *adv* auparavant.

prey *n* proie *f*.

price *n* prix *m*.

prick *vt* piquer; * *n* piqûre *f*; (*fam*) connard.

pride *n* orgueil *m*; vanité *f*, fierté *f*.

priest *n* prêtre *m*.

priesthood *n* sacerdoce *m*, prêtrise *f*.

primacy *n* primauté *f*.

primarily *adv* principalement, surtout.

primary *adj* primaire; principal(e); premier(ière).

primate *n* primate *m*.

prime *vt* amorcer; mettre au courant; * *adj* primordial(e); fondamental(e).

prime minister *n* premier ministre *m*.

primitive *adj* primitif(ive).

prince *n* prince *m*.

princess *n* princesse *f*.

principal *adj* principal(e); * *n* principal *m*.

principle *n* principe *m*.

print *vt* imprimer; publier; * *n* empreinte *f*; caractères *mpl*.

printer *n* imprimeur *m*; imprimante *f*.

prior *adj* antérieur(e), précédent(e).

priority *n* priorité *f*.

prison *n* prison *f*.

prisoner *n* prisonnier(ière) *m(f)*.

privacy *n* intimité *f*.

private *adj* privé(e); secret(ète); particulier(ière).

privately *adv* en privé.

privilege *n* privilège *m*.

prize *n* prix *m*; * *adj* parfait(e), prisé(e); * *vt* priser, faire grand cas de.

pro- *prefix* pro-.

probability *n* probabilité *f*, vraisemblance *f*.

probable *adj* probable, vraisemblable.

probation *n* période *f* d'essai *m*; liberté *f* surveillée; probation *f*.

probationary *adj* d'essai.

probe *n* sonde *f*; * *vt* sonder.

problem *n* problème *m*.

problematical *adj* problématique.

procedure *n* procédure *f*.

proceed *vi* procéder; avancer.

process *n* processus *m*; procédé *m*.

procession *n* procession *f*.

proclaim *vt* proclamer.

proclamation *n* proclamation *f*, décret *m*.

procure *vt* procurer.

prod *vt* pousser; * *n* poussée *f*.

prodigal *adj* prodigue.

prodigious *adj* prodigieux(euse).

prodigy *n* prodige *m*.

produce *vt* produire; créer.

producer *n* producteur(trice) *m(f)*.

product *n* produit *m*.

production *n* production *f*, produit *m*.

productive *adj* productif(ive).

profess *vt* professer; déclarer.

profession *n* profession *f*.

professional *adj* professionnel(le).

professor *n* professeur *m*.

proficiency *n* capacité.

proficient *adj* compétent(e).

profile *n* profil *m*.

profit *n* bénéfice *m*, profit *m*; * *vi* profiter (by *or* from de).

profitability *n* rentabilité *f*.

profitable *adj* profitable, avantageux(euse).

profound *adj* profond(e).

program(me) *n* programme *m*.
programmer *n* programmeur(euse) *m(f)*.
progress *n* progrès *m*; cours *m*;
* *vi* progresser.
progression *n* progression *f*,
avance *f*.
progressive *adj* progressif(ive).
prohibit *vt* prohiber; défendre.
project *vt* projeter; * *n* projet *m*.
projection *n* projection *f*.
prolific *adj* prolifique, fécond(e).
prolong *vt* prolonger.
promenade *n* promenade *f*.
prominence *n* proéminence *f*.
prominent *adj* proéminent(e).
promise *n* promesse *f*;
* *vt* promettre.
promising *adj* prometteur(euse).
promote *vt* promouvoir.
promoter *n* promoteur *m*.
promotiom *n* promotion *f*.
prompt *adj* prompt(e);
* *vt* suggérer.
prone *adj* enclin (to à);
couché(e) (face contre terre).
pronounce *vt* prononcer;
déclarer.
pronounced *adj* marqué(e),
prononcé(e).
pronouncement *n* déclaration *f*.
pronunciation *n* prononciation *f*.
proof *n* preuve *f*; épreuve;
* *adj* résistant;
* *vt* imperméabiliser.
prop *vt* soutenir; * *n* appui *m*,
soutien *m*.
propaganda *n* propagande *f*.
propel *vt* propulser.
propeller *n* hélice *f*.
propensity *n* propension *f*,
tendance *f*.
proper *adj* propre; convenable.
property *n* propriété *f*.
prophecy *n* prophétie *f*.
prophet *n* prophète *m*.
proportion *n* proportion *f*.

proportional *adj*
proportionnel(le).
proposal *n* proposition *f*, offre *f*.
propose *vt* proposer.
proposition *n* proposition *f*.
proprietor *n* propriétaire *m* or *f*.
prosecute *vt* poursuivre en
justice.
prosecution *n* poursuites *fpl*;
accusation *f*.
prospect *n* perspective *f*;
* *vt*, *vi* prospecter.
prospective *adj* probable; futur(e).
prosper *vi* prospérer.
prosperity *n* prospérité *f*.
prosperous *adj* prospère.
prostitute *n* prostituée *f*.
protagonist *n* protagoniste *m* or *f*.
protect *vt* protéger; abriter.
protection *n* protection *f*.
protective *adj* protecteur(trice).
protein *n* protéine *f*.
protest *vi* protester;
* *n* protestation *f*.
Protestant *n* protestant(e) *m(f)*.
protester *n* protestataire *m* or *f*.
prototype *n* prototype *m*.
proud *adj* fier(fière),
orgueilleux(euse).
prove *vt* prouver; justifier.
proverb *n* proverbe *m*.
provide *vt* fournir.
provided *conj* (that) pourvu que.
providence *n* providence *f*.
province *n* province *f*.
provincial *adj*, *n* provincial(e)
m(f).
provision *n* provision *f*,
disposition *f*.
provisional *adj* provisoire.
provocation *n* provocation *f*.
provocative *adj*
provocateur(trice).
provoke *vt* provoquer.
prowess *n* prouesse *f*.
prowl *vi* rôder.
prowler *n* rôdeur(euse) *m(f)*.

proximity n proximité f.
prudence n prudence f.
prudent adj prudent(e).
pry vi espionner.
pseudonym n pseudonyme m.
psychiatric adj psychiatrique.
psychiatrist n psychiatre m or f.
psychic adj psychique.
psychoanalyst n
  psychanaliste m or f.
psychologist n psychologue m
  or f.
psychology n psychologie f.
puberty n puberté f.
public adj public(blique);
  commun(e); * n public m.
publication n publication f,
  édition f.
publicity n publicité f.
publish vt publier.
publisher n éditeur(trice) m(f).
publishing n édition f.
pudding n pudding m; dessert m.
puddle n flaque f d'eau.
puff n bouffée f; * vt sortir par
  bouffées; haleter.
pull vi tirer; * vt tirer; se claquer;
  * n attraction f, influence f.
pulley n poulie f.
pulsate vi battre.
pulse n pouls m.
pulverise vt pulvériser.
pump n pompe f; * vt pomper;
  puiser.
punch n coup m de poing;
  * vt cogner.
punctual adj ponctuel(le),
  exact(e).
punctuate vt ponctuer.
punctuation n ponctuation f.
punish vt punir.
punishment n châtiment m,
  punition f, peine f.
puny adj chétif(ive).
pupil n élève m or f, pupille f.
puppet n marionnette f.
puppy n chiot m.

purchase vt acheter; * n achat
  m, acquisition f.
purchaser n acheteur(euse) m(f).
pure adj pur(e).
purification n purification f.
purify vt purifier.
purity n pureté f.
purple n violet m; * adj violet(te).
purpose n intention f, but m,
  dessein m: — on ~ exprès, à
  dessein.
purse n sac m à main;
  porte-monnaie m invar.
pursue vi poursuivre; suivre.
pursuit n poursuite f,
  occupation f.
push vt, vi pousser; * n poussée
  f, énergie f.
pushchair n poussette f.
put vt mettre, poser, placer;
  exprimer.
put off vt remettre à plus tard;
  dissuader.
putrid adj putride.
putty n mastic m.
puzzle n énigme f, casse-tête
  m invar.
puzzling adj curieux(euse);
  inexplicable.
pyjamas npl pyjama m.
pylon n pylône m.
pyramid n pyramide f.
python n python m.

Q

quack vi cancaner;
  * n (fam) charlatan m.
quagmire n bourbier m.
quaint adj désuet(ète); bizarre.
quake vi trembler.
qualification n qualification f.
qualified adj qualifié(e),
  diplômé(e).
qualify vt qualifier; * vi se
  qualifier.

quality *n* qualité *f*.

qualm *n* scrupule *m*.

quantity *n* quantité *f*.

quarantine *n* quarantaine *f*.

quarrel *n* querelle *f*; * *vi* se
  quereller.

quarrelsome *adj*
  querelleur(euse).

quarry *n* carrière *f*; proie *f*,
  gibier *m*.

quarter *n* quart *m*; * *vt* diviser
  en quatre.

quarterly *adj* trimestriel(le);
  * *adv* tous les trimestres.

quash *vt* annuler.

quay *n* quai *m*.

queen *n* reine *f*.

queer *adj* extrange;
  * *n* (*fam*) homosexuel *m*.

quell *vt* étouffer.

quench *vt* assouvir.

query *n* question *f*;
  * *vt* demander.

quest *n* recherche *f*.

question *n* question *f*;
  * *vt* questionner.

questionable *adj* discutable;
  douteux(euse).

questioner *n* personne *f* qui
  pose une question.

questionnaire *n*
  questionnaire *m*.

quibble *vi* chicaner.

quick *adj* rapide; vif (vive).

quicken *vt* accélérer;
  * *vi* s'accélérer.

quiet *adj* calme;
  silencieux(euse).

quietness *n* calme *m*,
  tranquillité *f*, silence *m*.

quip *n* sarcasme *m*;
  * *vt* railler.

quit *vt* quitter; * *vi*
  abandonner, démissionner.

quite *adv* assez;
  complètement, tout à fait.

quiver *vi* trembler.

quiz *n* jeu-concours *m*; test *m*
  de connaissances;
  * *vt* interroger.

quota *n* quota *m*.

quotation *n* citation *f*.

quote *vt* citer.

R

rabbit *n* lapin *m*.

rabble *n* (*pej*) populace *f*.

rabies *n* rage *f*.

race *n* course *f*, race *f*;
  * *vi* courir, foncer.

racial *adj* racial(e).

racist *adj*, *n* raciste *m* or *f*.

rack *n* casier *m*; étagère *f*.

racket *n* vacarme *m*; raquette *f*.

radiant *adj* rayonnant(e),
  radieux(euse).

radiate *vt*, *vi* rayonner, irradier.

radiation *n* irradiation *f*.

radiator *n* radiateur *m*.

radical *adj* radical(e).

radio *n* radio *f*.

radioactive *adj* radioactif(ive).

raft *n* radeau *m*.

rag *n* lambeau *m*, loque *f*.

rage *n* rage *f*, fureur *f*;
  * *vi* faire rage.

ragged *adj* déguenillé(e).

raging *adj* furieux(euse),
  enragé(e).

raid *n* raid *m*; hold-up *m invar*;
  descente *f* (de police);
  * *vt* faire un raid sur *or* un
  hold-up dans *or* une descente
  dans.

rail *n* rambarde *f*, rail *m*.

railway *n* chemin *m* de fer.

rain *n* pluie *f*; * *vi* pleuvoir.

rainbow *n* arc-en-ciel *m*.

rainy *adj* pluvieux(euse).

raise *n* augmentation *f*;
  * *vt* lever, soulever; augmenter.

raisin *n* raisin *m* sec.

rally n meeting m,
rassemblement m;
* vt (military) rallier; * vi se
rallier.
ramble n randonnée f;
* vi discourir.
ramp n rampe f.
ramshackle adj délabré(e).
rancid adj rance.
rancour n rancoeur f.
random adj fortuit(e), fait(e)
au hasard.
random access memory (RAM)
(computer) mémoire f écran.
range vt ranger; * vi s'étendre;
* n chaîne f; portée f:
— kitchen ~ fourneau m (de
cuisine).
rank n rang m, classe f, grade m.
ransack vt saccager, piller.
ransom n rançon f.
rape n viol m; * vt, violer.
rapid adj rapide.
rapidity n rapidité f.
rapist n violeur m.
rapt adj extrême.
rapture n ravissement m,
extase f.
rare adj rare.
rarity n rareté f.
rash adj imprudent(e);
* n rougeur f, éruption
(cutanée) f.
raspberry n framboise f.
rat n rat m.
rate n taux m, prix m; vitesse f;
* vt estimer, évaluer.
rather adv plutôt.
ratification n ratification f.
ratify vt ratifier.
ration n ration f.
rational adj rationnel(le).
rattle vi s'entrechoquer;
* vt agiter bruyamment;
* n hochet m; bruit m de
ferraille.
ravage vt ravager; * n ravage m.

rave vi délirer.
ravenous adj vorace.
ravine n ravin m.
raw adj cru(e); brut(e).
rawness n crudité f,
inexpérience f.
ray n rayon m.
raze vt raser.
razor n rasoir m.
reach vt atteindre; * vi porter;
* n portée f.
react vi réagir.
reaction n réaction f.
read vt, vi lire.
reader n lecteur(trice) m(f).
readily adv volontiers.
readiness n bonne volonté f.
reading n lecture.
readjust vt réajuster.
ready adj prêt(e); enclin(e).
real adj réel(le), vrai(e).
reality n réalité f.
realisation n réalisation f.
realise vt réaliser.
reappear vi réapparaître.
rear n arrière m; derrière m;
* vt élever; * vi se cabrer.
reason n raison f, cause f;
* vt, vi raisonner.
reasonable adj raisonnable.
reasoning n raisonnement m.
reassure vt rassurer.
rebel n rebelle m or f; * vi se
rebeller.
rebellion n rébellion f.
rebound vi rebondir.
rebuild vt reconstruire.
rebuke vt réprimander;
* n réprimande f.
recall vt (se) rappeler;
* n rappel m.
recap n récapitulation m.
recapture vt reprendre.
recede vi reculer, redescendre.
receipt n reçu m; réception f.
receivable adj recevable.
receive vt recevoir; accueillir.

recent *adj* récent(e), neuf (neuve).

receptacle *n* récipient *m*.

reception *n* réception *f*.

recession *n* récession *f*.

recipe *n* recette *f*.

recipient *n* destinataire *m* or *f*.

reciprocal *adj* réciproque.

reciprocally *adv* réciproquement.

recital *n* récit *m*.

recite *vt* réciter.

reckless *adj* téméraire.

reckon *vt* compter; * *vi* calculer.

reclaim *vt* assainir; récupérer.

recline *vi* être allongé(e).

recognition *n* reconnaissance *f*.

recognise *vt* reconnaître.

recoil *vi* reculer (from devant).

recollect *vt* se rappeler.

recollection *n* souvenir *m*.

recommend *vt* recommander.

recompense *n* récompense *f*; * *vt* récompenser.

reconcile *vt* réconcilier.

reconciliation *n* réconciliation *f*.

reconsider *vt* reconsidérer.

record *vt* enregistrer; * *n* rapport *m*; registre *m*; disque *m*; record *m*.

recount *vt* raconter.

recourse *n* recours *m*.

recover *vt* retrouver; * *vi* se remettre (from de).

recovery *n* guérison *f*, reprise *f*.

recreation *n* détente *f*, récréation *f*.

recriminate *vi* récriminer.

recrimination *n* récrimination *f*.

recruit *vt* recruter; * *n* (military) recrue *f*.

rectangle *n* rectangle *m*.

rectification *n* rectification *f*.

rectify *vt* rectifier.

recur *vi* se reproduire.

recurrence *n* répétition *f*.

recurrent *adj* répétitif(ive).

red *adj* rouge; * *n* rouge *m*.

redden *vt*, *vi* rougir.

redeem *vt* racheter, rembourser.

redemption *n* rachat *m*.

redness *n* rougeur *f*, rousseur *f*.

redouble *vt*, *vi* redoubler.

redress *vt* réparer; redresser.

reduce *vt* réduire; diminuer.

reduction *n* réduction *f*, baisse *f*.

redundancy *n* licenciement *m*.

redundant *adj* superflu(e).

reel *n* bobine *f*, dévidoir *m*; * *vi* chanceler; * *vt* enrouler.

re-enter *vt* rentrer dans.

re-establish *vt* rétablir; réhabiliter.

refer *vt* se référer (to à); * *vi* se référer.

referee *n* arbitre *m*.

reference *n* référence *f*.

refine *vt* raffiner, affiner.

refinement *n* raffinement *m*.

reflect *vt* réfléchir, refléter; * *vi* réfléchir.

reflection *n* réflexion *f*, pensée *f*.

reform *vt* réformer; * *vi* se réformer.

reform *n* réforme *f*.

reformer *n* réformateur(trice) *m(f)*.

refrain *vi* s'abstenir (from de).

refresh *vt* rafraîchir.

refrigerator *n* glacière *f*, réfrigérateur *m*.

refuge *n* refuge *m*, asile *m*.

refugee *n* réfugié(e) *m(f)*.

refund *vt* rembourser; * *n* remboursement *m*.

refusal *n* refus *m*.

refuse *vt* refuser; * *n* déchets *mpl*.

regain *vt* recouvrer.

regal *adj* royal(e).

regard *vt* considérer; * *n* considération *f*.

regardless *adv* quand même.

regenerate *vt* régénérer.

regeneration *n* régénération *f*.
regime *n* régime *m*.
region *n* région *f*.
register *n* registre *m*;
 * *vt* enregistrer.
registration *n* enregistrement *m*.
regressive *adj* régressif(ive).
regret *n* regret *m*; * *vt* regretter.
regular *adj* régulier(ière);
 * *n* habitué(e).
regularity *n* régularité *f*.
regulate *vt* régler.
regulation *n* règlement *m*.
rehabilitate *vt* réhabiliter.
rehabilitation *n* réhabilitation *f*.
reimburse *vt* rembourser.
reimbursement *n*
 remboursement *m*.
reinforce *vt* renforcer.
reiterate *vt* réitérer.
reiteration *n* réitération *f*.
reject *vt* rejeter.
rejection *n* refus *m*.
rejoice *vt* réjouir; * *vi* se réjouir.
relapse *vi* retomber;
 * *n* rechute *f*.
relate *vt* relater; * *vi* se
 rapporter.
relation *n* rapport *m*; parent *m*.
relationship *n* lien *m* de
 parenté; relation *f*, rapport *m*.
relative *adj* relatif(ive);
 * *n* parent(e) *m(f)*.
relax *vt* relâcher; * *vi* se relâcher.
relaxation *n* relâchement *m*;
 détente *f*.
relay *n* relais *m*;
 * *vt* retransmettre.
release *vt* libérer; * *n* libération *f*.
relevant *adj* pertinent(e).
reliable *adj* fiable.
reliance *n* confiance *f*.
relief *n* soulagement *m*;
 secours *m*.
relieve *vt* soulager, alléger.
religion *n* religion *f*.
religious *adj* religieux(euse).

relinquish *vt* abandonner.
reluctant *adj* peu disposé(e).
rely *vi* compter sur.
remain *vi* rester, demeurer.
remainder *n* reste *m*, restant *m*.
remark *n* remarque;
 * *vt* (faire) remarquer.
remarkable *adj* remarquable,
 notable.
remedy *n* remède *m*;
 * *vt* remédier à.
remember *vt* se souvenir de.
remind *vt* rappeler.
reminisce *vi* évoquer ses
 souvenirs (of de).
remit *vt* envoyer.
remnant *n* reste *m*, restant *m*.
remonstrate *vi* protester.
remote *adj* lointain(e),
 éloigné(e).
remoteness *n* éloignement *m*;
 isolement *m*.
removable *adj* amovible.
removal *n* suppression *f*.
remove *vt* enlever.
remunerate *vt* rémunérer.
render *vt* rendre, remettre.
renew *vt* renouveler.
renewal *n* renouvellement *m*.
renounce *vt* renoncer à.
renovate *vi* rénover.
renown *n* renommée *f*,
 célébrité *f*.
rent *n* loyer *m*; * *vt* louer.
renunciation *n* renonciation *f*.
reorganisation *n*
 réorganisation *f*.
reorganise *vt* réorganiser.
repair *vt* réparer;
 * *n* réparation *f*.
repatriate *vt* rapatrier.
repay *vt* rembourser.
repayment *n* remboursement *m*.
repeal *vt* abroger;
 * *n* abrogation *f*.
repeat *vt* répéter.
repel *vt* repousser, rebuter.

repent *vi* se repentir.
repetition *n* répétition *f*.
replace *vt* replacer.
replenish *vt* remplir de nouveau.
replete *adj* rempli(e).
reply *n* réponse *f*; * *vi* répondre.
report *vt* rapporter;
 * *n* rapport *m*; compte rendu *m*.
reporter *n* journaliste *m* or *f*.
reprehend *vt* condamner.
reprehensible *adj* répréhensible.
represent *vt* représenter.
representation *n*
 représentation *f*.
representative *adj*
 représentatif(ive);
 * *n* représentant(e).
repress *vt* réprimer, contenir.
repression *n* répression *f*.
reprieve *n* sursis *m*.
reprimand *vt* réprimander.
reprisal *n* représailles *fpl*.
reproach *n* reproche;
 * *vt* reprocher.
reproduce *vt* reproduire.
reproduction *n* reproduction *f*.
republic *n* république *f*.
republican *adj*, *n*
 républicain(e) *m(f)*.
repudiate *vt* renier.
repulse *vt* repousser.
repulsion *n* répulsion *f*.
repulsive *adj* répulsif(ive).
reputation *n* réputation *f*.
request *n* requête *f*;
 * *vt* demander.
require *vt* demander, nécessiter.
requirement *n* besoin *m*;
 exigence *f*.
requisite *adj* nécessaire,
 indispensable.
rescue *vt* sauver, secourir;
 * *n* secours *m*.
research *vt* faire de la recherche;
 * *n* recherche.
resemblance *n* ressemblance *f*.
resemble *vt* ressembler à.

resent *vt* être contrarié(e).
resentment *n* ressentiment *m*.
reservation *n* réservation *f*.
reserve *vt* réserver; * *n* réserve *f*.
reside *vi* résider.
residence *n* résidence *f*.
resident *n* résident(e) *m(f)*.
resign *vt* démissionner de;
 * *vi* démissionner.
resignation *n* démission *f*.
resist *vt* résister à, s'opposer à.
resistance *n* résistance *f*.
resolute *adj* résolu(e).
resolution *n* résolution *f*.
resolve *vt* resoudre; * *vi* (se)
 résoudre.
resort *vi* recourir; * *n* lieu *m* de
 vacances.
resource *n* ressource *f*.
respect *n* respect *m*; égard *m*;
 * *vt* respecter.
respectability *n* respectabilité *f*.
respectable *adj* respectable.
respectful *adj* respectueux(euse).
respecting *prep* en ce qui
 concerne.
respective *adj* respectif(ive).
respite *n* répit *m*.
respond *vi* répondre.
response *n* réponse *f*.
responsibility *n* responsabilité *f*.
responsible *adj* responsable.
rest *n* repos *m*; reste *m*,
 restant *m*; * *vi* se reposer.
restitution *n* restitution *f*.
restive *adj* récalcitrant(e).
restoration *n* restauration *f*.
restore *vt* restaurer.
restrain *vt* retenir.
restrict *vt* restreindre.
restriction *n* restriction *f*.
restrictive *adj* restrictif(ive).
result *vi* résulter; * *n* résultat *m*.
resume *vt* reprendre, résumer.
resuscitate *vt* réanimer.
retail *vt* détailler; * *n* vente *f*
 au détail.

retain *vt* retenir, conserver.
retaliate *vi* se venger.
reticence *n* réticence *f*.
retire *vt* retirer; * *vi* se retirer.
retired *adj* retraité(e).
retirement *n* isolement *m*.
retort *vt* rétorquer;
  * *n* réplique *f*.
retrace *vt* retracer.
retreat *vi* se retirer.
retribution *n* récompense *f*.
retrieve *vt* récupérer, recouvrer.
return *vt* rendre; * *n* retour *m*.
reunion *n* réunion *f*.
reunite *vt* réunir; * *vi* se réunir.
reveal *vt* révéler.
revelation *n* révélation *f*.
revenge *vt* venger;
  * *n* vengeance *f*.
revengeful *adj* vindicatif(ive).
revenue *n* revenu *m*; rente *f*.
reverberate *vt* réverbérer;
  * *vi* résonner.
reverberation *n* réverbération *f*.
reversal *n* renversement *m*.
reverse *vt* renverser; * *vi* faire
  marche arrière; * *n* inverse *m*.
reversible *adj* réversible.
reversion *n* retour *m*; réversion *f*.
revert *vi* revenir; retourner.
review *vt* revoir; * *n* revue *f*,
  examen *m*.
revise *vt* réviser.
revision *n* révision *f*.
revival *n* reprise *f*, renouveau *m*.
revive *vt* ranimer.
revoke *vt* révoquer.
revolt *vi* se révolter;
  * *n* révolte *f*.
revolution *n* révolution *f*.
revolutionary *adj*, *n*
  révolutionnaire *m* or *f*.
revolve *vt* (re)tourner;
  * *vi* tourner.
revue *n* revue *f*.
reward *n* récompense *f*;
  * *vt* récompenser.

rheumatic *adj* rhumatisant(e).
rheumatism *n* rhumatisme *m*.
rhyme *n* rime *f*; * *vi* rimer.
rhythm *n* rythme *m*.
rhythmical *adj* rythmique.
rib *n* côte *f*.
ribbon *n* ruban *m*.
rice *n* riz *m*.
rich *adj* riche; somptueux(euse).
richness *n* richesse *f*,
  abondance *f*.
rid *vt* débarrasser.
riddle *n* crible *m*; * *vt* cribler.
ride *vi* monter (horse à cheval);
  aller (by car en voiture).
ridge *n* arête *f*, crête *f*.
ridicule *n* ridicule *m*;
  * *vt* ridiculiser.
ridiculous *adj* ridicule.
rife *adj* répandu(e), abondant(e).
rifle *n* fusil *m*.
rig *vt* équiper; truquer;
  * *n* plate-forme *f* de forage.
right *adj* juste, exact(e), droit(e),
  bien; * *adv* correctement;
  * *n* droit *m*; droite *f*;
  * *vt* redresser; * *excl* ~! bon!
righteous *adj* droit(e),
  vertueux(euse).
rigid *adj* rigide; sévère.
rigorous *adj* rigoureux(euse).
rigour *n* rigueur *f*, sévérité *f*.
rim *n* bord *m*; monture *f*.
ring *n* anneau *m*, cercle *m*,
  rond *m*; * *vt* sonner;
  * *vi* sonner, retentir.
rink *n* patinoire *f*.
rinse *vt* rincer.
riot *n* émeute *f*.
riotous *adj* tapageur(euse),
  tordant(e).
rip *vt* déchirer.
ripe *adj* mûr(e).
ripen *vt*, *vi* mûrir.
ripple *n* ondulation *f*, ride *f*.
rise *vi* se lever; monter;
  * *n* hausse *f*, augmentation *f*.

rising n insurrection f.
risk n risque; * vt risquer.
risky adj risqué(e).
rite n rite m.
ritual n rituel m;
  * adj rituel(le).
rival n, adj rival(e) m(f);
  * vt rivaliser avec.
rivalry n rivalité f.
river n rivière f.
road n route f.
roam vt errer dans; * vi errer.
roar vi rugir; * n rugissement m.
roast vt rôtir; griller.
rob vt voler.
robber n voleur(euse) m(f).
robbery n vol m.
robust adj robuste.
robustness n robustesse f.
rock n roche f; * vt bercer;
  balancer.
rocket n fusée f.
rocking chair n fauteuil m à
  bascule.
rocky adj rocheux(euse).
rodent n rongeur m.
rogue n coquin(e) m(f).
roll vt rouler; * vi (se) rouler;
  * n roulement m; rouleau m.
roller n rouleau m, cylindre m.
romance n romance f, roman m.
romantic adj romantique.
roof n toit m; voûte f;
  * vt couvrir.
room n pièce f, salle f; espace m.
root n racine f, origine f.
rope n corde f, cordage m.
rose n rose f.
rosemary n (botany) romarin m.
rot vi pourrir; * n pourriture f.
rotate vt faire tourner;
  * vi tourner.
rotation n rotation f.
rotund adj rondelet(te).
rouge n rouge m (à joues).
rough adj accidenté(e),
  rugueux(euse); rude.

roughness n rugosité f,
  rudesse f.
round adj rond(e), circulaire;
  * n cercle m, rond m; tour m;
  tournée f; * prep autour de;
  environ; * vt arrondir.
roundness n rondeur f.
rouse vt réveiller, exciter.
rout n déroute f.
route n itinéraire m; route f.
routine adj habituel(le);
  * n routine f.
row n querelle f.
row n rangée f, file f.
royal adj royal(e).
royalty n royauté f, droits mpl
  d'auteur.
rub vt frotter; irriter;
  * n frottement m.
rubber n caoutchouc m.
rubbish n détritus mpl;
  ordures fpl.
rubbish bin n poubelle f.
rudder n gouvernail m.
ruddiness n teint m vif,
  rougeur f.
rude adj impoli(e).
rudeness n impolitesse f,
  rudesse f.
ruffle vt ébouriffer, déranger.
rug n tapis m.
rugged adj accidenté(e),
  déchiqueté(e).
ruin n ruine f; * vt ruiner.
ruinous adj ruineux(euse).
rule n règle f, règlement m;
  * vt gouverner, dominer.
rumble vi gronder, tonner.
ruminate vt ruminer.
rummage vi fouiller.
rumour n rumeur f.
run vt diriger; * vi courir.
rung n barreau m, échelon m.
runner n coureur m.
runway n piste f de décollage.
rupture n rupture f;
  * vt rompre; * vi se rompre.

ruse n ruse f.
rush n ruée f, hâte f; * vi se
  précipiter.
rust n rouille f; * vi se rouiller.
rustic adj rustique.
rustle vi bruire; * vt faire
  bruire; froisser.
rusty adj rouillé(e); roux
  (rousse).
ruthless adj cruel(le),
  impitoyable.
rye n seigle m.

S

sabotage n sabotage m.
sachet n sachet m.
sack n sac m.
sacred adj saint(e), sacré(e).
sacrifice n sacrifice m;
  * vt sacrifier.
sacrilege n sacrilège m.
sad adj triste, déprimé(e).
sadden vt attrister.
saddle n selle f, col m; * vi seller.
sadness n tristesse f.
safe adj sûr(e), en sécurité;
  * n coffre m fort.
safeguard n sauvegarde f;
  * vt sauvegarder.
safety n sécurité f, sûreté f.
sage n sage m; * adj sage.
sail n voile f; * vt piloter;
  * vi aller à la voile.
sailing n navigation f.
sailor n marin m.
saint n saint(e) m(f).
sake n bien m, égard m.
salad n salade f.
salary n salaire m.
sale n vente f, solde m.
salesperson n vendeur(euse) m(f).
saliva n salive f.
salmon n saumon m.
saloon n bar m.
salt n sel m; * vt saler.

salt cellar n salière f.
salubrious adj salubre.
salutary adj salutaire.
salute vt saluer; * n salut m.
salvation n salut m.
same adj même, identique.
sameness n identité f.
sample n échantillon m;
  * vt goûter.
sanatorium n sanatorium m.
sanctify vt sanctifier.
sanction n sanction f;
  * vt sanctionner.
sanctuary n sanctuaire m;
  asile m.
sand n sable m; * vt sabler.
sandal n sandale f.
sandwich n sandwich m.
sandy adj sablonneux(euse),
  sableux(euse).
sane adj sain(e).
sanguine adj sanguin(e).
sanity n santé f mentale,
  raison f.
sapling n jeune arbre m.
sarcasm n sarcasme m.
sarcastic adj sarcastique.
sardine n sardine f.
satchel n cartable m.
satellite n satellite m.
satin n satin m; * adj en or de
  satin.
satire n satire f.
satirical adj satirique.
satisfaction n satisfaction f.
satisfactory adj satisfaisant(e).
satisfy vt satisfaire.
saturate vt saturer.
Saturday n samedi m.
sauce n sauce f,
  assaisonnement m.
saucepan n casserole f.
saucer n soucoupe f.
saunter vi flâner, se balader.
sausage n saucisse f.
savage adj sauvage;
  * n sauvage m or f.

savagery *n* sauvagerie *f*, barbarie *f*.

save *vt* sauver; économiser; * *adv* sauf, à l'exception de.

saving *prep* sauf, à l'exception de; * *n* sauvetage *m*.

savings bank *n* caisse *f* d'épargne.

savour *n* saveur *f*; * *vt* savourer.

saw *n* scie *f*; * *vt* scier.

say *vt* dire.

saying *n* dicton *m*, proverbe *m*.

scaffolding *n* échafaudage *m*.

scald *vt* échauder; * *n* brûlure *f*.

scale *n* balance *f*, échelle *f*; * *vt* escalader.

scan *vt* scruter; explorer.

scandal *n* scandale *m*; infamie *f*.

scandalise *vt* scandaliser.

scandalous *adj* scandaleux(euse).

Scandinavia *n* Scandinavie *f*.

Scandinavian *adj* scandinave; * *n* Scandinave *m* or *f*.

scant *adj* rare, insuffisant(e).

scantiness *n* insuffisance *f*, pauvreté *f*.

scapegoat *n* bouc *m* émissaire.

scar *n* cicatrice *f*.

scarce *adj* rare.

scare *vt* effrayer; * *n* peur *f*; panique *f*.

scarf *n* écharpe *f*.

scarlet *n* écarlate *f*; * *adj* écarlate.

scatter *vt* éparpiller; disperser.

scene *n* scène *f*, lieu *m*.

scenery *n* vue *f*, décor (de théâtre) *m*.

scenic *adj* scénique.

scent *n* parfum *m*, odeur *f*; * *vt* parfumer.

sceptic *n* sceptique *m* or *f*.

sceptic(al) *adj* sceptique.

schedule *n* horaire *m*; programme *m*.

scheme *n* projet *m*, plan *m*; schéma *m*; * *vt* machiner; * *vi* intriguer.

scholar *n* élève *m* or *f*, érudit(e) *m*(*f*).

school *n* école *f*; * *vt* instruire.

schoolboy *n* écolier *m*, élève *m*.

schoolgirl *n* écolière *f*, élève *f*.

schoolteacher *n* instituteur(trice) *m*(*f*), professeur *m* or *f*.

science *n* science *f*.

scientific *adj* scientifique.

scientist *n* scientifique *m* or *f*.

scintillate *vi* scintiller, étinceler.

scissors *npl* ciseaux *mpl*.

scoff *vi* se moquer (at de); * *vt* avaler, bouffer.

scold *vt* réprimander.

scope *n* portée *f*, envergure *f*.

scorch *vt* brûler; * *vi* se brûler.

score *n* score *m*; marque *f*, entaille *f*; * *vt* marquer.

scorn *vt* mépriser; * *n* mépris *m*.

scornful *adj* dédaigneux(euse).

Scotland *n* Ecosse *f*.

Scotsman *n* Ecossais *m*.

Scotswoman *f* Ecossaise *f*.

Scottish *adj* écossais(e).

scoundrel *n* vaurien *m*.

scour *vt* récurer, frotter.

scout *n* scout *m* or *f* (military) éclaireur(euse) *m*(*f*).

scowl *vi* se renfrogner.

scramble *vi* grimper, se battre, se disputer; * *n* bousculade *f*.

scrap *n* bout *m*; bagarre *f*, ferraille *f*.

scrape *vt*, *vi* racler, gratter.

scratch *vt* griffer, égratigner; * *n* égratignure *f*.

scream *vi* hurler; * *n* hurlement *m*.

screen *n* écran *m*; paravent *m*; * *vt* abriter; sélectionner.

screen editing *n* (computer)

édition *f* or correction *f* sur écran.
screw *n* vis *f*; * *vt*, visser.
screwdriver *n* tournevis *m*.
scribble *vt* gribouiller;
* *n* gribouillage *m*.
script *n* scénario *m*; script *m*.
Scripture *n* Ecriture *f* sainte.
scrub *vt* récurer, annuler;
* *n* nettoyage *m*; broussailles *fpl*.
scruple *n* scrupule *m*.
scrupulous *adj*
scrupuleux(euse).
scuffle *n* rixe *f*; * *vi* se bagarrer.
sculptor *n* sculpteur *m*.
sculpture *n* sculpture *f*.
scum *n* écume *f*, crasse *f*.
sea *n* mer *f*; * *adj* marin(e).
seafood *n* fruits *mpl* de mer.
seagull *n* mouette *f*.
seal *n* sceau *m*; phoque *m*;
* *vt* sceller.
search *vt* fouiller; inspecter;
* *n* fouille *f*; recherche *f*.
seashore *n* bord *m* de mer.
seasickness *n* mal *m* de mer.
season *n* saison *f*.
seasonable *adj* opportun(e), à propos.
seasoning *n* assaisonnement *m*.
seat *n* siège *m*; place *f*;
* *vt* (faire) asseoir.
seaweed *n* algue *f*.
seclude *vt* éloigner, isoler.
seclusion *n* solitude *f*, isolement *m*.
second *adj* deuxième;
* *n* second(e) *m(f)*.
secondary *adj* secondaire.
secrecy *n* secret *m*; discrétion *f*.
secret *n* secret *m*;
* *adj* secret(ète).
secretary *n* secrétaire *m* or *f*.
secretive *adj* secret(ète), dissimulé(e).
section *n* section *f*.
sector *n* secteur *m*.

secular *adj* séculaire.
secure *adj* sûr(e), en sûreté;
* *vt* assurer.
security *n* sécurité *f*, sûreté *f*.
sedative *n* sédatif *m*.
sediment *n* sédiment *m*.
sedition *n* sédition *f*.
seduce *vt* séduire.
seduction *n* séduction *f*.
seductive *adj* séduisant(e).
see *vt* voir, remarquer.
seed *n* graine *f*; * *vi* monter en graine.
seek *vt* chercher; demander.
seem *vi* paraître, sembler.
seemingly *adv* apparemment.
seesaw *n* bascule *f*.
segment *n* segment *m*.
seize *vt* saisir.
seizure *n* crise *f*; saisie *f*.
seldom *adv* rarement, peu souvent.
select *vt* sélectionner.
selection *n* sélection *f*.
self *n* the ~ le moi; * *prep* auto-.
self-confident *adj* sûr(e) de soi.
self-defence *n* autodéfense *f*.
self-employed *adj* indépendant(e).
self-interest *n* intérêt *m* personnel.
selfish *adj* égoïste.
selfishness *n* égoïsme *m*.
self-portrait *n* autoportrait *m*.
self-respect *n* respect *m* de soi.
self-service *adj* libre-service.
self-styled *adj* soi-disant.
self-sufficient *adj* autosuffisant(e).
self-taught *adj* autodidacte.
sell *vt* vendre; * *vi* se vendre.
seller *n* vendeur(euse) *m(f)*.
semblance *n* semblant *m*.
semicircle *n* demi-cercle *m*.
senate *n* sénat *m*.
senator *n* sénateur *m*.
send *vt* envoyer.

senile *adj* sénile.
senility *n* sénilité *f.*
senior *adj, n* ainé(e) *m(f).*
seniority *n* ancienneté *f.*
sensation *n* sensation *f.*
sense *n* sens *m;* sensation *f;*
  * *vt* sentir, pressentir.
senseless *adj* insensé(e).
sensible *adj* sensé(e).
sensitive *adj* sensible (to à).
sensual *adj* sensuel(le).
sensuality *n* sensualité *f.*
sentence *n* phrase *f,*
  condamnation *f.*
sentiment *n* sentiment *m;*
  opinion *f.*
sentimental *adj* sentimental(e).
sentinel *n* sentinelle *f.*
separable *adj* séparable.
separate *vt* séparer; * *vi* se
  séparer; * *adj* séparé(e).
separation *n* séparation *f.*
September *n* septembre *m.*
sequel *n* conséquence *f,* suite *f.*
sequence *n* ordre *m,* série *f.*
serenade *n* sérénade *f;* * *vt*
  jouer une sérénade pour.
serene *adj* serein(e).
serenity *n* sérénité *f.*
sergeant *n* sergent *m.*
serial *adj* en série;
  * *n* feuilleton *m.*
series *n* série *f.*
serious *adj* sérieux(euse), grave.
sermon *n* sermon *m.*
servant *n* domestique *m* or *f.*
serve *vt* servir, desservir;
  * *vi* servir; être utile.
service *n* service *m,* entretien
  m; * *vt* entretenir.
serviceable *adj* utilisable;
  pratique.
servile *adj* servile.
servitude *n* servitude *f.*
session *n* séance *f,* session *f.*
set *vt* mettre, poser; * *n* jeu *m;*
  ensemble *m;* * *adj* fixe, figé(e).

setting *n* disposition *f,* cadre
  m; monture *f.*
settle *vt* poser, installer;
  * *vi* se poser; s'installer.
settlement *n* règlement *m;*
  établissement *m.*
seven *adj, n* sept *m.*
seventeen *adj, n* dix-sept *m.*
seventeenth *adj, n*
  dix-septième *m* or *f.*
seventh *adj, n* septième *m* or *f.*
seventieth *adj, n* soixante-
  dixième *m* or *f.*
seventy *adj, n* soixante-dix *m.*
several *adj, pron* plusieurs.
severe *adj* sévère,
  rigoureux(euse).
severity *n* sévérité *f.*
sew *vt, vi* coudre.
sewer *n* égout *m.*
sex *n* sexe *m.*
sexist *adj n* sexiste *m* or *f.*
sexual *adj* sexuel(le).
shabby *adj* miteux(euse).
shackle *vt* enchaîner.
shade *n* ombre *f,* nuance *f;*
  * *vt* ombrager.
shadow *n* ombre *f.*
shady *adj* ombreux(euse),
  ombragé(e).
shaft *n* fût *m;* (technical)
  arbre *m;* rayon *m.*
shake *vt* secouer; * *vi* trembler;
  * *n* secousse *f.*
shallow *adj* peu profond(e),
  superficiel(le).
sham *vt* feindre; * *n* imposture *f.*
shame *n* honte *f;* * *vt* déshonorer.
shamefaced *adj*
  honteux(euse), confus(e).
shameful *adj* honteux(euse);
  scandaleux(euse).
shampoo *n* shampooing *m.*
shape *vt* former; façonner;
  * *vi* prendre forme; * *n* forme *f.*
shapely *adj* bien
  proportionné(e).

share n part f, portion f;
  * vt partager.
shark n requin m.
sharp adj aigu(ë), acéré(e).
sharpen vt aiguiser, affûter.
sharpness n acuité f, aigreur f.
shatter vt fracasser.
shave vi se raser; * vt raser.
shaver n rasoir m électrique.
shaving n rasage m.
shawl n châle m.
she pron elle.
sheaf n gerbe f, liasse f.
shear vt tondre.
shed n hangar m; cabane f.
sheep n mouton m.
sheer adj pur(e); abrupt(e);
  * adv abruptement.
sheet n drap m; plaque f.
shelf n étagère f.
shell n coquille f, écorce f;
  * vt écosser, décortiquer;
  bombarder.
shelter n abri m; * vt abriter;
  * vi s'abriter.
shepherd n berger m.
sheriff n shérif m.
shield n bouclier m;
  * vt protéger.
shift vi changer, se déplacer;
  * vt changer, bouger;
  * n changement m.
shine vi briller.
shining adj resplendissant(e).
ship n bateau m; navire m;
  * vt embarquer.
shipment n cargaison f.
shipwreck n naufrage m.
shirt n chemise f.
shiver vi frissonner.
shock n choc m; coup m;
  * vt bouleverser; choquer.
shoe n chaussure f.
shoemaker n cordonnier m.
shoot vt tirer; * vi pousser;
  * n pousse f.
shooting n fusillade f, tir m.

shop n magasin m; atelier m.
shopper n acheteur(euse) m(f).
shore n rivage m, bord m.
short adj court(e), bref (brève).
shortcoming n insuffisance f.
shorten vt raccourcir, abréger.
short-sighted adj myope.
shortwave n ondes fpl courtes.
shot n coup m; décharge f.
shotgun n fusil m de chasse.
shoulder n épaule f,
  accotement m.
shout vt, vi crier; * n cri m.
shove vt, vi pousser;
  * n poussée f.
shovel n pelle f; * vt pelleter.
show vt montrer; * vi se voir;
  * n exposition f.
shower n averse f, douche f.
showy adj voyant(e),
  ostentatoire.
shred n lambeau m; * vt mettre
  en lambeaux.
shrewd adj astucieux(euse);
  perspicace.
shriek vt, vi hurler;
  * n hurlement m.
shrill adj aigu(ë), strident(e).
shrimp n crevette f.
shrink vi rétrécir.
shrivel vi se ratatiner.
shroud n voile m; linceul m.
shrub n arbuste m.
shudder vi frissonner;
  * n frisson m.
shun vt fuir, éviter.
shut vt fermer; * vi (se) fermer.
shutter n volet m.
shy adj timide; réservé(e).
shyness n timidité f.
sick adj malade; écoeuré(e).
sicken vt rendre malade.
sickly adj maladif(ive);
  écoeurant(e).
sickness n maladie f.
side n côté m; parti m;
  * adj latéral(e).

sideboard n buffet m.
sidelong adj oblique.
siege n (military) siège m.
sieve n tamis m, passoire f;
  * vt tamiser.
sift vt passer au crible.
sigh vi soupirer; * n soupir m.
sight n vue f, spectacle m.
sightseeing n tourisme m.
sign n signe m, indication f;
  * vt signer.
signal n signal m.
signature n signature f.
significance n importance f.
significant adj considérable.
signify vt signifier.
silence n silence m.
silent adj silencieux(euse).
silicon chip n puce f de silicium.
silk n soie f.
silken adj soyeux(euse).
sill n rebord m; seuil m.
silliness n bêtise f, niaiserie f.
silly adj bête, stupide.
silver n argent m; * adj en
  argent.
silvery adj argenté(e).
similar adj semblable;
  similaire.
similarity n ressemblance f.
simmer vi cuire à feux doux,
  mijoter.
simper vi minauder.
simple adj simple.
simplicity n simplicité f.
simplification n simplification f.
simplify vt simplifier.
simulate vt simuler, feindre.
simultaneous adj
  simultané(e).
sin n péché m; * vi pécher.
since adv, prep depuis;
  * conj depuis que; puisque.
sincere adj sincère; réel(le),
  vrai(e).
sincerely adv sincèrement.
sincerity n sincérité f.

sinew n tendon m; nerf m.
sing vt, vi chanter.
singe vt roussir.
singer n chanteur(euse) m(f).
single adj seul(e), unique,
  célibataire.
singly adv séparément.
singular adj singulier(ière).
singularity n singularité f.
sinister adj sinistre.
sink vi couler; * n évier m.
sinner n pécheur (pécheresse)
  m(f).
sinuous adj sinueux(euse).
siphon n siphon m.
sir n monsieur m.
sister n soeur f.
sister-in-law n belle-soeur f.
sit vi s'asseoir.
site n emplacement m; site m.
sitting n séance f, réunion f.
sitting room n salle f de séjour.
situation n situation f.
six adj, n six m.
sixteen adj, n seize m.
sixteenth adj, n seizième m or f.
sixth adj, n sixième m or f.
sixtieth adj, n soixantième m
  or f.
sixty adj, n soixante m.
size n taille f, grandeur f.
sizeable adj assez grand(e).
skate n patin m; * vi patiner.
skating rink n patinoire f.
skeleton n squelette m.
sketch n croquis m.
skewer n broche f, brochette f;
  * vt embrocher.
ski n ski m; * vi skier.
skid n dérapage m; * vi déraper.
skier n skieur(euse) m(f).
skiing n ski m.
skill n habileté f, adresse f.
skilful adj adroit(e), habile.
skim vt écrémer; effleurer.
skin n peau f; * vt écorcher.
skinny adj maigre, efflanqué(e).

skip *vi* sautiller.

skirmish *n* escarmouche *f*.

skirt *n* jupe *f*, bordure *f*;
* *vt* contourner.

skulk *vi* rôder furtivement.

skull *n* crâne *m*.

sky *n* ciel *m*.

skylight *n* lucarne *f*.

skyscraper *n* gratte-ciel *m* *invar*.

slab *n* dalle *f*, bloc *m*.

slack *adj* lâche, négligent(e);
* *n* mou *m*.

slacken *vt* relâcher; * *vi* se relâcher, ralentir.

slackness *n* ralentissement *m*.

slam *vt* claquer violemment.

slander *vt* calomnier;
* *n* calomnie *f*.

slanderous *adj* calomnieux(euse).

slang *n* argot *m*.

slant *vi* pencher;
* *n* inclinaison *f*.

slap *n* gifle *f*; * *vt* gifler.

slaughter *n* carnage *m*, massacre *m*; * *vt* abattre.

slave *n* esclave *m or f*.

slavery *n* esclavage *m*.

sleazy *adj* louche.

sledge *n* luge *f*.

sleep *vi* dormir; * *n* sommeil *m*.

sleeper *n* dormeur(euse) *m(f)*.

sleepiness *n* envie *f* de dormir.

sleepwalking *n* somnambulisme *m*.

sleepy *adj* qui a envie de dormir; endormi(e).

sleet *n* neige *f* fondue.

sleeve *n* manche *f*.

slender *adj* svelte, mince.

slenderness *n* sveltesse *f*, minceur *f*.

slice *n* tranche *f*; spatule *f*;
* *vt* couper.

slide *vi* glisser; * *n* glissade *f*, diapositive *f*.

slight *adj* léger(ère); mince;
* *n* affront *m*.

slightness *n* fragilité *f*, insignifiance *f*.

slim *adj* mince; * *vi* maigrir.

slimming *n* amaigrissement *m*;
* *adj* amaigrissant(e).

sling *n* écharpe *f*; * *vt* lancer.

slip *vi* (se) glisser; * *vt* glisser;
* *n* glissade *f*, faux pas *m*; combinaison *f*.

slipper *n* pantoufle *f*.

slippery *adj* glissant(e).

slit *vt* fendre, inciser.

slogan *n* slogan *m*.

slope *n* inclinaison *f*, pente *f*;
* *vt* incliner.

sloth *n* paresse *f*.

slovenly *adj* négligé(e), débraillé(e).

slow *adj* lent(e); lourd(e).

slowness *n* lenteur *f*, lourdeur *f*.

sluggish *adj* paresseux(euse); léthargique.

sluice *n* écluse *f*.

slum *n* taudis *m*.

slump *n* récession *f*.

slur *vt* dénigrer; mal articuler; * *n* calomnie *f*.

slush *n* neige *f* fondante.

sly *adj* rusé(e).

slyness *n* ruse *f*, finesse *f*.

smack *n* claque *f*; * *vt* donner une claque à.

small *adj* petit(e), menu(e).

smart *adj* élégant(e); astucieux(euse); * *vi* brûler.

smartness *n* astuce *f*, vivacité *m*, finesse *f*.

smash *vt* casser, briser, se fracasser; * *n* fracas *m*.

smear *vt* enduire; salir.

smell *vt*, *vi* sentir; * *n* odorat *m*; odeur *f*.

smelt *vt* fondre.

smile *vi* sourire; * *n* sourire *m*.

smite *vt* frapper.

smith n forgeron m.

smoke n fumée f; * vt, vi fumer.

smoker n fumeur(euse) m(f).

smoky adj enfumé(e); qui fume.

smooth adj lisse, uni(e);
* vt lisser; adoucir.

smoothness n douceur f,
aspect m lisse.

smother vt étouffer.

smudge vt salir; * n tache f.

smuggle vt passer en
contrebande.

smuggler n
contrebandier(ière) m(f).

snack n goûter m.

snail n escargot m.

snake n serpent m.

snap vt casser net; claquer;
* n claquement m.

snare n piège m; collet m.

snatch vt saisir.

sneer vi ricaner.

sneeze vi éternuer.

sniff vt renifler.

snivel n pleurnicherie f;
* vi pleurnicher.

snob n snob m or f.

snobbish adj snob.

snooze n petit somme m.

snore vi ronfler.

snow n neige f; * vi neiger.

snow bike n motoneige f.

snowman n bonhomme m de
neige.

snowplough n chasse-neige m
invar.

snowy adj neigeux(euse);
enneigé(e).

snub vt repousser, rejeter.

snug adj confortable,
douillet(te).

so adv si, tellement, aussi;
ainsi; * conj ~ that pour que.

soak vi tremper; * vt faire
tremper.

soap n savon m; * vt savonner.

soar vi monter en flèche.

sob n sanglot m; * vi sangloter.

sober adj sobre, sérieux(euse).

sobriety n sobriété f.

sociability n sociabilité f.

sociable adj sociable.

social adj social(e), sociable.

socialist n socialiste m or f.

social worker n assistant(e)
social(e) m(f).

society n société f, compagnie f.

sociologist n sociologue m or f.

sock n chaussette f.

socket n prise f de courant.

sofa n sofa m.

soft adj doux (douce),
moelleux(euse).

soften vt (r)amollir, adoucir.

softness n douceur f, mollesse f.

software n logiciel m.

soil vt salir; * n sol m, terre f.

solace n consolation f.

solar adj solaire.

solder vt souder; * n soudure f.

soldier n soldat m.

sole n plante f du pied;
* adj seul(e), unique.

solemn adj solennel(le).

solicit vt solliciter.

solicitor n notaire m.

solicitude n sollicitude f.

solid adj solide, compact(e);
* n solide m.

solidify vt solidifier.

solidity n solidité f.

solitary adj solitaire,
retiré(e).

solitude n solitude f.

solstice n solstice m.

soluble adj soluble.

solution n solution f.

solve vt résoudre.

solvency n solvabilité f.

solvent adj solvable.

some adj du (de la), de l', des,
quelques; * pron quelques-
un(e)s, certain(e)s; un peu;
* adv quelque.

somebody, someone *pron* quelqu'un (*abbrev* qn).

somehow *adv* d'une façon ou d'une autre.

something *pron* quelque chose (*abbrev* qch).

sometimes *adv* quelquefois, parfois.

somewhat *adv* quelque peu.

somewhere *adv* quelque part.

son *n* fils *m*.

song *n* chanson *f*.

son-in-law *n* gendre *m*.

sonorous *adj* sonore.

soon *adv* bientôt.

sooner *adv* plus tôt; plutôt.

soot *n* suie *f*.

soothe *vt* calmer.

sophisticated *adj* sophistiqué(e).

soporific *adj* soporifique.

sordid *adj* sordide, sale.

sore *n* plaie *f*; * *adj* douloureux(euse), sensible.

sorrow *n* peine *f*; * *vi* se lamenter.

sorrowful *adj* triste, affligé(e).

sorry *adj* désolé(e), déplorable.

sort *n* sorte *f*, genre *m*; * *vt* classer, trier.

soul *n* âme *f*.

sound *adj* sain(e), valide; * *n* son *m*; bruit *m*; * *vt* sonner.

soup *n* soupe *f*.

sour *adj* aigre, acide.

source *n* source *f*, origine *f*.

souvenir *n* souvenir *m*.

south *n* sud *m*.

South America *n* Amérique du Sud *f*.

South American *adj*, *n* de l'Amérique du Sud *m* or *f*.

southern *adj* du sud, sud, méridional(e).

southward(s) *adv* vers le sud.

sovereign *adj n* souverain(e) *m(f)*.

sow *vt* semer.

space *n* espace *m*; intervalle *m*; * *vt* espacer.

spacious *adj* spacieux(euse).

spade *n* bêche *f*.

Spain *n* Espagne *f*.

span *n* envergure *f*; * *vt* enjamber.

Spanish *adj* espagnol(e); * *n* Espagnol(e) *m(f)*.

spare *vt*, *vi* épargner; ménager; * *adj* de trop; de réserve.

sparing *adj* limité(e), modéré(e).

spark *n* étincelle *f*.

sparkle *n* scintillement *m*; * *vi* étinceler.

sparse *adj* clairsemé(e).

spasm *n* spasme *m*.

spatter *vt* éclabousser.

speak *vt* parler; dire.

speaker *n* haut-parleur *m*; orateur *m*.

spear *n* lance *f*.

special *adj* spécial(e).

speciality *n* spécialité *f*.

species *n* espèce *f*.

specific *adj* spécifique.

specify *vt* spécifier.

specimen *n* spécimen *m*.

spectacle *n* spectacle *m*.

spectator *n* spectateur(trice) *m(f)*.

spectre *n* spectre *m*.

speculate *vi* spéculer.

speculation *n* spéculation *f*.

speculative *adj* spéculatif(ive), méditatif(ive).

speech *n* parole *f*, discours *m*.

speed *n* vitesse *f*, rapidité *f*.

speediness *n* promptitude *f*, célérité *f*.

speed limit *n* limitation *f* de vitesse.

speedy *adj* rapide, prompt(e).

spell *n* charme *m*; période *f*; * *vt* écrire.

spelling *n* orthographe *f*.

spend *vt* dépenser; passer.

sphere *n* sphère *f*.

spherical *adj* sphérique.

spice *n* épice *f*; * *vt* épicer.

spicy *adj* épicé(e).

spider *n* araignée *f*.

spike *n* clou *m*; * *vt* clouter.

spill *vt* répandre; * *vi* se répandre.

spin *vt* filer; * *vi* tourner;
* *n* tournoiement *m*.

spinal *adj* spinal(e).

spine *n* colonne *f* vertébrale.

spire *n* flèche *f*, aiguille *f*.

spirit *n* esprit *m*; âme *f*; caractère *m*.

spirited *adj* vif (vive), fougueux(euse).

spiritless *adj* sans entrain, abattu(e).

spiritual *adj* spirituel(le).

spirituality *n* spiritualité *f*.

spit *n* crachat *m*; * *vt*, *vi* cracher.

spite *n* dépit *m*; in ~ of malgré.

spiteful *adj* rancunier(ière).

splash *vt* éclabousser;
* *n* éclaboussure *f*.

splendid *adj* splendide.

splendour *n* splendeur *f*.

splinter *n* éclat *m*.

split *n* fente *f*; * *vt* fendre.

spoil *vt* abimer.

spokesman *n* porte-parole *m* invar.

sponge *n* éponge *f*.

sponsor *n* parrain *m*.

sponsorship *n* parrainage *m*.

spontaneity *n* spontanéité *f*.

spontaneous *adj* spontané(e).

spoon *n* cuiller *f*.

sporadic *adj* sporadique.

sport *n* sport *m*; jeu *m*.

sportive *adj* sportif(ive).

sportsman *n* sportif *m*.

sportswoman *n* sportive *f*.

spot *n* tache *f*, endroit *m*;
* *vt* apercevoir.

spotless *adj* impeccable.

spouse *n* époux *m*; épouse *f*.

spout *vi* jaillir; * *vi* faire jaillir; * *n* bec *m*.

sprain *n* entorse *f*.

spray *n* spray *m*; pulvérisation *f*.

spread *vt* étendre;
* *vi* s'étendre; * *n* diffusion *f*.

spring *vi* bondir;
* *n* printemps *m*; saut *m*.

sprinkle *vt* arroser.

sprout *n* pousse *f*.

spruce *adj* net(te), impeccable.

spur *n* éperon *m*; * *vt* éperonner.

spurn *vt* repousser avec mépris.

sputter *vi* bafouiller.

spy *n* espion(ne) *m(f)*;
* *vt* espionner.

squabble *vi* se quereller;
* *n* querelle *f*.

squad *n* équipe *f*.

squadron *n* escadron *m*.

squalid *adj* misérable, sordide.

squall *n* rafale *f*.

squalor *n* saleté *f*.

square *adj* carré(e); * *n* carré *m*; place *f*.

squash *vt* écraser.

squat *vi* s'accroupir.

squeak *vi* grincer, crier.

squeal *vi* couiner.

squeeze *vt* presser, tordre.

squint *vi* loucher;
* *n* strabisme *m*.

squirt *vt* faire gicler; * *n* giclée *f*.

stab *vt* poignarder.

stability *n* stabilité *f*.

stable *n* écurie *f*; * *adj* stable.

stack *n* pile *f*; * *vt* empiler.

staff *n* personnel *m*, bâton *m*.

stage *n* étape *f*, scène *f*.

stagger *vi* vaciller.

stagnation *n* stagnation *f*.

stagnate *vi* stagner.

stain *vt* tacher; * *n* tache *f*.

stair *n* marche *f*.

stairs *n* escalier *m*.

stake n pieu m; * vt marquer.
stale adj rance.
stalk n tige f.
stall n stalle f, étalage m;
 * vt caler.
stamina n résistance f.
stammer vi bégayer;
 * n bégaiement m.
stamp vt trépigner; timbrer;
 * n timbre m; estampille f.
stand vi être debout;
 * vt supporter; * n position f,
 prise f de position f; étalage m.
standard n étendard m; norme
 f; * adj normal(e).
standing n importance f, rang m.
standstill n arrêt m.
staple n agrafe f;
 * adj principal(e), de base.
star n étoile f.
starch n amidon m.
stare vi to ~ at regarder
 fixement.
starry adj étoilé(e).
start vt, vi commencer;
 * n début m.
starter n starter m,
 démarreur m.
startle vt faire sursauter.
starvation n inanition f, faim f.
starve vi mourir de faim.
state n état m; condition f;
 * vt déclarer.
stately adj majestueux(euse),
 imposant(e).
statement n déclaration f.
statesman n homme d'Etat m.
static adj statique.
station n station f, (railway)
 gare f; * vt placer.
stationary adj stationnaire.
stationery n papeterie f.
statistical adj statistique.
statue n statue f.
stature n stature f, taille f.
statute n statut m; loi f.
stay n séjour m; * vi rester.

steadfast adj ferme, résolu(e).
steadiness n fermeté f.
steady adj stable; * vt affermir.
steak n bifteck m; steak m.
steal vt, vi voler.
stealthy adj furtif(ive).
steam n vapeur f; * vt cuire à
 la vapeur.
steam engine n locomotive f à
 vapeur.
steel n acier m; * adj d'acier.
steep adj abrupt(e);
 * vt tremper.
steepness n raideur f.
steer vt diriger.
steering wheel n volant m.
stem n tige f.
stenographer n sténographe m
 or f.
stenography n sténographie f.
step n pas m, marche f;
 * vi faire un pas.
stepbrother n demi-frère m.
stepsister n demi-soeur f.
stereotype vt stéréotyper;
 * n stéréotype m.
sterile adj stérile.
sterility n stérilité f.
sterling adj veritable.
stern adj sévère, rigide.
stew n ragoût m.
steward n intendant m;
 steward m.
stewardess n hôtesse f de l'air.
stick n bâton m; * vt coller.
sticky adj collant(e),
 poisseux(euse).
stiff adj raide, rigide.
stiffen vt raidir; * vi se raidir.
stiffness n raideur f.
stifle vt étouffer.
stifling adj suffocant(e).
stigmatise vt stigmatiser.
still vt calmer; * adj calme;
 * adv encore; toujours.
stillness n calme m.
stimulate vt stimuler.

stimulus *n* stimulant *m*.

sting *vt* piquer; *n* piqûre *f*.

stingy *adj* avare, pingre.

stink *vi* puer; * *n* puanteur *f*.

stipulate *vt* stipuler.

stir *vt* remuer; agiter.

stitch *vt* coudre; * *n* point *m*.

stock *n* réserve *f*, provision *f*;
* *vt* approvisionner.

stockbroker *n* agent *m* de change.

stock exchange *n* Bourse *f*.

stocking *n* bas *m*.

stoical *adj* stoïque.

stomach *n* estomac *m*, ventre *m*.

stone *n* pierre *f*; * *adj* de pierre; * *vi* empierrer.

stony *adj* pierreux(euse).

stool *n* tabouret *m*.

stoop *vi* se pencher.

stop *vt* arrêter; * *vi* s'arrêter;
* *n* arrêt *m*.

stoppage *n* obstruction *f*.

storage *n* emmagasinage *m*.

store *n* provision *f*;
* *vt* emmagasiner.

stork *n* cigogne *f*.

storm *n* tempête *f*, orage *m*.

stormy *adj* orageux(euse).

story *n* histoire *f*, récit *m*.

stout *adj* corpulent(e), robuste.

stoutness *n* corpulence *f*.

stove *n* cuisinière *f*.

stow *vt* ranger.

straight *adj* droit(e), direct(e);
* *adv* droit.

straight away *adv* immédiatement.

straighten *vt* redresser.

strain *vt* tendre; * *n* tension *f*,
effort *m*; entorse *f*.

strait *n* détroit *m*.

strand *n* rive *f*.

strange *adj* inconnu(e); étrange.

strangeness *n* étrangeté *f*.

stranger *n* inconnu(e) *m(f)*,
étranger(ère) *m(f)*.

strangle *vt* étrangler.

strap *n* lanière *f*.

stratagem *n* stratagème *m*.

strategic *adj* stratégique.

strategy *n* stratégie *f*.

straw *n* paille *f*.

strawberry *n* fraise *f*.

stray *vi* s'égarer;
* *adj* perdu(e); errant(e).

streak *n* raie *f*.

stream *n* ruisseau *m*;
* *vi* ruisseler.

street *n* rue *f*.

strength *n* force *f*, puissance *f*.

strengthen *vt* fortifier.

stress *n* pression *f*, stress *m*;
* *vt* souligner.

stretch *vt* étendre;
* *vi* s'étendre; * *n* extension *f*,
étendue *f*.

stretcher *n* brancard *m*.

strew *vt* éparpiller.

strict *adj* strict(e),
rigoureux(euse).

strictness *n* sévérité *f*.

stride *n* grand pas *m*.

strife *n* conflit *m*, lutte *f*.

strike *vt* frapper; * *n* coup *m*;
grève *f*.

striker *n* gréviste *m* or *f*.

striking *adj* frappant(e);
saisissant(e).

string *n* ficelle *f*, corde *f*.

stringent *adj* rigoureux(euse).

strip *vi* se déshabiller;
* *n* bande *f*, langue *f*.

stripe *n* raie *f*; * *vt* rayer.

strive *vi* s'efforcer.

stroke *n* coup *m*; caresse *f*;
* *vt* caresser.

stroll *vi* flâner.

strong *adj* fort(e),
vigoureux(euse).

structure *n* structure *f*;
construction *f*.

struggle *vi* lutter; * *n* lutte *f*.

strut *vi* se pavaner.

stubborn *adj* entêté(e), obstiné(e).

stubbornness *n* entêtement *m*.

stud *n* clou *m*; crampon *m*.

student *n*, *adj* étudiant(e).

studio *n* studio *m*, atelier *m*.

studious *adj* studieux(euse).

study *n* étude *f*; * *vt*, *vi* étudier.

stuff *n* matière *f*, étoffe *f*; * *vt* (rem)bourrer.

stuffing *n* rembourrage *m*.

stumble *vi* trébucher.

stump *n* souche *f*, moignon *m*.

stun *vt* étourdir.

stunt *n* acrobatie *f*; * *vt* arrêter.

stupefy *vt* stupéfier.

stupendous *adj* prodigieux(euse).

stupid *adj* stupide.

stupidity *n* stupidité *f*.

stupor *n* stupeur *f*.

sturdiness *n* force *f*, robustesse *f*.

sturdy *adj* robuste.

stutter *vi* bégayer.

style *n* style *m*; * *vt* appeler, dessiner.

stylish *adj* élégant(e).

suave *adj* suave.

subdivide *vt* subdiviser.

subdue *vt* assujettir.

subject *adj* soumis(e); sujet(te) à; * *n* sujet *m*; thème *m*; * *vt* soumettre.

subjugate *vt* subjuguer.

sublimate *vt* sublimer.

sublime *adj* sublime.

submarine *n* sous-marin *m*; * *adj* sous-marin(e).

submerge *vt* submerger.

submersion *n* submersion *f*.

submission *n* soumission *f*.

submissive *adj* soumis(e).

submit *vt* soumettre; * *vi* se soumettre.

subordinate *adj* subalterne; * *vt* subordonner.

subscribe *vi* souscrire; * *vt* signer.

subscriber *n* abonné(e) *m(f)*.

subscription *n* souscription *f*.

subsequent *adj* ultérieur(e).

subsequently *adv* ultérieurement.

subside *vi* s'affaisser.

subsidence *n* affaissement *m*.

subsidiary *adj* subsidiaire.

subsidise *vt* subventionner.

subsidy *n* subvention *f*.

subsist *vi* subsister; exister.

subsistence *n* subsistance *f*.

substance *n* substance *f*, fond *m*.

substantial *adj* substantiel(le).

substitute *vt* substituer.

substitution *n* substitution *f*.

subterranean *adj* souterrain(e).

subtitle *n* sous-titre *m*.

subtle *adj* subtil(e).

subtlety *n* subtilité *f*.

subtract *vt* soustraire.

suburb *n* banlieue *f*.

suburban *adj* de banlieue.

subversive *adj* subversif(ive).

succeed *vi* réussir; * *vt* succéder à, suivre.

success *n* succès *m*.

successful *adj* couronné(e) de succès.

succession *n* succession *f*.

successive *adj* successif(ive).

successor *n* successeur *m*.

succinct *adj* succinct(e).

succumb *vi* succomber.

such *adj* tel(le), pareil(le).

suck *vt*, *vi* sucer.

suckle *vt* allaiter.

sudden *adj* soudain(e).

sue *vt* poursuivre en justice.

suffer *vi* souffrir.

suffering *n* souffrance *f*.

suffice *vi* suffire, être suffisant(e).

sufficient *adj* suffisant(e).

suffocate *vt*, *vi* étouffer.

suffocation n asphyxie f.
sugar n sucre m; * vt sucrer.
sugary adj sucré(e).
suggest vt suggérer.
suggestion n suggestion f.
suicidal adj suicidaire.
suicide n suicide m.
suit n pétition f, costume m;
* vt convenir à.
suitable adj approprié(e).
suitcase n valise f.
sulky adj boudeur(euse),
maussade.
sullen adj maussade; sombre.
sultry adj étouffant(e),
chaud(e).
sum n somme f, total m;
* to ~ up vt résumer.
summary n résumé m;
* adj sommaire.
summer n été m.
summit n sommet m.
summon vt convoquer.
summons n convocation f.
sumptuous adj
somptueux(euse).
sun n soleil m.
sunbathe vi se faire bronzer.
sunburnt adj bronzé(e).
Sunday n dimanche m.
sundry adj divers(e),
différent(e).
sunflower n tournesol m.
sunny adj ensoleillé(e).
sunrise n lever m du soleil.
sunset n coucher m du soleil.
sunshade n parasol m.
sunshine n ensoleillement m.
sunstroke n insolation f.
suntan n bronzage m.
super adj (fam)
sensationnel(le).
superb adj superbe.
superficial adj superficiel(le).
superfluous adj superflu(e).
superior adj, n supérieur(e)
m(f).

superiority n supériorité f.
superlative adj, n
superlatif(ive) m(f).
supermarket n supermarché m.
supernatural adj
surnaturel(le).
supersede vt remplacer.
supersonic adj supersonique.
superstition n superstition f.
superstitious adj
superstitieux(euse).
supervise vt superviser.
supervision n surveillance f.
supervisor n surveillant(e) m(f).
supper n dîner m.
supplant vt supplanter.
supple adj souple.
supplement n supplément m.
supplementary adj
supplémentaire.
supplier n fournisseur m.
supply vt fournir;
* n approvisionnement m,
provision f.
support vt soutenir; * n appui m.
supporter n partisan(e) m(f).
suppose vt, vi supposer,
imaginer.
supposition n supposition f.
suppress vt supprimer.
suppression n suppression f.
supremacy n suprématie f.
supreme adj suprême.
surcharge vt surcharger;
* n surtaxe f.
sure adj sûr(e), certain(e).
sureness n certitude f, sûreté f.
surf n ressac m.
surface n surface f;
* vi remonter à la surface.
surfboard n planche f de surf.
surge n vague f, montée f.
surgeon n chirurgien m.
surgery n chirurgie m; cabinet
m de consultation.
surgical adj chirurgical(e).
surly adj revêche.

surmise *vt* conjecturer;
* *n* conjecture *f*.
surmount *vt* surmonter.
surname *n* nom *m* de famille.
surpass *vt* surpasser.
surplus *n* excédent *m*; * *adj* en surplus.
surprise *vt* surprendre;
* *n* surprise *f*.
surrender *vi* se rendre;
* *n* reddition *f*.
surreptitious *adj* furtif(ive).
surrogate *n* substitut *m*.
surround *vt* entourer.
survey *vt* examiner;
* *n* enquête *f*.
survive *vi* survivre;
* *vt* survivre à.
survivor *n* survivant(e) *m(f)*.
susceptible *adj* sensible (to à).
suspect *vt* soupçonner;
* *adj, n* suspect(e) *m(f)*.
suspend *vi* suspendre.
suspense *n* incertitude *f*, suspense *m*.
suspicion *n* soupçon *m*.
suspicious *adj* soupçonneux(euse).
sustain *vt* soutenir.
sustenance *n* (moyens de) subsistance *f*.
swagger *vi* plastronner.
swallow *vt* avaler.
swamp *n* marais *m*.
swap *vt* échanger; * *n* échange *m*.
swarm *n* essaim *m*;
* *vi* fourmiller.
swathe *vt* embobiner (in de).
sway *vi* se balancer, osciller;
* *n* balancement *m*.
swear *vt, vi* jurer.
sweat *n* sueur *f*; * *vi* suer.
Swede *n* Suédois(e) *m(f)*.
Sweden *n* Suède *f*.
Swedish *adj* suédois(e).
sweep *vt* balayer.
sweet *adj* doux (douce),

agréable; suave; * *n* bonbon *m*.
sweeten *vt* sucrer; adoucir.
sweetener *n* édulcorant *m*.
sweetness *n* goût *m* sucré, douceur *f*.
swell *vi* gonfler; * *n* houle *f*.
swelling *n* gonflement *m*.
swerve *vt* dévier.
swift *adj* rapide.
swiftness *n* rapidité *f*, promptitude *f*.
swim *vi* nager; * *n* baignade *f*.
swimming *n* natation *f*.
swimming pool *n* piscine *f*.
swimsuit *n* maillot *m* de bain.
swindle *vt* escroquer.
swing *vi* se balancer;
* *vt* balancer; * *n* balancement *m*; balançoire *f*.
swirl *n* tourbillon *m*.
Swiss *adj* suisse; * *n invar* Suisse *m*, Suissesse *f*.
switch *n* interrupteur *m*;
* *vt* changer de.
switch off *vt* éteindre.
switch on *vt* allumer.
Switzerland *n* Suisse *f*.
swivel *vt* faire pivoter.
swoon *vi* se pâmer.
swoop *vi* piquer; * *n* rafle *f*, descente *f*.
sword *n* épée *f*.
syllable *n* syllabe *f*.
syllabus *n* programme *m*.
symbol *n* symbole *m*.
symbolic(al) *adj* symbolique.
symbolise *vt* symboliser.
symmetrical *adj* symétrique.
symmetry *n* symétrie *f*.
sympathetic *adj* compatissant(e).
sympathise *vi* compatir.
sympathy *n* compassion *f*.
symphony *n* symphonie *f*.
symptom *n* symptôme *m*.
synagogue *n* synagogue *f*.
syndrome *n* syndrome *m*.

synonym *n* synonyme *m*.
synonymous *adj* synonyme.
synopsis *n* synopsis *m* or *f*,
  résumé *m*.
syntax *n* syntaxe *f*.
synthesis *n* synthèse *f*.
syringe *n* seringue *f*.
system *n* système *m*.
systematic *adj* systématique.

T

table *n* table *f*; * *vt* présenter.
tablecloth *n* nappe *f*.
tablet *n* tablette *f*, comprimé *m*.
tacit *adj* tacite.
taciturn *adj* taciturne.
tack *n* petit clou *m*, bord *m*;
  * *vt* clouer.
tackle *n* attirail *m*, équipement
  m; * *vt* s'attaquer à.
tact *n* tact *m*.
tactics *npl* tactique *f*.
tag *n* étiquette *f*.
tail *n* queue *f*.
tailor *n* tailleur *m*.
tailoring *n* métier *m* de tailleur.
taint *vt* salir.
tainted *adj* infecté(e);
  souillé(e).
take *vt* prendre; supporter;
  contenir; (an exam) passer;
  * *vi* prendre.
take away *vt* soustraire;
  * *adj* (food) à emporter.
take off *vi* décoller.
takeoff *n* décollage *m*.
takeover *n* rachat *m*.
takings *npl* recette *f*.
talc *n* talc *m*.
talent *n* talent *m*.
talented *adj* talentueux(euse).
talk *vi* parler; causer;
  * *n* conversation *f*.
talkative *adj* loquace.
tall *adj* grand(e), élevé(e).

tally *vi* correspondre.
tame *adj* apprivoisé(e);
  * *vt* apprivoiser.
tamper *vi* toucher à.
tan *vt, vi* bronzer; * *n* bronzage *m*.
tangible *adj* tangible.
tangle *vt* enchevêtrer.
tank *n* réservoir *m*.
tanker *n* pétrolier *m*.
tantrum *n* accès *m* de colère.
tap *vt* taper doucement;
  * *n* petite tape *f*, robinet *m*.
tape *n* ruban *m*; * *vt* enregistrer.
tape recorder *n*
  magnétophone *m*.
target *n* cible *f*.
tariff *n* tarif *m*.
tarnish *vt* ternir.
tart *n* tarte *f*.
task *n* tâche *f*.
taste *n* goût *m*; saveur *f*;
  * *vt* déguster.
tasteful *adj* de bon goût.
tasty *adj* savoureux(euse).
tattoo *n* tatouage *m*;
  * *vt* tatouer.
taunt *vt* railler; * *n* raillerie *f*.
taut *adj* tendu(e).
tawdry *adj* criard(e).
tax *n* impôt *m*; * *vt* imposer.
taxable *adj* imposable.
taxation *n* imposition *f*.
taxi *n* taxi *m*.
taxpayer *n* contribuable *m* or *f*.
tea *n* thé *m*.
teach *vt* enseigner.
teacher *n* professeur *m*,
  maître(esse) *m(f)*.
teaching *n* enseignement *m*.
team *n* équipe *f*.
teapot *n* théière *f*.
tear *vt* déchirer.
tear *n* larme *f*; déchirure *f*;
  * *vt* déchirer.
tearful *adj* larmoyant(e).
tease *vt* taquiner;
  * *n* taquin(e) *m(f)*.

teaspoon *n* petite cuiller *f*.

technical *adj* technique.

technician *n* technicien(ne) *m(f)*.

technique *n* technique *f*.

technological *adj* technologique.

technology *n* technologie *f*.

tedious *adj* ennuyeux(euse).

tedium *n* ennui *m*.

teenage *adj* adolescent(e).

teenager *n* adolescent(e) *m(f)*.

teethe *vi* faire ses premières dents.

telepathy *n* télépathie *f*.

telephone *n* téléphone *m*.

telephone directory *n* annuaire *m*.

telephone number *n* numéro *m* de téléphone.

telescope *n* télescope *m*.

telescopic *adj* télescopique.

televise *vt* téléviser.

television *n* télévision *f*.

television set *n* téléviseur *m*.

tell *vt* dire; raconter.

temper *vt* tempérer; * *n* colère *f*.

temperament *n* tempérament *m*.

temperate *adj* tempéré(e).

temperature *n* température *f*.

temple *n* temple *m*; tempe *f*.

temporary *adj* temporaire.

tempt *vt* tenter.

temptation *n* tentation *f*.

ten *adj*, *n* dix *m*.

tenacious *adj* tenance.

tenacity *n* ténacité *f*.

tenant *n* locataire *m* or *f*.

tend *vt* s'occuper de; * to ~ to *vi* avoir tendance à faire.

tendency *n* tendance *f*.

tender *adj* tendre, délicat(e); * *n* soumission *f*; * *vt* offrir.

tendon *n* tendon *m*.

tennis *n* tennis *m*.

tenor *n* (music) ténor *m*; sens *m*.

tense *adj* tendu(e); * *n* (grammar) temps *m*.

tension *n* tension *f*.

tent *n* tente *f*.

tentative *adj* timide, hésitant(e).

tenth *adj*, *n* dixième *m* or *f*.

tenuous *adj* ténu(e).

tepid *adj* tiède.

term *n* terme *m*; * *vt* appeler.

terms *npl* conditions *fpl*.

terminal *adj* terminal(e); * *n* aérogare *f*, terminal *m*.

terminate *vt* terminer.

termination *n* fin *f*, conclusion *f*.

terrace *n* terrace *f*.

terrain *n* terrain *m*.

terrestrial *adj* terrestre.

terrible *adj* terrible.

terrific *adj* terrifiant(e).

terrify *vt* terrifier.

territorial *adj* territorial(e).

territory *n* territoire *m*.

terror *n* terreur *f*.

terrorist *n* terroriste *m* or *f*.

terrorise *vt* terroriser.

terse *adj* concis(e).

test *n* essai *m*; * *vt* essayer.

testify *vt* témoigner.

testimony *n* témoignage *m*.

tether *vt* attacher.

text *n* texte *m*.

texture *n* texture *f*.

than *adv* que.

thank *vt* remercier.

thankful *adj* reconnaissant(e).

thanks *npl* remerciement(s) *m(pl)*.

that *adj* ce, cet(te); * *pron* cela, ça, ce; qui, que, lequel (laquelle); où *conj* que; * *adv* aussi, si.

thatch *n* chaume *m*.

thaw *n* dégel *m*; * *vt*, *vi* dégeler.

the *def art* le, la, l', les.

theatre *n* théâtre *m*.

theatrical *adj* théâtral(e).

theft *n* vol *m*.

their *poss adj* leur(s).

theirs *poss pron* le (la) leur; les leurs.

them *pron* les; leur.

theme *n* thème *m*.

themselves *pron pl* eux-mêmes *mpl*, elles-mêmes *fpl*; se.

then *adv* alors; ensuite; * *conj* donc; en ce cas.

theological *adj* théologique.

theology *n* théologie *f*.

theorem *n* théorème *m*.

theoretic(al) *adj* théorique.

theory *n* théorie *f*.

therapist *n* thérapeute *m* or *f*.

therapy *n* thérapie *f*.

there *adv* y, là.

thereafter *adv* par la suite; après.

therefore *adv* donc, par conséquent.

thermal *adj* thermal(e).

thermometer *n* thermomètre *m*.

these *pron pl* ceux(celles)-ci, ils (elles).

thesis *n* thèse *f*.

they *pron pl* ils (elles).

thick *adj* épais(se), gros(se).

thicken *vi* (s')épaissir.

thickness *n* épaisseur *f*.

thickset *adj* trapu(e).

thief *n* voleur(euse) *m(f)*.

thigh *n* cuisse *f*.

thin *adj* mince, fin(e).

thing *n* chose *f*, objet *m*, truc *m* (*fam*).

think *vt*, *vi* penser.

think over *vt* réfléchir à.

thinker *n* penseur(euse) *m(f)*.

thinking *n* pensée *f*, réflexion *f*.

third *adj*, *n* troisième; * *n* tiers *m*.

thirst *n* soif *f*.

thirsty *adj* assoiffé(e).

thirteen *adj*, *n* treize *m*.

thirteenth *adj*, *n* treizième *m* or *f*.

thirtieth *adj*, *n* trentième *m* or *f*.

thirty *adj*, *n* trente *m*.

this *adj* ce, cet(te), ces; * *pron* ceci, ce.

thistle *n* chardon *m*.

thorn *n* épine *f*.

thorough *adj* consciencieux(euse), approfondi(e).

thoroughly *adv* minutieusement, à fond.

thoroughfare *n* rue *f*, artère *f*.

those *pron pl* ceux (celles)-là; * *adj* ces.

though *conj* bien que; * *adv* pourtant.

thought *n* pensée *f*, réflexion *f*.

thoughtful *adj* pensif(ive).

thoughtless *adj* étourdi(e), irréfléchi(e).

thousand *adj*, *n* mille *m*.

thousandth *adj*, *n* millième *m* or *f*.

thrash *vt* battre.

thread *n* fil *m*.

threat *n* menace *f*.

threaten *vt* menacer.

three *adj*, *n* trois *m*.

threshold *n* seuil *m*.

thrifty *adj* économe.

thrill *vt* faire frissonner; * *n* frisson *m*.

thrive *vi* prospérer.

throat *n* gorge *f*.

throb *vi* palpiter.

throne *n* trône *m*.

throng *n* foule *f*.

throttle *n* accélérateur *m*; * *vt* étrangler.

through *prep* à travers; pendant; par; * *adj* direct(ècte).

throughout *prep* partout dans; * *adv* partout.

throw *vt* jeter; * *n* jet *m*; lancement *m*.

throwaway *adj* à jeter.

thrust *vt* enfoncer; * *n* poussée *f*.

thug *n* voyou *m*.

thumb *n* pouce *m*.

thump *n* coup *m* de poing;
  * *vt* cogner.
thunder *n* tonnerre *m*;
  * *vi* tonner.
thunderclap *n* coup *m* de
  tonnerre.
thunderstorm *n* orage *m*.
Thursday *n* jeudi *m*.
thus *adv* ainsi.
thwart *vt* contrecarrer.
tic *n* tic *m*.
tick *n* tic-tac *m*; instant *m*.
ticket *n* billet *m*, ticket *m*.
ticket office *n* guichet *m*.
tickle *vt* chatouiller.
tidal wave *n* raz-de-marée *m*.
tide *n* marée *f*.
tidy *adj* rangé(e), en ordre.
tie *vt* attacher; * *n* attache *f*,
  lacet *m*, cravate *f*.
tier *n* gradin *m*; étage *m*.
tiger *n* tigre *m*.
tight *adj* raide, tendu(e).
tighten *vt* (re)serrer, tendre.
tile *n* tuile *f*, carreau *m*.
till *n* caisse *f*; * *vt* labourer.
tilt *vt* pencher; * *vi* s'incliner.
timber *n* bois *m* de construction.
time *n* temps *m*; période *f*,
  heure *f*; * *vt* fixer,
  chronométrer.
time lag *n* décalage *m*.
timeless *adj* éternel(le).
timely *adj* opportun(e).
time zone *n* fuseau *m* horaire.
timid *adj* timide.
timidity *n* timidité *f*.
tin *n* étain *m*, boîte *f* de conserve.
tinge *n* nuance *f*.
tingle *vi* picoter.
tinkle *vi* tinter.
tint *n* teinte *f*; * *vt* teinter.
tinted *adj* teinté(e).
tiny *adj* minuscule.
tip *n* pointe *f*, bout *m*,
  pourboire *m*; * *vt* donner un
  pourboire à.

tirade *n* diatribe *f*.
tire *vt* fatiguer; * *vi* se fatiguer.
tireless *adj* infatigable.
tiresome *adj* ennuyeux(euse),
  fatigant(e).
tissue *n* tissu *m*; (paper
  handkerchief) mouchoir *m* en
  papier.
titillate *vt* titiller.
title *n* titre *m*.
titular *adj* titulaire.
to *prep* à; vers; en; pour.
toast *vt* (faire) griller; * *n* pain
  m grillé, toast *m*.
toaster *n* grille-pain *m invar*.
tobacco *n* tabac *m*.
toboggan *n* toboggan *m*.
today *adv* aujourd'hui.
toe *n* orteil *m*; pointe *f*.
toffee *n* caramel *m*.
together *adv* ensemble.
toil *vi* travailler dur;
  * *n* labeur *m*; peine *f*.
toilet *n* toilette *f*, toilettes
  fpl; * *adj* de toilette.
toilet paper *n* papier *m*
  hygiénique.
toiletries *npl* articles *mpl* de
  toilette.
token *n* signe *m*; marque *f*,
  jeton *m*.
tolerable *adj* tolérable.
tolerant *adj* tolérant(e).
tolerate *vt* tolérer.
toll *n* péage *m*; * *vi* sonner.
tomato *n* tomate *f*.
tomb *n* tombeau *m*; tombe *f*.
tombstone *n* pierre *f* tombale.
tomorrow *adv*, *n* demain *m*.
ton *n* tonne *f*.
tone *n* ton *m*, tonalité *f*;
  * *vi* s'harmoniser.
tongs *npl* pinces *fpl*.
tongue *n* langue *f*.
tonight *adv*, *n* ce soir, cette nuit.
too *adv* aussi; trop; * *adj* trop
  de.

tool *n* outil *m*; ustensile *m*.

tooth *n* dent *f*.

toothache *n* rage *f* de dents.

toothbrush *n* brosse *f* à dents.

toothpaste *n* dentifrice *m*.

top *n* sommet *m*; haut *m*; tête *f*, dessus *m*; * *adj* du haut;
* *vt* dépasser.

topic *n* sujet *m*.

topical *adj* d'actualité.

topmost *adj* le (la) plus haut(e).

topographic(al) *adj* topographique.

topography *n* topographie *f*.

topple *vt* renverser;
* *vi* basculer.

torch *n* torche *f*.

torment *vt* tourmenter;
* *n* tourment *m*.

tornado *n* tornade *f*.

torrent *n* torrent *m*.

tortuous *adj* tortueux(euse), sinueux(euse).

torture *n* torture *f*;
* *vt* torturer.

toss *vt* lancer, secouer.

total *adj* total(e), global(e).

totality *n* totalité *f*.

totter *vi* chanceler.

touch *vt* toucher (à);
* *n* contact *m*, toucher *m*.

touchdown *n* atterissage *m*, but *m*.

touching *adj* touchant(e).

tough *adj* dur(e), pénible.

toughen *vt* durcir.

tour *n* voyage *m*; visite *f*.

tourism *n* tourisme *m*.

tourist *n* touriste *m* or *f*.

tournament *n* tournoi *m*.

tow *n* remorquage *m*;
* *vt* remorquer.

toward(s) *prep* vers.

towel *n* serviette *f*.

tower *n* tour *f*.

town *n* ville *f*.

town hall *n* mairie *f*.

tow-rope *n* câble *m* de remorquage.

toy *n* jouet *m*.

trace *n* trace *f*, piste *f*;
* *vt* tracer.

track *n* trace *f*, empreinte *f*; piste *f*.

tract *n* étendue *f*; tract *m*.

traction *n* traction *f*.

trade *n* commerce *m*; métier *m*;
* *vi* commercer.

trademark *n* marque *m* de fabrique.

trader *n* négociant(e) *m(f)*.

trade(s) union *n* syndicat *m*.

trade unionist *n* syndicaliste *m* or *f*.

trading *n* commerce *m*;
* *adj* commercial(e).

tradition *n* tradition *f*.

traditional *adj* traditionnel(le).

traffic *n* circulation *f*, négoce *m*.

traffic jam *n* embouteillage *m*.

tragedy *n* tragédie *f*.

tragic *adj* tragique.

trail *vt* traîner; * *n* traînée *f*.

train *vt* entraîner; * *n* train *m*.

trainee *n* stagiaire *m* or *f*.

trainer *n* entraîneur *m*.

training *n* entraînement *m*, stage *m*.

trait *n* trait *m*.

traitor *n* traître *m*.

tramp *n* clochard(e);
* *vt* piétiner.

trance *n* transe *f*, extase *f*.

tranquil *adj* tranquille.

transact *vt* traiter.

transaction *n* transaction *f*.

transcend *vt* transcender.

transcription *n* transcription *f*.

transfer *vt* transférer;
* *n* transfert *m*.

transform *vt* transformer.

transfusion *n* transfusion *f*.

transition *n* transition *f*.

transitional *adj* de transition.

translate *vt* traduire.
translation *n* traduction *f*.
translator *n* traducteur(trice) *m(f)*.
transmission *n* transmission *f*.
transmit *vt* transmettre.
transparency *n* transparence *f*.
transparent *adj* transparent(e).
transplant *vt* transplanter.
transport *vt* transporter;
 * *n* transport *m*.
trap *n* piège *m*; * *vt* prendre au piège.
travel *vi* voyager; * *n* voyage *m*.
traveller *n* voyageur(euse) *m(f)*.
traveller's cheque *n* chèque *m* de voyage.
travesty *n* parodie *f*.
tray *n* plateau *m*.
treacherous *adj* traître(sse).
treachery *n* traîtrise *f*.
tread *vi* marcher; * *n* pas *m*.
treason *n* trahison *f*.
treasure *n* trésor *m*.
treasurer *n* trésorier(ière) *m(f)*.
treat *vt* traiter; * *n* cadeau *m*.
treatment *n* traitement *m*.
treaty *n* traité *m*.
treble *adj* triple; * *vt*, *vi* tripler.
tree *n* arbre *m*.
trek *n* randonnée *f*, étape *f*.
tremble *vi* trembler.
tremendous *adj* terrible; formidable.
trend *n* tendance *f*; mode *f*.
trespass *vt* transgresser.
trial *n* procès *m*; essai *m*.
triangle *n* triangle *m*.
tribal *adj* tribal(e).
tribe *n* tribu *f*.
tribunal *n* tribunal *m*.
tributary *adj*, *n* tributaire *m*.
trick *n* ruse *f*, astuce *f*;
 * *vt* attraper.
tricky *adj* délicat(e); difficile.
trifle *n* bagatelle *f*.

trifling *adj* futile, insignifiant(e).
trigger *n* détente *f*.
trim *adj* net(te), soigné(e);
 * *vt* arranger.
trip *vi* trébucher; * *n* faux pas *m*; voyage *m*.
triple *adj* triple; * *vt*, *vi* tripler.
triplets *npl* triplé(e)s.
trite *adj* banal(e); usé(e).
triumph *n* triomphe *m*;
 * *vi* triompher.
triumphant *adj* triomphant(e).
trivia *npl* futilités *fpl*.
trivial *adj* insignifiant(e).
triviality *n* banalité *f*.
troop *n* bande *f*.
tropical *adj* tropical(e).
trouble *vt* affliger;
 * *n* problème *m*; ennui *m*.
troublesome *adj* pénible.
trousers *npl* pantalon *m*.
trout *n* truite *f*.
truck *n* camion *m*; wagon *m*.
truculent *adj* agressif(ive).
true *adj* vrai(e), véritable.
trump *n* atout *m*.
trumpet *n* trompette *f*.
trunk *n* malle *f*.
trust *n* confiance *f*;
 * *vt* confier à.
trustworthy *adj* digne de confiance.
trusty *adj* fidèle, loyal(e).
truth *n* vérité *f*.
truthful *adj* véridique.
truthfulness *n* véracité *f*.
try *vt* essayer; * *n* tentative *f*, essai *m*.
tub *n* cuve *f*, bac *m*.
tube *n* tube *m*; métro *m*.
tuck *n* pli *m*; * *vt* mettre.
Tuesday *n* mardi *m*.
tug *vt* remorquer;
 * *n* remorqueur *m*.
tuition *n* cours *m*, enseignement *m*.

tulip n tulipe f.

tumble vi tomber; * n chute f.

tumbler n verre m.

tumultuous adj
tumultueux(euse).

tune n air m; accord m.

tuneful adj mélodieux(euse),
harmonieux(euse).

tunnel n tunnel m.

turbulence n turbulence.

turbulent adj turbulent(e).

turf n gazon m.

Turk n Turc (Turque) m(f).

Turkey n Turquie f.

turkey n dinde f.

Turkish adj turc (turque).

turmoil n agitation f, trouble m.

turn vt tourner, retourner;
* vi tourner, se (re)tourner;
* n tour m; tournure f;
tournant m.

turning n embranchement m.

turnover n chiffre m d'affaires.

turnstile n tourniquet m.

turquoise n turquoise f.

turtle n tortue f marine.

tusk n défense f (d'éléphant).

tutor n directeur(trice)
d'études m(f);
précepteur(trice) m(f).

tweezers npl pince f à épiler.

twelfth adj, n douzième m or f.

twelve adj, n douze m.

twentieth adj, n vingtième m
or f.

twenty adj, n vingt m.

twice adv deux fois.

twilight n crépuscule m.

twin n jumeau(elle) m(f).

twine vi s'enrouler.

twinkle vi scintiller.

twirl vi tournoyer.

twist vt tordre, tortiller.

twitch n tic m.

two adj, n deux m.

tycoon n gros homme m
d'affaires.

type n type m; * vi taper à la
machine.

typeface n oeil m de caractère.

typewriter n machine f à écrire.

typical adj typique.

tyrannical adj tyrannique.

tyrant n tyran m.

tyre n pneu m.

U

ugliness n laideur f.

ugly adj laid(e).

ulcer n ulcère m.

ulterior adj ultérieur(e).

ultimate adj final(e).

ultimately adv finalement; à
la fin.

ultimatum n ultimatum m.

umbrella n parapluie m.

umpire n arbitre m.

unable adj incapable.

unaccomplished adj
inaccompli(e).

unaccountable adj inexplicable.

unaccustomed adj
inaccoutumé(e).

unacknowledged adj non
reconnu(e).

unadulterated adj pur(e); sans
mélange.

unaltered adj inchangé(e).

unanimity n unanimité f.

unanimous adj unanime.

unanswerable adj incontestable.

unapproachable adj inaccessible.

unarmed adj désarmé(e).

unattached adj
indépendant(e); libre.

unattainable adj inaccessible.

unavoidable adj inévitable.

unaware adj ignorant(e);
inconscient(e).

unbalanced adj déséquilibré(e).

unbearable adj insupportable.

unbelievable adj incroyable.

unbiased *adj* impartial(e).
unbreakable *adj* incassable.
unbroken *adj* intact(e);
  ininterrompu(e).
unbutton *vt* déboutonner.
unceasing *adj* incessant(e).
unceremonious *adj* brusque.
uncertain *adj* incertain(e).
uncertainty *n* incertitude *f*.
unchangeable *adj* immuable.
uncharitable *adj* peu charitable.
uncivil *adj* impoli(e),
  grossier(ière).
uncivilised *adj* non civilisé(e).
uncle *n* oncle *m*.
uncomfortable *adj*
  inconfortable.
uncommon *adj* rare,
  extraordinaire.
uncompromising *adj*
  intransigeant(e).
unconcerned *adj* indifférent(e).
unconditional *adj*
  inconditionnel(le), absolu(e).
unconscious *adj* inconscient(e).
uncork *vt* déboucher.
uncouth *adj* grossier(ière).
uncover *vt* découvrir.
uncultivated *adj* inculte.
undecided *adj* indécis(e).
undeniable *adj* indéniable.
under *prep* sous; au-dessous de;
  * *adv* au-dessous.
under- *prefix* sous-.
underclothing *n* sous-
  vêtements *mpl*.
undercover *adj* secret(ète),
  clandestin(e).
underdeveloped *adj* sous-
  développé(e).
underestimate *vt* sous-estimer.
undergo *vt* subir.
undergraduate *n* étudiant(e)
  (qui prépare la licence) *m(f)*.
undergrowth *n* broussailles *fpl*.
underhand *adj* secret(ète),
  clandestin(e).

underline *vt* souligner.
underneath *adv* (en) dessous;
  * *prep* sous, au-dessous de.
underpaid *adj* sous-payé(e).
underprivileged *adj*
  défavorisé(e).
underside *n* dessous *m*.
understand *vt* comprendre.
understandable *adj*
  compréhensible.
understanding *n*
  compréhension *f*;
  * *adj* compréhensif(ive).
undertake *vt* entreprendre.
undertaking *n* entreprise *f*.
undervalue *vt* sous-estimer.
underwater *adj* sous-marin(e);
  * *adv* sous l'eau.
underwear *n* sous-vêtements
  mpl.
underwrite *vt* souscrire à.
undeserved *adj* immérité(e).
undetermined *adj*
  indéterminé(e).
undisciplined *adj* indiscipliné(e).
undisputed *adj* incontesté(e).
undivided *adj* indivisé(e),
  entier(ière).
undo *vt* défaire; détruire.
undoing *n* ruine *f*.
undoubted *adj* indubitable.
undoubtedly *adv*
  indubitablement.
undress *vi* se déshabiller.
undue *adj* excessif(ive).
unduly *adv* trop,
  excessivement.
uneasy *adj* inquiet(iète);
  gêné(e).
uneducated *adj* sans instruction.
unemployed *adj* au chômage.
unemployment *n* chômage *m*.
unending *adj* interminable.
unequal *adj* inégal(e).
unequalled *adj* inégalé(e).
uneven *adj* inégal(e);
  impair(e).

unexpected *adj* inattendu(e).
unfailing *adj* infaillible.
unfair *adj* injuste.
unfaithful *adj* infidèle.
unfashionable *adj* démodé(e).
unfasten *vt* détacher, défaire.
unfavourable *adj* défavorable.
unfeeling *adj* insensible.
unfinished *adj* inachevé(e).
unfit *adj* inapte (à);
  impropre (à).
unfold *vt* déplier.
unforeseen *adj* imprévu(e).
unforgettable *adj* inoubliable.
unfortunate *adj*
  malheureux(euse).
unfounded *adj* sans fondement.
unfriendly *adj* inamical(e),
  froid(e).
ungrateful *adj* ingrat(e).
unhappiness *n* tristesse *f*.
unhappy *adj*
  malheureux(euse).
unhealthy *adj* malsain(e).
unhook *vt* décrocher.
unhurt *adj* indemne.
uniform *adj* uniforme.
uniformity *adj* uniformité *f*.
unify *vt* unifier.
unimaginable *adj* inimaginable.
uninhabitable *adj* inhabitable.
uninhabited *adj* inhabité(e),
  désert(e).
uninjured *adj* indemne.
unintelligible *adj* inintelligible.
unintentional *adj* involontaire.
uninterested *adj* indifférent(e).
uninterrupted *adj*
  ininterrompu(e).
union *n* union *f*, syndicat *m*.
unique *adj* unique,
  exceptionnel(le).
unison *n* unisson *m*.
unit *n* unité *f*.
unite *vt* unir; * *vi* s'unir.
United Kingdom *n* Royaume-
  Uni *m*.

unity *n* unité *f*, harmonie *f*,
  accord *m*.
universal *adv* universel(le).
universe *n* univers *m*.
university *n* université *f*.
unjust *adj* injuste.
unknown *adj* inconnu(e).
unlawful *adj* illégal(e).
unlawfulness *n* illégalité *f*.
unleash *vt* lâcher.
unless *conj* à moins que *or* de,
  sauf.
unlicensed *adj* illicite.
unlikely *adj* improbable.
unlikelihood *n* improbabilité *f*.
unlimited *adj* illimité(e).
unload *vt* décharger.
unlucky *adj*
  malchanceux(euse).
unmask *vt* démasquer.
umnerited *adj* immérité(e).
unmistakable *adj* indubitable.
unmoved *adj* insensible,
  impassible.
unnecessary *adj* inutile,
  superflu(e).
unnoticed *adj* inaperçu(e).
unobserved *adj* inaperçu(e).
unoccupied *adj* inoccupé(e).
unoffending *adj* inoffensif(ive).
unpack *vt* défaire.
unpaid *adj* impayé(e).
unpleasant *adj* désagréable.
unpopular *adj* impopulaire.
unprecedented *adj* sans
  précédent.
unpredictable *adj*
  imprévisible.
unprejudiced *adj* impartial(e).
unprofitable *adj* inutile.
unpublished *adj* inédit(e).
unqualified *adj* non qualifié(e).
unquestionable *adj*
  incontestable, indiscutable.
unreal *adj* irréel(le).
unreasonable *adv*
  déraisonnable.

unrelated *adj* sans rapport.

unrelenting *adj* implacable.

unreserved *adj* sans réserve; franc(he).

unrest *n* agitation *f*, troubles *mpl*.

unripe *adj* vert(e), pas mûr(e).

unroll *vt* dérouler.

unsafe *adj* dangereux(euse), peu sûr(e).

unsatisfactory *adj* peu satisfaisant(e).

unscrew *vt* dévisser.

unseemly *adj* inconvenant(e).

unsettle *vt* perturber.

unsociable *adj* peu sociable.

unspeakable *adj* indicible.

unstable *adj* instable.

unsteady *adj* instable.

untamed *adj* sauvage.

untapped *adj* inexploité(e).

untenable *adj* insoutenable.

unthinkable *adj* inconcevable.

untidiness *n* désordre *m*.

untidy *adj* en désordre.

untie *vt* dénouer, défaire.

until *prep* jusqu'à; * *conj* jusqu'à ce que.

untimely *adj* inopportun(e).

untold *adj* jamais révélé(e).

untouched *adj* intact(e).

untroubled *adj* tranquille, paisible.

untrue *adj* faux (fausse).

untrustworthy *adj* indigne de confiance.

unused *adj* neuf (neuve), inutilisé(e).

unusual *adj* inhabituel(le), exceptionnel(le).

unusually *adv* exceptionnellement.

unveil *vt* dévoiler.

unwelcome *adj* importun(e).

unwell *adj* indisposé(e).

unwilling *adj* peu disposé(e).

unwillingly *adv* de mauvaise grâce.

unwind *vt* dérouler; * *vi* se détendre.

unwise *adj* imprudent(e).

unwitting *adj* involontaire.

unworkable *adj* impraticable.

unworthy *adj* indigne.

up *adv* en haut, en l'air; levé(e); * *prep* vers le haut de, dans: ~ to jusqu'à: — it's ~ to you c'est à vous de décider.

upbringing *n* éducation *f*.

update *vt* mettre à jour.

upheaval *n* bouleversement *m*.

uphold *vt* soutenir.

upholstery *n* tapisserie *f*.

upkeep *n* entretien *m*.

upon *prep* sur.

upper *adj* supérieur(e), du dessus.

uppermost *adj* le (la) plus haut(e), en dessus.

upright *adj* droit(e); honnête.

uprising *n* soulèvement *m*.

uproar *n* tumulte *m*, vacarme *m*.

uproot *vt* déraciner.

upset *vt* renverser, déranger, bouleverser; * *n* désordre *m*, bouleversement *m*; * *adj* vexé(e); bouleversé(e).

upshot *n* résultat *m*; aboutissement *m*.

upside-down *adv* sens dessus dessous.

upstairs *adv* en haut (d'un escalier).

up-to-date *adj* à jour.

upturn *n* reprise *f*.

urban *adj* urbain(e).

urbane *adj* courtois(e).

urchin *n* oursin *m*.

urge *vt* pousser (to à); * *n* impulsion *f*.

urgency *n* urgence *f*.

urgent *adj* urgent(e).

urinate *vi* uriner.

urn *n* urne *f*.

us *pron* nous.

usage n traitement m, usage m.
use n usage m, emploi m;
  * vt utiliser, se servir de.
used adj d'occasion.
useful adj utile.
usefulness n utilité f.
useless adj inutile.
usher n placeur m.
usual adj habituel(le),
  courant(e).
usurp vt usurper.
utensil n ustensile m.
uterus n utérus m.
utility n utilité f.
utmost adj extrême.
utter adj complet(ète);
  total(e); * vt prononcer.
utterly adv complètement.

V

vacancy n chambre f libre,
  poste m vacant.
vacant adj vacant(e).
vacate vt quitter.
vacation n vacances fpl.
vaccinate vt vacciner.
vacuum n vide m.
vague adj vague.
vain adj vain(e).
valiant adj courageux(euse).
valid adj valide.
valley n vallée f.
valuable adj précieux(euse),
  de valeur.
value n valeur f; * vt évaluer.
valve n soupape f.
van n camionnette f.
vandalise vt saccager.
vanish vi disparaître.
vanity n vanité f.
vantage point n bonne
  position f.
vapour n vapeur f.
variable adj variable;
  changeant(e).

variation n variation f.
variety n variété f.
various adj divers(e),
  différent(e).
vary vt, vi varier; * vi changer.
vase n vase m.
vast adj vaste; immense.
vault n voûte f; * vi sauter.
vegetable adj végétal(e);
  * n légume m.
vegetarian n végétarien(ne)
  m(f).
vegetate vi végéter.
vegetation n végétation f.
vehemence n véhémence f.
vehement adj véhément(e).
vehicle n véhicule m.
veil n voile m.
vein n veine f, nervure f.
velocity n vitesse f.
velvet n velours m.
vendor n vendeur m.
venerate vt vénérer.
veneration n vénération f.
vengeance n vengeance f.
venom n venin m.
venomous adj venimeux(euse).
ventilate vt aérer.
ventilation n ventilation f,
  aération f.
venture n entreprise f;
  * vi s'aventurer.
verb n verbe m.
verbal adj verbal(e), oral(e).
verification n vérification f.
verify vt vérifier.
versatile adj versatile.
verse n vers m.
version n version f.
versus prep contre.
vertical adj vertical(e).
vertigo n vertige m.
very adv très, fort, bien.
vessel n récipient m; navire m.
veteran adj, n vétéran m.
vet n vétérinaire m or f.
veterinary adj vétérinaire.

veto *n* véto *m*.

vex *vt* contrarier.

vexed *adj* controversé(e).

via *prep* via, par.

viaduct *n* viaduc *m*.

vibrate *vi* vibrer.

vibration *n* vibration *f*.

vice *n* vice *m*; défaut *m*.

vicinity *n* voisinage *m*.

vicious *adj* méchant(e).

victim *n* victime *f*.

victor *n* vainqueur *m*.

victory *n* victoire *f*.

video *n* vidéo *f*, vidéocassette *f*.

viewer *n* téléspectateur(trice) *m(f)*.

vie *vi* rivaliser (with avec).

view *n* vue *f*; * *vt* voir; examiner.

vigil *n* veille *f*.

vigilance *n* vigilance *f*.

vigilant *adj* vigilant(e).

vigour *n* vigueur *f*.

vigorous *adj* vigoureux(euse).

vile *adj* vil(e).

village *n* village *m*.

vindicate *vt* venger.

vindication *n* défense *f*.

vindictive *adj* vindicatif(ive).

vine *n* vigne *f*.

vinegar *n* vinaigre *m*.

vineyard *n* vignoble *m*.

violate *vt* violer.

violation *n* violation *f*.

violence *n* violence *f*.

violent *adj* violent(e).

violin *n* (music) violon *m*.

virgin *n* vierge *f*; *adj* vierge.

virile *adj* viril(e).

virility *n* virilité *f*.

virtual *adj* virtuel(le).

virtue *n* vertu *f*.

virtuous *adj* virtueux(euse).

virulent *adj* virulent(e).

visa *n* visa *m*.

visibility *n* visibilité *f*.

visible *adj* visible.

vision *n* vision *f*, vue *f*.

visit *vt*, visiter; * *n* visite *f*.

visitor *n* visiteur(euse) *m(f)*.

visual *adj* visuel(le).

visualise *vt* s'imaginer.

vital *adj* vital(e); essentiel(le).

vitality *n* vitalité *f*.

vitamin *n* vitamine *f*.

vivacious *adj* vif (vive).

vivid *adj* vif (vive), vivant(e).

vocabulary *n* vocabulaire *m*.

vocal *adj* oral(e).

vocation *n* vocation *f*.

voice *n* voix *f*; * *vt* exprimer.

void *adj* vide; * *n* vide *m*.

volatile *adj* volatile.

volcano *n* volcan *m*.

voltage *n* voltage *m*.

voluble *adj* volubile.

volume *n* volume *m*.

voluntary *adj* volontaire.

volunteer *n* volontaire *m* or *f*.

voluptuous *adj* voluptueux(euse).

vomit *vt*, *vi* vomir.

voracious *adj* vorace.

vote *n* vote *m*; voix *f*; * *vt* voter.

voter *n* électeur(trice) *m(f)*.

voucher *n* bon *m*.

vow *n* voeu *m*; * *vt* jurer.

voyage *n* traversée *f*.

vulgar *adj* vulgaire; grossier(ière).

vulnerable *adj* vulnérable.

W

wade *vi* patauger.

wafer *n* gaufrette *f*, plaque *f*.

wag *vt*, *vi* remuer.

wage(s) *n* salaire *m*.

wager *n* pari *m*; * *vt* parier.

waggon *n* chariot *m*; (railway) wagon *m*.

waist *n* taille *f*.

wait n attente f; * vi attendre:
— to ~ for something (someone) attendre quelque chose
(quelqu'un).
waiter n garçon m; serveur m.
waive vt renoncer à.
wake vi se réveiller;
* vi réveiller; * n veillée f
mortuaire.
Wales n Pays de Galles m.
walk vi marcher;
* vt parcourir; * n promenade f.
walker n marcheur(euse) m(f).
walking stick n canne f.
wall n mur m; paroi f.
wallet n portefeuille m.
wallow vi se vautrer.
wallpaper n papier m peint.
walnut n noix f, noyer m.
wander vi errer.
wane vi décroître.
want vt vouloir, avoir besoin
de; * n besoin m, pauvreté f.
wanton adj capricieux(euse).
war n guerre f.
wardrobe n garde-robe f.
warehouse n entrepôt m.
wariness n circonspection f.
warm adj chaud(e);
chaleureux(euse);
* vt réchauffer.
warm-hearted adj
affectueux(euse).
warmth n chaleur f.
warn vt prévenir.
warning n avertissement m.
warp n chaîne f; * vi se voiler;
* vt voiler.
warrant n garantie f, mandat m.
warrior n guerrier(ière) m(f).
wary adj prudent(e),
circonspect(e).
wash vt laver; * vi se laver.
wash basin n lavabo m.
washing n lessive f.
washing machine n machine f
à laver.

washing-up n vaisselle f.
wasp n abeille f.
waste vt gaspiller;
* n gaspillage m; * adj perdu(e).
wasteful adj gaspilleur(euse).
watch n montre f; surveillance
f; * vt regarder.
watchful adj vigilant(e).
water n eau f; * vt arroser.
watercolour n aquarelle f.
waterfall n cascade f.
watering-can n arrosoir m.
watermark n filigrane m.
waterproof adj étanche.
watershed n (fig) moment m
critique.
water skiing n ski m nautique.
watertight adj étanche.
wave n vague; * vi faire signe
de la main; * vt agiter.
waver vi vaciller, trembler.
wavy adj ondulé(e).
wax n cire f.
way n chemin m, voie f;
distance f; façon f; état m.
wayward adj capricieux(euse).
we pron nous.
weak adj faible.
weaken vt affaiblir.
weakness n faiblesse f.
wealth n richesse f.
wealthy adj riche.
weapon n arme f.
wear vt porter; user; * vi s'user;
* n usage m.
weariness n lassitude f.
weary adj las(se).
weather n temps m.
weather forecast n prévisions
fpl météorologiques.
weave vt tisser.
web n toile f.
wed vi se marier.
wedding n mariage m; noces fpl.
wedding ring n alliance f.
wedge n cale f; * vt caler.
Wednesday n mercredi m.

weed *n* mauvaise herbe *f*;
* *vt* désherber.
week *n* semaine *f*.
weekday *n* jour *m* de la semaine.
weekend *n* week-end *m*.
weekly *adj* de la semaine.
hebdomadaire.
weep *vi* pleurer.
weigh *vt, vi* peser.
weigh *vt* accabler.
weight *n* poids *m*.
weighty *adj* lourd(e).
welcome *adj* opportun(e); *excl*
~! bienvenue! * *n* accueil *m*;
* *vt* accueillir.
welfare *n* bien-être *m*.
well *n* puits *m*; * *adj* bien,
bon(ne); * *adv* bien.
well-being *n* bien-être *m*.
well-bred *adj* bien élevé(e).
well-deserved *adj* bien mérité(e).
well-known *adj* connu(e),
célèbre.
well-off *adj* aisé(e).
Welsh *adj* gallois(e);
* *n* Gallois(e) *m(f)*.
west *n* ouest *m*; the ~ l'Occident
m; * *adj* ouest, de *or* l'ouest;
* *adv* vers *or* à l'ouest.
western *adj* (d')ouest.
wet *adj* humide; * *n* humidité *f*;
* *vt* mouiller.
wet suit *n* combinaison *f* de
plongée.
whale *n* baleine *f*.
wharf *n* quai *m*.
what *pron* qu'est-ce qui,
qu'est-ce que, quoi; que; qui;
ce qui, ce que; * *adj* quel(le);
* *excl* quoi! comment!
whatever *pron* quoi que;
n'importe quoi.
wheat *n* blé *m*.
wheel *n* roue *f*; * *vt* rouler;
* *vi* tourner.
wheelbarrow *n* brouette *f*.
wheelchair *n* fauteuil *m* roulant.

when *adv* quand; * *conj* quand,
alors que.
whenever *adv* quand, chaque
fois que.
where *adv, conj* où.
whereas *conj* tandis que.
whereby *pron* par lequel *m*
(laquelle) *f*.
wherever *adv* où que.
whereupon *conj* sur quoi.
whet *vt* aiguiser.
whether *conj* si.
which *pron* lequel *m* (laquelle)
f; celui que, celui qui; ce que,
ce qui; quoi, ce dont;
* *adj* quel(le).
while *n* moment *m*;
* *conj* pendant que; alors que;
quoique.
whim *n* caprice *m*.
whimsical *adj*
capricieux(euse).
whip *n* fouet *m*; * *vt* fouetter.
whirl *vi* tourbillonner.
whirlpool *n* tourbillon *m*.
whirlwind *n* tornade *f*.
whisper *vi* chuchoter;
* *n* chuchotement *m*.
whistle *vi* siffler; * *n*
sifflement *m*.
white *adj* blanc(he); * *n* blanc *m*.
whiten *vt, vi* blanchir.
whiteness *n* blancheur *f*.
who *pron* qui.
whoever *pron* quiconque,
quel(le) que soit.
whole *adj* tout(e), entier(ière);
* *n* tout *m*, ensemble *m*.
wholesale *n* vente *f* en gros.
wholesome *adj* sain(e),
salubre.
wholly *adv* complètement.
whom *pron* qui; que.
why *n* pourquoi *m*;
* *conj* pourquoi.
wicked *adj* méchant(e),
mauvais(e).

wickedness *n* méchanceté *m*.

wide *adj* large, ample.

widen *vt* élargir, agrandir.

widow *n* veuve *f*.

widower *n* veuf *m*.

width *n* largeur *f*.

wield *vt* manier, brandir.

wife *n* femme *f*, épouse *f*.

wild *adj* sauvage, féroce.

wildlife *n* faune *f*.

wilful *adj* délibéré(e).

wilfulness *n* obstination *f*.

will *n* volonté *f*, testament *m*;
  * *aux v* (forming future
  tense) I ~ finish it tomorrow
  je le finirai demain.

willing *adj* prêt(e), disposé(e).

willingly *adv* volontiers.

willpower *n* volonté *f*.

wily *adj* astucieux(euse).

win *vt* gagner.

wind *n* vent *m*; souffle *m*;
  * *vt* enrouler; * *vi* serpenter.

windmill *n* moulin *m* à vent.

window *n* fenêtre *f*.

window pane *n* carreau *m*.

windpipe *n* gosier *m*.

windscreen *n* pare-brise *m invar*.

wind surfing *n* planche *f* à
  voile.

windy *adj* venteux(euse).

wine *n* vin *m*.

wine cellar *n* cave *f* à vin.

wing *n* aile *f*.

wink *n* clin *m* d'oeil.

winner *n* gagnant(e) *m(f)*.

winter *n* hiver *m*; * *vi* hiverner.

wintry *adj* d'hiver, hivernal(e).

wipe *vt* essuyer.

wire *n* fil *m*.

wisdom *n* sagesse *f*, prudence *f*.

wise *adj* sage, avisé(e).

wish *vt* souhaiter, désirer;
  * *n* souhait *m*, désir *m*.

wit *n* esprit *m*, intelligence *f*.

witch *n* sorcière *f*.

with *prep* avec; à; de, contre.

withdraw *vt* retirer; * *vi* se
  retirer.

withdrawal *n* retrait *m*.

wither *vi* se flétrir.

withhold *vt* retenir.

within *prep* à l'intérieur de;
  * *adv* dedans.

without *prep* sans.

withstand *vt* résister à.

witness *n* témoin *m*;
  * *vt* attester.

wittingly *adv* sciemment, à
  dessein.

witty *adj* spirituel(le),
  plein(e) d'esprit.

woe *n* malheur *m*; affliction *f*.

woeful *adj* triste,
  malheureux(euse).

wolf *n* loup *m*.

woman *n* ferme *f*.

womanly *adj* féminin(e), de
  femme.

womb *n* utérus *m*.

wonder *n* merveille *f*;
  * *vi* s'émerveiller.

wonderful *adj* merveilleux(euse).

wood *n* bois *m*.

woodcut *n* gravure *f* sur bois.

wooden *adj* de bois, en bois.

woodwork *n* menuiserie *f*.

wool *n* laine *f*.

woollen *adj* de laine.

word *n* mot *m*; parole *f*;
  * *vt* exprimer.

wording *n* rédaction *f*.

word processing *n* traitement
  m de texte.

work *vi* travailler; * *vt* faire
  fonctionner; façonner;
  * *n* travail *m*; oeuvre *f*;
  emploi *m*.

worker *n* travailleur(euse) *m(f)*.

workforce *n* main-d'oeuvre *f*.

workshop *n* atelier *m*.

world *n* monde *m*.

worldly *adj* mondain(e).

worldwide *adj* mondial(e).

worn-out *adj* épuisé(e); usé(e).
worry *vt* inquiéter;
* *n* souci *m*.
worrying *adj* inquiétant(e).
worse *adj*, *adv* pire.
worship *n* culte *m*; adoration *f*;
* *vt* adorer.
worst *adj* le (la) pire; * *adv* le
plus mal; * *n* le pire *m*.
worth *n* valeur *f*, mérite *m*.
worthily *adv* dignement.
worthless *adj* sans valeur.
worthy *adj* digne; louable.
wound *n* blessure *f*;
* *vt* blesser.
wrap *vt* envelopper.
wreath *n* couronne *f*,
guirlande *f*.
wreck *n* naufrage *m*; ruines
fpl; * *vt* démolir.
wrench *vt* tordre; * *n* clé *f*,
torsion *f* violente.
wrestle *vi* lutter.
wretched *adj* misérable.
wrinkle *n* ride *f*; * *vt* rider;
* *vi* se rider.
wrist *n* poignet *m*.
write *vt* écrire; composer.
writer *n* écrivain *m*; auteur *m*.
writing *n* écriture *f*.
wrong *n* mal *m*; tort *m*;
* *adj* mauvais(e); injuste;
* *adv* mal, inexactement;
* *vt* faire du tort à, léser.
wrongful *adj* injuste.
wrongly *adv* injustement.
wry *adj* ironique.

X

xenophobe *n* xénophobe *m* or *f*.
xenophobic *adj* xénophobique.
X-ray *n* rayon X *m*.
xylophone *n* xylophone *m*.

Y

yacht *n* yacht *m*.
yawn *vi* bâiller;
* *n* bâillement *m*.
year *n* année *f*.
yearly *adj* annuel(le);
* *adv* annuellement.
yearn *vi* languir.
yeast *n* levure *f*.
yell *vi* hurler; * *n* hurlement *m*.
yellow *adj*, *n* jaune *m*.
yes *adv*, *n* oui *m*.
yesterday *adv*, *n* hier *m*.
yet *conj* pourtant;
* *adv* encore.
yield *vt* produire; * *vi* se
rendre; * *n* production *f*.
yoghourt *n* yaourt *m*.
you *pron* vous; tu; te, toi.
young *adj* jeune.
youngster *n* jeune *m* or *f*.
your *poss adj* ton (ta), tes;
votre, vos.
yours *poss pron* le *m* (la) *f*
tien(ne); le *m* (la) *f* vôtre.
yourself *pron* toi-même;
vous-même; toi; vous.
youth *n* jeunesse *f*.

Z

zeal *n* zèle *m*, ardeur *f*.
zealous *adj* zélé(e).
zenith *n* zénith *m*.
zero *n* zéro *m*.
zest *n* enthousiasme *m*.
zigzag *n* zigzag *m*.
zip *n* fermeture *f* éclair.
zodiac *n* zodiaque *m*.
zone *n* zone *f*, secteur *m*.
zoo *n* zoo *m*.
zoologist *n* zoologiste *m* or *f*.
zoology *n* zoologie *f*.